JN061265

初宿正典 訳

ドイツ連邦共和国 基本法

第2版

全訳と直近改正までの全経過

Grundgesetz
für die Bundesrepublik
Deutschland

信山社
SHINZANSHA

Grundgesetz für die Bundesrepublik Deutschland.
Neueste Textausgabe mit sämtlichen Änderungen
（Stand: Ende Februar 2024）

第2版はしがき

　2018年春に出版した本書の初版は，ドイツの現行憲法である「ドイツ連邦共和国基本法」の2017年末時点での全訳と，同年7月13日の通算第62回目の改正までのすべての経緯を脚注で示したものであった。その「はしがき」には，本書のねらいが，「ドイツの現行憲法の全容をハンディーな形にすることにより，今後も大いに可能性のある改正にできる限り迅速に対応しやすくすることによって，ドイツの現行憲法についての最新情報をアップ・トゥー・デイトに提供する」ことにあると書いた。しかしその後すでに6年を経過してしまった。その間，訳者の知る限り，直近の第67回改正（2022年12月19日）まで，合計5回の改正がなされている[1]。

　この度，これらの改正の内容を反映させた第2版を刊行することについて，信山社からご快諾いただき，有難く思う次第である。

　この第2版を編むにあたっては，本書の初版に（特に訳注の中に）残っていた誤記・誤変換などを修正し，また現行条文の訳についても，原典に当たって見直しをした。後者の点については，たとえば，「詳細は，連邦法律でこれを規律する」といった原典の随所に登場する文言に関してである。すなわち，ここで「連邦法律」と訳している文言は，原典で① ein Bundesgesetz となっている箇所，②単に Bundesgesetz となっている箇所，および③複数形の Bundesgesetze となっている箇所の3種類がある。これらのうち①については，この度の第2版では「一の連邦法律」とし（もとよりこの場合の「一の」は「特定の」「何らかの」といった意味であって，文字どおりの「ひとつ」を意味しない），②および③については単に「連邦法律」として，訳し分けた。また，原則的に「規定」（bestimmen, Bestimmung），「規律」（regeln, Regelung），「定め」（vorsehen, Vorschrift）などと訳し分けた箇所についても，改めて原典で確認し直した。他にも，石川健治訳や永田秀樹訳[2]を参照して訳語を見直した箇所がある。

　この第2版において2022年12月までの5回の改正について新たに加筆等をした箇所は，本書119頁以下の「基本法改正経過一覧表」に示したとお

　1）　本書122頁の注参照。

りであり，これらの改正によってなされた変更箇所の逐一の詳細は，各条文を参照していただきたい。ここでは，それらのうちで，2020年9月29日の第65回改正法律で追加された第143h条についてのみコメントするにとどめる。この追加条文は，2020年春以降の新型コロナヴィルスの世界的流行（Covid-19-Pandemie）に関連するものであるが，この改正法律（BGBl. I S. 2048）できわめて特徴的なことは，同法第1条第2項として基本法に新たに加えられた第143h条（その内容は，本書117頁の脚注187）参照）が，同法第2条により，同年12月31日をもって失効することが予め定められていた点である。このようなきわめて時限的な改正が，通常法律ではなく国の実定憲法典の改正としてなされること自体が，わが国ではほとんど考え難いことと言えよう。

　今後も，そう遠くない時期に新たな改正が行われる可能性はあるが，とりあえず，本書を利用してくださる方々に，現時点での最新情報を提供する次第である。初版同様，本書がドイツの現行憲法についての関心を持つ多くの方に受け入れられることを願ってやまない。

　最後になったが，この度の第2版を出すにあたっては，信山社出版の柴田尚到氏に大変お世話になったことについて，深謝の意を表する。

　2024年2月末

初 宿 正 典

2）　石川健治訳（高橋和之編『［新版］世界憲法集　第2版』〔岩波文庫，2012年〕所収），永田秀樹訳（畑博行・小森田秋夫編『世界の憲法集〔第五版〕』〔有信堂，2018年〕所収）。ただし，これらのいずれの訳にも，直近の2022年十二月の第67回改正までは反映されていない。

初版はしがき

　1　本書は，ドイツの現行憲法典である「ドイツ連邦共和国基本法」(Grundgesetz für die Bundesrepublik Deutschland vom 23. Mai 1949)の現行規定の全条文と，現時点(通算62回)までのすべての改正による変更を脚注で訳出して一書にまとめたものである。訳文には，基本的には，既刊の拙訳[1]を用いたが，この度，本書を編むにあたって詳細な「事項索引」をつけることとし，その作業の過程で，全体の訳語の見直しと統一をはかった。その際には，他者の訳業[2]も大いに参考にしたが，これらの邦訳はいずれもまだ2017年の直近改正までは反映されていない。

　2　本書を編むに当たって従来の邦訳からいちばん大きく変更した点は，これまで一般に「連邦参議院」と訳されて一般に通用してきているBundesrat の訳語を，敢えて《連邦参議会》と訳し変えたことと，各規定の条(Artikel)や項(Absatz)が複数の文(Satz)から成っている場合に，各「文」の頭に小さい番号を付したことである。この2点について，多少の説明をしておきたい。

　第1点の《連邦参議会》であるが，「連邦参議院」というと，この Bundesrat という機関が，あたかも，日本と同様に《二院制》[3]を採る国において《下院》(わが国の衆議院)と並んで立法機関の一翼をなす《上院》(わが国の参議院)のごとくに解される恐れが多分にあり，かねてより，この多かれ少なかれミスリーディングな訳語に代わるさらに適切な語がないもの

---

1)　高田敏・初宿正典編『ドイツ憲法集〔第7版〕』(信山社，2016年)および初宿正典・辻村みよ子編『解説 世界憲法集〔第7版〕』(三省堂，2017年)所収。

2)　石川健治訳(高橋和之編『世界憲法集〔第2版〕』岩波文庫，2012年)および永田秀樹訳(阿部照哉・畑博行編『世界の憲法集〔第4版〕』有信堂，2009年)所収。

3)　《両院制》とも呼ぶ。英語では bicameral system，またドイツ語では Zweikammersystem といい，Kammer が《院》に相当する。例えばイギリスの議会(Parliament)は下院＝庶民院(House of Commons)と上院＝貴族院(House of Lords)，アメリカの連邦議会(Congress of the United States)は上院(Senate)と下院(House of Representatives)，フランスの議会(Parlement)は下院＝国民議会(Assemblée nationale)と上院＝元老院(Sénat)とで構成される，という具合である。

かと思い続けていた。現に，2017年9月のドイツの連邦議会選挙の際の
NHK の報道などでも，「ドイツの下院である連邦議会議員の選挙」という
言い方がされたことも記憶している。しかし，基本法下の Bundesrat は，
ラント(州)が「連邦の立法及び行政並びに欧州連合の事務において協力す
る」という地位にある機関であり(第50条)，たしかに，憲法改正法律の場
合(第79条第2項)も含めて，基本法中の個別の条項で Bundesrat の同意を要
する旨が明示されている場合(いわゆる同意法律 Zustimmungsgesetze 等)につ
いては，Bundesrat の同意がなければ連邦法律は成立しないが，それ以外
の場合(現状では半数強の連邦法律案)には，Bundesrat は連邦議会の議決に
《異議》を唱えることができるにすぎない(いわゆる異議法律 Einspruchsge-
setze)のである。つまり，ドイツでは連邦法律は，原則的には連邦議会の
議決のみで成立するのである[4]。ここでこの点について詳しく述べること
は差し控える[5]が，こうした理由から，本書では思い切って，新たに
Bundesrat の語に《連邦参議会》という訳語を用いることとした[6]。ほか
の代替語としては「連邦参事会」という選択もあり得るかもしれないが，
この語は，スイス連邦の政府たる最高指揮機関・最高執行機関(これも同
憲法のドイツ語正文では Bundesrat という)の訳語として通用しているので，
これとの混同を避けるほうが望ましいであろう。また，そもそも《参議》
という日本語自体は，律令制の頃から存在する重要な官職の名称であり，
もとよりその任務は異なるが，立法を含めた国の種々の政策に関与する重
要な国家機関という性格を示すには，連邦参議会とするのが適切ではない
かと思料する次第である。

　次に，先に挙げた第2点についてであるが，基本法は，その一部の条文
を一瞥しただけでも明らかなように，日本国憲法と比べると，その文言が

---

4)　1871年のいわゆるビスマルク帝国憲法下にも帝国議会(Reichstag)と並んで Bun-
desrath があったが，この憲法の下では，帝国法律の成立には，連邦参議院と帝国議
会のそれぞれの会議で過半数の議決が必要十分条件であるとされていた(第4条)こと
からしても，この憲法下の議会は両院制と称してもさして差し支えはなく，したがっ
て，Bundesrath を連邦参議院と訳してもあまり誤解は招かないであろう。

5)　詳細は，初宿正典『日独比較憲法学研究の論点』(成文堂，2015年)419頁以下およ
びそこに挙げている文献を参照。

6)　基本法の最終的解釈者である連邦憲法裁判所も，Bundesrat は《第二院》(eine
zweite Kammer)ではない旨を明言している(BVerfGE 37, 363 [380 f.])。

極めて長いものが多いのが特徴である（一例を挙げれば第29条などはその典型である）。日本国憲法の条文の簡潔さ（たとえば第23条，第65条などを参照）に比すべくもない。そのこともあって，ひとつの条文が複数の「文」でできていることが非常に多く，時には8文にも及ぶ条項もある[7]。しかも，「第72条第3項第3文は，これを準用する。」というように，別の条項の準用等を指示する条項も少なくない。こうした場合の便宜のためもあってか，ドイツで市販されている法令集でも，各文の文頭に小さいルビ数字を付すことが多く，本書でもこうした慣例に倣った。

　3　「基本法」は1949年5月の成立以来，現在（2018年1月1日現在）までに合計62回の改正を経てきている（詳細は本書の「改正一覧表」を参照のこと）。基本法の成立過程やその改正，および基本法の内容上の主な特徴等については，紙幅の都合上，脚注1）で挙げた文献を参照していただくこととして，ここでは，直近2017年7月13日に同日に行われた2回の改正についてのみ，一言しておくこととする。

　通算第61回目の改正は，政党助成に関わる第21条の改正で，基本法の依拠している「自由で民主的な基本秩序」に違反する疑いのある政党への国の助成を禁止することとし，その是非の判断を連邦憲法裁判所の権限として付加するためである。

　第62回改正は「連邦・ラント財政協定」（Bund-Länder-Finanzpakt）と形容されるものである。ドイツでは連邦制が採られているため，基本法には「連邦とラントの関係」に関する規定が極めて多く，これまでの改正においても両者の関係に関わる改正が相当数にのぼるが，この直近改正もそうした改正のひとつである。これに先立つ2009年7月の基本法改正によるいわゆる第二次連邦制改革は，財政調整等を含む，連邦制秩序における連邦とラントの任務分担等に関わるものであったが，この改革は2019年末までのものとなっている（たとえば第143d条の脚注にある旧規定を参照）ため，この度の第62回改正は，2020年以降のラントへの財政援助，とくに財政力の弱いい

7）　わが国の法令では，せいぜい3文で，「前段」「中段」「後段」と呼んで区別することとなっている（高辻正己ほか編『法令用語辞典〔第七次改訂版〕』（学陽書房，1996年）の「前段」の項目を参照）が，4文以上になるとお手上げであろうが，幸いそういう例は見当たらないように思われる。

くつかのラントへの特別支援措置のほか，連邦の鉄道やアウトバーンの管理権限の移行等々といった，連邦とラントの権限関係について新たな規律をしようとするものである。連邦制を採らないわが国にはあまり関わりの多くない変更ともいえるが，久しぶりに行われた相当大規模な改正である。

　　4　この度，上記の『ドイツ憲法集』に加えてドイツの現行憲法の邦訳のみを新たに江湖に出す所以は，ドイツの現行憲法の全容をハンディーな形にすることにより，今後も大いに可能性のある改正にできる限り迅速に対応しやすくすることによって，ドイツの現行憲法についての最新情報をアップ・トゥー・デイトに提供するためである。本書がドイツの憲法に関心を持つ多くの諸賢氏に利用されることを願っている。

　　2018年2月

初 宿 正 典

追記：まったく偶然ながら，村上淳一＝守矢健一／ハンス・ペーター・マルチュケ『ドイツ法入門』の改訂第9版(有斐閣，2018年4月刊)でも，ほぼ時期を同じくして，Bundesrat の語に本書と同一の趣旨から《連邦参議会》という訳語が採用される(同書の「改訂第九版はしがき」参照)。ようやく機が熟したというべきであろうか。今後，この訳語が Bundesrat の定訳となっていくことを心から期待する次第である。

目　次

第 2 版はしがき　(*i*)

初版はしがき　(*iii*)

ドイツ連邦共和国基本法

　布告文　(*1*)

　前　文　(*1*)

第 I 章　　基本権(第 1 条〜第 19 条) ……………………………… *2*

第 II 章　　連邦及びラント(第 20 条〜第 37 条) ………………… *13*

第 III 章　　連邦議会(第 38 条〜第 49 条) ………………………… *24*

第 IV 章　　連邦参議会(第 50 条〜第 53 条) ……………………… *28*

第 IV a 章　合同委員会(第 53a 条) ………………………………… *30*

第 V 章　　連邦大統領(第 54 条〜第 61 条) ……………………… *31*

第 VI 章　　連邦政府(第 62 条〜第 69 条) ………………………… *34*

第 VII 章　　連邦の立法(第 70 条〜第 82 条) ……………………… *36*

第 VIII 章　　連邦法律の執行及び連邦行政(第 83 条〜第 91 条) ……… *51*

第 VIII a 章　共同任務，行政協力(第 91a 条〜第 91e 条) …………… *59*

第 IX 章　　裁判(第 92 条〜第 104 条) …………………………… *63*

第 X 章　　財政制度(第 104a 条〜第 115 条) …………………… *71*

第 X a 章　防衛緊急事態(第 115a 条〜第 115l 条) ……………… *92*

第 XI 章　　経過規定及び終末規定(第 116 条〜第 146 条) ………… *97*

　基本法改正経過一覧表　(*119*)

事項索引 ……………………………………………………………… *123*

　議会評議会は，1949年5月23日に，ライン河沿いのボンにおいて公開の会議を開催し，議会評議会が1949年5月8日に議決したドイツ連邦共和国基本法が，1949年5月16日から同月22日に至る週において，関係のドイツ各ラントの3分の2以上のラント議会によって採択されたことを確定した。

　この確定に基づき，議会評議会は，その議長を代表として，基本法を認証し，かつ公布した。

　基本法はこれにより，第145条第3項に従って，連邦法律公報に登載される。

前　文[1]

　[1]ドイツ国民は，神と人間とに対する責任を自覚し，

　統合されたヨーロッパにおける同権をもった構成員として世界の平和に

---

1)　この前文は，1990年8月31日調印の「統一条約」第4条により変更されたもので，1990年10月3日のドイツ統一により，旧東ドイツ領域に作られた5つのラントとベルリーンを含めた合計16のラントがアルファベット順に配列されている。当初の前文は，

　「ドイツ国民は，神と人間とに対する責任を自覚し，その国民的及び国家的統一を保全せんとする意思と，合一されたヨーロッパにおける同権を有する一員として世界の平和に奉仕せんとする意思に満たされて，

　バーデン，バイエルン，ブレーメン，ハンブルク，ヘッセン，ニーダーザクセン，ノルトライン＝ヴェストファーレン，ラインラント＝プファルツ，シュレースヴィヒ＝ホルシュタイン，ヴュルテンベルク＝バーデン及びヴュルテンベルク＝ホーエンツォレルンの諸ラントにおいて，

　過渡期のあいだ国家生活に一つの新しい秩序を与えるために，

　その憲法制定権力に基づいて，このドイツ連邦共和国基本法を議決した。

　ドイツ国民は，〔この基本法の制定に〕協力することのできなかった，かのドイツ人たち〔＝東ドイツのドイツ人〕のためにも行動した。

　全ドイツ国民は，自由な自己決定によってドイツの統一と自由とを完成することを，引き続き要請されている。」

となっていた（第23条の脚注も参照）。

　なお，1990年のドイツ統一以前の西ドイツのラントとしては，これらのうち，バーデン，ヴュルテンベルク＝バーデン及びヴュルテンベルク＝ホーエンツォレルンが1952年に合併されてバーデン＝ヴュルテンベルクとなり，それに1957年以降フランスから西ドイツに復帰したザールラントと，特殊な地位にある西ベルリーンを合わせて，全部で11のラントで構成されていた。

奉仕せんとする意思に満たされて，その憲法制定権力に基づき，この基本法を制定した。

　[2]バーデン=ヴュルテンベルク，バイエルン，ベルリーン，ブランデンブルク，ブレーメン，ハンブルク，ヘッセン，メークレンブルク=フォーアポメルン，ニーダーザクセン，ノルトライン=ヴェストファーレン，ラインラント=プファルツ，ザールラント，ザクセン，ザクセン=アンハルト，シュレースヴィヒ=ホルシュタイン及びテューリンゲンの各ラントにおけるドイツ人は，自由な自己決定によってドイツの統一と自由を成し遂げた。これにより，この基本法は全ドイツ国民に適用される。

第Ⅰ章　基　本　権

第1条〔人間の尊厳，人権，基本権の拘束力〕　(1)　[1]人間の尊厳(Würde des Menschen)は不可侵である。[2]これを尊重し，かつ，これを保護することは，すべての国家権力の義務である。

(2)　それゆえに，ドイツ国民は，不可侵にして譲り渡すことのできない人権(Menschenrechte)が，世界のすべての人間共同体，平和及び正義の基礎であることを確認する。

(3)　以下の基本権(Grundrechte)は，直接に適用される法として，立法，執行権(vollziehende Gewalt)及び裁判を拘束する[2]。

第2条〔人格の自由，生命及び身体を害されない権利〕　(1)　何人も，他人の権利を侵害せず，かつ，憲法適合的秩序又は道徳律に違反しない限りにおいて，自己の人格を自由に発展させる権利を有する。

(2)　[1]何人も，生命への権利及び身体を害されない権利を有する。[2]人身の自由は，不可侵である。[3]これらの権利は，法律の根拠に基づいてのみ，これに介入する(eingreifen)ことが許される。

第3条〔法律の前の平等，男女同権，差別的取扱いの禁止〕　(1)　すべて

---

　2)　第1条第3項は，1956年3月19日の第7回改正法律により変更されたもので，当初の規定では「……立法，行政(Verwaltung)及び裁判を拘束する」となっていた。

の人は法律の前に平等である。

(2)　¹男性と女性は同権である³⁾。²国は，女性と男性の同権が現実的に達成されることを促進し，現に存する不利益の除去を目指す⁴⁾。

(3)　¹何人も，その性別，生まれ，人種，言語，故郷及び家柄，その信仰，宗教上又は政治上の見解を理由として，不利な取扱いを受け，又は有利に取り扱われてはならない。²何人も，その障害(Behinderung)を理由として不利益を受けてはならない⁵⁾。

第4条〔信仰・良心の自由〕　(1)　信仰，良心の自由，並びに宗教及び世界観の告白の自由は，不可侵である。

(2)　妨げられることなく宗教的活動を行うことが保障される。

(3)　¹何人も，その良心に反して，武器をもってする軍務を強制されてはならない。²詳細は，一の連邦法律でこれを規律する(regeln)。

第5条〔意見表明の自由，知る権利，学問の自由〕　(1)　¹何人も，言語，文書及び図画によって自己の意見を自由に表明し流布させる権利，並びに，一般に近づくことのできる情報源から妨げられることなく知る権利を有する。²プレスの自由並びに放送及びフィルムによる報道の自由は，これを保障する。³検閲は，これを行わない。

(2)　これらの権利は，一般的法律の規定，少年保護のための法律上の規定，及び人格的名誉権によって制限を受ける。

(3)　¹芸術及び学問，研究及び教授は自由である。²教授の自由は，憲法に対する忠誠を免除するものではない。

第6条〔婚姻，家族，母及び子の保護〕　(1)　婚姻及び家族は，国家秩序の特別の保護を受ける。

(2)　¹子どもの養育及び教育は，親の自然的権利であり，かつ，何よりもまず親に課せられた義務である。²この義務の履行については，国家共

---

3)　第117条参照。なお，1957年に男女同権法(Gleichberechtigungsgesetz v. 18. 6. 1957, BGBl. I S. 609)が制定されている。

4)　第3条第2項第2文は，1994年10月27日の第42回改正法律で新たに付加された。

5)　第3項第2文も，1994年10月27日の第42回改正法律で新たに付加された。

同体がこれを監視する。

(3) 子どもは，親権者に故障がある場合，又は子どもがその他の理由から放置されるおそれのある場合には，一の法律の根拠に基づいてのみ，親権者の意思に反して，これを家族から引き離すことが許される。

(4) すべての母親は，共同社会の保護と配慮とを請求することができる。

(5) 非嫡出子[6]に対しては，法律制定によって，肉体的及び精神的発達について，並びに社会におけるその地位について，嫡出子に対すると同様の条件が作られなければならない。

第7条〔学校制度，宗教の授業〕 (1) 全学校制度は国〔＝ラント〕の監督の下にある。

(2) 親権者は，子どもを宗教の授業に参加させることについて決定する権利を有する。

(3) [1]宗教の授業は，無宗派学校を除く公立学校において，正課の授業科目である。[2]宗教の授業は，国の監督権を害さない限りにおいて，宗教共同体の教義に沿って行われるものとする。[3]いかなる教員も，その意思に反して宗教の授業を行うことを義務づけられてはならない。

(4) [1]私立学校を設立する権利は，これを保障する。[2]公立学校の代用としての私立学校は，国の認可を必要とし，かつ，ラント法律に服する。[3]この認可は，私立学校がその教育目標及び施設並びにその教職員の学問上の養成において公立学校に劣らず，かつ，親の資産状況による生徒の選別が助長されない場合に，これを与えるものとする。[4]この認可は，教職員の経済的及び法的地位が十分に確保されない場合には，これを与えないものとする。

(5) 私立の国民学校は，教育行政官庁が特別の教育的利益を承認する場合にのみ，又は，親権者の申立てに基づき，それが宗派共同学校[7]として，宗派学校として，若しくは世界観学校として設立されるよう求められている場合で，かつ，この種の公立の国民学校が市町村内に存在して

---

6) „unehelich"（非嫡出）の語は，1979年7月18日の親の保護の新規律に関する法律（Das Gesetz zur Neuregelung der elterlichen Sorge）の第9条§2により，通常法律上は „nicht ehelich"（嫡出でない，婚外の）の語に変更されたが，それに伴う基本法文言の改正は行われていない。

いない場合にのみ，これを認めるものとする。
(6)　予備学校は，引き続き廃止されたままとする。

第8条〔集会の自由〕 (1)　すべてのドイツ人は，届出又は許可なしに，平穏に，かつ武器を携帯せずに，集会する権利を有する。
(2)　屋外での集会については，この権利は，法律により，又は一の法律の根拠に基づいて，これを制限することができる。

第9条〔結社の自由〕 (1)　すべてのドイツ人は，社団(Verein)及び団体(Gesellschaft)を結成する権利を有する。
(2)　結社(Vereinigung)のうちで，その目的若しくはその活動が刑事法律に違反するもの，又は，憲法適合的秩序若しくは諸国民のあいだの協調の思想に反するものは，禁止される。
(3)　[1]労働条件及び経済的条件を維持し促進するために団体を結成する権利は，何人にも，かついかなる職業に対しても保障されている。[2]この権利を制限し，又は妨害することを企図する協定は無効であり，これを目的とする措置は違法である。[3]第12a条，第35条第2項及び第3項，第87a条第4項，及び第91条による措置は，第1文の趣旨における団体が労働条件及び経済的条件を維持し促進するために行う労働争議に対してこれをとることは，許されない[8]。

第10条〔信書，郵便及び電信電話の秘密〕[9] (1)　信書の秘密並びに郵便及び電信電話の秘密は，不可侵である。
(2)　[1]〔これに対する〕制限は，一の法律の根拠に基づいてのみ，これを命ずることが許される。[2]その制限が自由で民主的な基本秩序又は連邦

7)　宗派共同学校(Gemeinschaftsschule)は，宗派学校(Bekenntnisschule)と違って，特定の宗派の教育を行わない宗派混合学校(Simultanschule)，または世俗的な教育のみを行う学校のことである。
8)　第9条第3項第3文は，1968年6月24日の第17回改正法律で追加された。
9)　第10条は，1968年6月24日の第17回改正法律によって付加・変更されて現行規定のような2項立てになったもので，当初の規定は，たんに「信書の秘密並びに郵便及び電信電話の秘密は，不可侵である。〔これに対する〕制限は，一の法律の根拠に基づいてのみ，これを命ずることが許される。」という文言であった。

若しくはラントの存立若しくは安全の保障に役立つときは，法律によっ
て，その制限が制限を受ける者に通知されない旨，並びに，裁判で争う
方途に代えて国民代表の選任した機関及び補助機関による事後審査を行
う旨を規定する(bestimmen)ことができる。

第11条〔移転の自由〕[10]　(1)　すべてのドイツ人は，連邦の全領域内にお
いて移転の自由を享有する。

(2)　この権利は法律によって，又は一の法律の根拠に基づいてのみ，か
つ，十分な生活基盤がなく，その結果公衆に特別の負担が生ずる場合，
又は，連邦若しくはラントの存立若しくは自由で民主的な基本秩序に対
する差し迫った危険を防止するために必要な場合，伝染病の危険，自然
災害若しくは特に重大な災害事故に対処するために必要な場合，少年が
放置されないように保護し，若しくは犯罪行為を防止するために必要な
場合にのみ，これを制限することが許される。

第12条〔職業選択の自由，強制労働の禁止〕[11]　(1)　[1]すべてのドイツ人
は，職業，職場及び養成所を自由に選択する権利を有する。[2]職業の遂
行については，法律によって，又は一の法律の根拠に基づいて，これを
規律することができる。

---

10)　第11条第2項は，1968年6月24日の第17回改正法律によって付加・変更されたも
　　ので，当初の第2項は，「この権利は法律によってのみ，かつ，十分な生活基盤がな
　　く，その結果公衆に特別の負担が生ずる場合，及び，少年が放置されないように保護
　　し，伝染病の危険に対処し，若しくは犯罪行為を防止するために必要な場合にのみ，
　　これを制限することが許される。」となっていた。なお第117条第2項参照。

11)　第12条の改正経緯はやや複雑である。まず，1956年3月19日の第7回改正法律
　　で，いったん当初の第2項に第2文から第4文までが新たに挿入され，かつ新しい第
　　3項が追加されて，当初の第3項が第4項とされていた。その時の第2項は，現行の
　　第2項の末尾に現行の第12a条第2項と同一の文言を追加したものであり，また第3
　　項は，「女子は，法律によって軍隊内における役務給付を義務づけられてはならな
　　い。武器をもってする役務に女子を用いることは，いかなる場合にも許されない。」
　　という，現行の第12a条第4項第2文に相当する文言であった。ところがその後これ
　　らの追加部分は，1968年6月24日の第17回改正法律によって新たに追加された第12a
　　条の一部とされたために，原形に復し，さらに同日の改正によって第1項が変更され
　　て，上記の「又は一の法律の根拠に基づいて」の部分が挿入された。

(2)　何人も，伝統的で一般的な，すべての人に平等に課せられる公的な役務給付義務の範囲内にある場合を除き，特定の労働を強制されてはならない。

(3)　強制労働は，裁判所によって命じられる自由剥奪の場合にのみ許される。

第12a条〔国防その他の役務従事義務〕[12]　(1)　男子に対しては，満18歳から，軍隊，連邦国境警備隊又は民間防衛団における役務に従事する義務を課すことができる。

(2)　[1]良心上の理由から武器をもってする軍務を拒否する者に対しては，代役に従事する義務を課すことができる。[2]この代役の期間は，兵役の期間を超えるものであってはならない。[3]詳細は，一の法律でこれを規律するが，この法律は良心の決定の自由を侵害してはならず，かつ，軍隊及び連邦国境警備隊に何らかかわりのない代役の可能性をも規定するものでなければならない。

(3)　[1]第1項又は第2項に定める役務に徴用されていない国防義務者に対しては，防衛緊急事態において，法律により，又は一の法律の根拠に基づいて，民間人の保護を含む防衛を目的とする非軍事的な役務給付のために，労務関係に就くことを義務づけることができるが，公法上の役務関係に就く義務を課すことは，警察的任務，又は，公法上の役務関係でなければ履行しえない公の行政の高権的任務を引き受けさせるためにのみ許される。[2]第1文による労務関係は，軍隊において，その給養に関する領域において，及び公の行政について認めることができるが，民間人の給養に関する領域において労務関係に就く義務を課すことは，民間人の生活に必要な需要を満たし，又は，民間人の保護を確保するためにのみ許される。

---

12)　第12a条は，全体として，1968年6月24日の第17回改正法律によって新たに追加されたものであるが，その後，2000年12月19日の第48回改正法律で，第4項第2文（従前の文言では「女子は，いかなる場合にも，武器をもってする役務を給付してはならない。」となっていた）が，現行のように変更された。これにより，女性も自己の意思に基づいて武器をもってする役務に就くことまでは禁じられないこととなった。しかしその後，2011年7月には，徴兵制度自体が事実上廃止された。

(4) ¹防衛緊急事態において，民間の衛生施設及び医療施設並びに常駐の
野戦病院における非軍事的役務給付の需要が志願者のみによっては満た
されない場合には，法律により，又は一の法律の根拠に基づいて，18歳
以上55歳までの女子を，この種の役務給付に徴用することができる。
²女子は，いかなる場合にも，武器をもってする役務を義務づけられて
はならない。

(5) ¹防衛緊急事態の発生以前においては，第 3 項の義務は，第80a 条第
1 項に準拠してのみ，これを課すことができる。²第 3 項の役務給付を
準備するために，特別の知識又は熟練が必要とされるときは，法律によ
り，又は一の法律の根拠に基づいて，専門教育訓練に参加する義務を負
わせることができる。³その限りにおいて，第 1 文は適用されない。

(6) ¹防衛緊急事態において，第 3 項第 2 文に示された分野における労働
力の需要が志願者のみによっては満たされない場合には，この需要を確
保するために，法律により，又は一の法律の根拠に基づいて，職業に従
事することを放棄し又は職場を放棄するドイツ人の自由を制限すること
ができる。²防衛緊急事態が発生する以前については，第 5 項第 1 文を
準用する。

第13条〔住居の不可侵〕[13]　(1)　住居は不可侵である。

(2)　捜索は，裁判官によってのみ命ぜられるが，危険が切迫している場合
には，法律において定められたその他の機関によっても命ぜられ，か
つ，その法律の定める形式によってのみ，これを行うことが許される。

(3)　¹一定の事実によって，ある者が法律上個別に規定された特に重大な
罪を犯したとの嫌疑が根拠づけられるときは，事件の追及が他の方法に
よっては比較にならないほど困難になり，あるいは見込みがなくなるで
あろうと考えられる場合には，裁判官の命令に基づき，被疑者が滞在し
ていると推測される住居を聴覚的に監視するための技術的手段を講じる
ことが許される。²この措置には，期限を付けるものとする。³この命令
は，三名の裁判官による合議体によって下される。危険が急迫している

---

13)　第13条は，元来は 3 項からなっていたが，1998年 3 月26日の第45回改正法律で，
従前の第 3 項が現行の第 7 項となり，新たに第 3 項から第 6 項までの規定が追加され
た。

ときは，この命令は一人の裁判官によってもこれを下すことができる。

(4)　[1]公共の安全に対する急迫の危険，とりわけ，共通の危険や生命の危険の防止のためにとられる，住居を監視するための技術的手段は，裁判官の命令によってのみこれを講じることができる。[2]危険が急迫しているときは，この措置は法律上規定された他の機関によってもこれを命じることができ，この場合には，事後に遅滞なく裁判官の決定がなされるものとする。

(5)　[1][第3項及び第4項の]技術的手段が，もっぱら，住居内に踏み込む際にそこにいる人々を保護するためだけに予定されている場合には，その措置は法律上規定された機関によってこれを命じることができる。[2]その際に得られた知見を他の方法で利用することは，刑事訴追又は危険防止の目的のためにのみ，かつ，それに先立ってその措置の適法性が裁判官によって確認されている場合にのみ許され，危険が急迫しているときは，事後に遅滞なく裁判官の決定がなされるものとする。

(6)　[1]連邦政府は，第3項によって行われ，連邦の権限範囲内において第4項によって行われ，及び，裁判官による審査が必要とされる限度で第5項によって行われた技術的手段について，毎年，連邦議会に報告する。連邦議会によって選出された委員会は，この報告に基づいて議会による統制を行う。[2]議会による同等の統制は，ラントにおいてもこれを保障する。

(7)　上の場合以外には，[住居への]干渉及び制限は，共同の危険又は個々人の生命への危険を防衛するためにのみ，これを行うことが許されるが，一の法律の根拠に基づいて，公共の安全及び秩序に対する急迫の危険を防止するためにも，特に[住宅地その他の]場所の不足を除去し，伝染病の危険を防止し，また危険にさらされている少年を保護するためにも，これを行うことが許される。

第14条[所有権・相続権・公用収用]　(1)　[1]所有権及び相続権は，これを保障する。[2]その内容及び限界は，法律でこれを規定する。

(2)　[1]所有権には義務が伴う。[2]その行使は，同時に公共の福祉に役立つべきである。

(3)　[1]公用収用は，公共の福祉のためにのみ許される。[2]公用収用は，法律

により，又は，補償の方法及び程度を規律する一の法律の根拠に基づいてのみ，これを行うことが許される。³その補償は，公共の利益及び関係者の利益を正当に衡量して，これを規定するものとする。⁴補償の額につき争いのあるときは，通常裁判所で争う途が開かれている。

第15条〔社会化〕 ¹土地，天然資源及び生産手段は，社会化の目的のために，補償の方法と程度とを規律する一の法律により，これを公有又はその他の共同経済の形態に移すことができる。²その補償については，第14条第3項第3文及び第4文を準用する。

第16条〔国籍剥奪，引渡し〕 ⑴ ¹ドイツ国籍は，これを剥奪してはならない。²国籍の喪失は，一の法律の根拠に基づいてのみ許され，かつ，当人の意思に反しては，当人がそれによって無国籍にならない場合に限り，許される。

⑵ ¹いかなるドイツ人も，外国に引き渡されてはならない。²欧州連合を構成する一の国家又は一の国際裁判所への引渡しに関しては，法治国家の諸原則が保たれている限度で，法律により異なる規律をすることができる¹⁴⁾。

第16a条〔庇護権とその制限〕¹⁵⁾ ⑴ 政治的に迫害された者は，庇護権を有する。

⑵ ¹欧州共同体を構成する国家から入国する者，又は，難民の法的地位に関する協定並びに人権及び基本的自由の保護に関する条約の適用が保障されているその他の第三国から入国する者は，第1項を援用することができない。²欧州共同体の外にある国家が，第1文の前提条件に該当

---

14) 第16条第2項の当初の規定には，「いかなるドイツ人も，外国に引き渡されてはならない。」のあとに，「政治的に迫害された者は，庇護権を有する。」という第2文があったが，1993年6月28日の第39回改正法律で変更され，この文言は次の第16a条に移された後，2000年11月29日の第47回改正法律で現行のような新たな第2文が付加された。

15) 第16a条は，1993年6月28日の第39回改正法律で追加された。「難民」の概念については，第74条の脚注を見よ。

する場合については，連邦参議会の同意を必要とする法律でこれを規定する。³第１文の場合においては，滞在を終了させる措置は，これに対して申し立てられる法的救済手続とは独立に，これを遂行することができる。

(3) ¹連邦参議会の同意を必要とする法律により，諸国家がその法的状態，法適用及び一般的政治状況からして，そこにおいては政治的迫害も行われておらず，かつ，残酷若しくは屈辱的な処罰若しくは処遇も行われていない国家であることを決定することができる。²かかる国家の一つからの外国人は，政治的に迫害されている者とは推定しないが，この推定を覆して政治的に迫害されていることが明らかとなる事実を摘示するときは，この限りでない。

(4) ¹第３項の場合，及び，明らかに根拠がなく，又は明らかに根拠がないとみなされるその他の場合においては，滞在を終了させる措置の遂行は，その措置の適法性の重大な疑義が存在する場合にのみ，裁判所によってこれを停止する。審査の範囲は，これを制限することができ，時宜を失した申立ては，これを考慮に入れずにおくことができる。²詳細は，法律でこれを規定するものとする。

(5) 第１項から第４項までは，欧州共同体の構成国が，相互間で，及び第三国との間で締結する国際法上の条約によって，締約国においてその適用が確保されていなければならない難民の法的地位に関する協定並びに人権及び基本的自由の保護に関する条約に基づく諸義務を遵守しつつ，庇護決定の相互的承認を含む庇護請願の審査に関する権限規制を行うことを妨げるものではない。

第17条〔陳情権〕[16] 何人も，個人で，又は他人と共同して，管轄官署及び議会に対して，文書で請願又は訴願をなす権利を有する。

第17a条〔基本権の制限〕[17] (1) 兵役及び代役に関する法律は，軍隊及び代役に属している者に対して，兵役又は代役の期間中，言語・文書及

---

16) 第45c条も参照。
17) 第17a条は，1956年３月19日の第７回改正法律で追加された。

び図画によって自己の意見を自由に表明し及び流布する基本権（第 5 条第 1 項第 1 文前段），集会の自由の基本権（第 8 条）及び，他人と共同して請願又は訴願を申し立てる権利を保障している限度における陳情の権利（第17条）が制限される旨を規定することができる。

(2)　民間人の保護を含む防衛のための法律は，移転の自由（第11条）及び住居の不可侵（第13条）の基本権が制限される旨を規定することができる。

第18条〔基本権の喪失〕　¹意見表明の自由，特に出版の自由（第 5 条第 1 項），教授の自由（第 5 条第 3 項），集会の自由（第 8 条），結社の自由（第 9 条），信書，郵便及び電信電話の秘密（第10条），所有権（第14条）又は庇護権（第16a 条）¹⁸⁾を，自由で民主的な基本秩序に敵対するために濫用する者は，これらの基本権を喪失する。²それらの喪失とその程度については，連邦憲法裁判所によって宣告される。

第19条〔基本権の制限とその限界，法人の基本権享有主体性，基本権侵害の法的救済〕　(1)　¹この基本法によって基本権が法律により，又は一の法律の根拠に基づいて制限されうる限度において，その法律は，一般的に適用されるものでなければならず，単に個々の場合にのみ適用されるものであってはならない。²さらにその法律は，〔制限する〕基本権を条項を示して挙げなければならない。

(2)　いかなる場合でも，基本権はその本質的内容において侵害されてはならない。

(3)　基本権は，その本質上内国法人に適用しうる限りにおいて，これにも適用される。

(4)　¹何人も，公権力によって自己の権利を侵害されたときは，裁判で争う途が開かれている。²他の〔機関の〕管轄が認められていない限度において，通常裁判所への出訴の途が与えられている。³第10条第 2 項第 2 文は〔これによって〕影響を受けない¹⁹⁾。

---

18)　第18条第 1 文の「第16a 条」の部分は，1993年 6 月28日の第39回改正法律で変更されたもので，当初の文言では「第16条第 2 項」であった。

19)　第19条第 4 項第 3 文は，1968年 6 月24日の第17回改正で追加された。

第Ⅱ章　連邦及びラント

第20条〔連邦国家，権力分立，社会的法治国家，抵抗権〕 (1)　ドイツ連邦共和国は，民主的かつ社会的な連邦国家である。

(2)　¹すべての国家権力は，国民（Volk）に由来する。²国家権力は，選挙及び投票において国民により，また，立法，執行権及び裁判の個別の諸機関を通じて行使される。

(3)　立法は憲法適合的秩序に，執行権及び裁判は法律及び法に拘束されている。

(4)　この秩序を排除することを企てる何人に対しても，すべてのドイツ人は，他の救済手段が可能でない場合には，抵抗する権利を有する[20]。

第20a条〔自然的生活基盤の保護義務〕[21]　国は，来たるべき世代に対する責任を果たすためにも，憲法的秩序の枠内において立法を通じて，また，法律及び法に準拠して執行権及び裁判を通じて，自然的生活基盤及び動物を保護する。

第21条〔政党の憲法的地位〕 (1)　¹政党は，国民の政治的意思形成に協力する。²政党の結成は自由である。³政党の内部秩序は，民主制の諸原則に合致していなければならない。⁴政党は，その資金の出所及び用途について，並びにその財産について，公に報告しなければならない[22]。

(2)　政党のうちで，その目的又はその支持者の行動に徴して，自由で民主的な基本秩序を侵害し若しくは除去し，又はドイツ連邦共和国の存立を危うくすることを目指すものは，違憲である[23]。

(3)　¹政党のうちで，その目的又はその支持者の行動に徴して，自由で民

---

20)　第20条第4項は，1968年6月24日の第17回改正によって付加された。

21)　第20a条は，1994年10月27日の第42回改正法律で追加され，さらにその後，2002年7月26日の第50回改正法律で，末尾の「及び動物」の部分が付加された。

22)　第21条第1項第4文は，1983年12月21日の第35回改正法律で変更されたもので，当初は単に「政党は，その資金の出所について，公に報告しなければならない。」とだけ規定されていた。

主的な基本秩序を侵害し若しくは除去し，又はドイツ連邦共和国の存立を危うくすることを目指すものは，国の助成(Finanzierung)を受けられない。²このことが確定したときは，これらの政党の租税優遇措置も行われず，これらの政党への寄付の優遇措置(Zuwendung)も行われない。

⑷　第2項による〔政党の〕違憲の問題及び第3項による国の財政援助の排除については，連邦憲法裁判所がこれを決定する。

⑸　詳細は，連邦法律でこれを規律する。

第22条〔連邦の首都及び国旗〕24)　⑴　¹ドイツ連邦共和国の首都は，ベルリーンとする。²首都において国家全体を代表すること(Repräsentation des Gesamtstaates)は，連邦の任務である。³詳細は，連邦法律でこれを規律する。

⑵　連邦国旗は，黒=赤=金色である。

---

23)　第21条第2項には，当初，「その違憲の問題については，連邦憲法裁判所がこれを決定する。」という第2文があったが，2017年7月13日の第61回改正法律で削除され，その内容は同改正で(文言に変更を加えられて)新たな第4項となった。同時に同改正で新たに第3項も加えられ，当初の第3項が第5項となった。

24)　第22条第1項は，2006年8月28日の第52回改正法律で追加されたもので，従前は現行の第2項の文言のみであった。

25)　第23条の制定当初の文言は，基本法の適用範囲に関する規定であり，その文言は以下のとおりであった。
　「この基本法は，さしあたり，バーデン，バイエルン，ブレーメン，大ベルリーン，ハンブルク，ヘッセン，ニーダーザクセン，ノルトライン=ヴェストファーレン，ラインラント=プファルツ，シュレースヴィヒ=ホルシュタイン，ヴュルテンベルク=バーデン及びヴュルテンベルク=ホーエンツォレルンの諸ラントの領域に適用される。ドイツのその他の部分については，この基本法は，その〔連邦共和国への〕加入後に効力を生じるものとする。」なお，前文の脚注1)も参照。
　その後1990年の，本条に基づいて旧東独の5つのラントが連邦共和国へ「加入」するという形態でドイツ統一がなされたために，本条は不要となり，同年8月31日調印の統一条約によりいったん削除されたが，その後1992年12月21日のいわゆるマーストリヒト条約への同意に伴う第38回改正法律によって，全く新しい条項に取って代わられた。その後，第6項第1文の「学校教育，文化，又は放送の分野における」部分は，2006年8月28日の第52回改正法律で追加され，さらに2008年10月8日の第53回改正法律で第1a項が追加された(施行はリスボン条約が発効した2009年12月1日)。

第23条〔欧州連合のための諸原則〕[25]　(1)　[1]統一された欧州を実現させる
ために，ドイツ連邦共和国は，欧州連合の発展に協力するが，この欧州
連合は，民主的，法治国家的，社会的及び連邦的な諸原則及び補完性
(Subsidiarität)の原理に義務づけられており，本質的な点でこの基本法の
基本権保障に匹敵する基本権保障を有しているものとする。[2]この点に
ついて，連邦は，連邦参議会の同意を得た法律により，高権的諸権利を
委譲することができる。[3]欧州連合の設立に関して，並びに，その条約
上の根拠の変更及びこれに匹敵する規律であって，それによりこの基本
法がその内容において変更若しくは補充され，又はかかる変更若しくは
補充が可能となるようなものに関しては，第79条第2項及び第3項が適
用される。

(1a)　[1]連邦議会及び連邦参議会は，欧州連合の立法行為が補完性原理に抵
触することを理由として，欧州連合裁判所に訴えを提起する権利を有す
る。[2]連邦議会は，その議員の4分の1の申立てがあるときは，訴えを
提起する義務を負う。[3]欧州連合の条約上の根拠において連邦議会及び
連邦参議会に帰属している諸権利を行使するために，連邦参議会の同意
を必要とする法律により，第42条第2項第1文及び第52条第3項第1文
の例外を認めることができる。

(2)　[1]欧州連合に関わる事務において，連邦議会は協力し，また諸ラント
は連邦参議会を通じて協力する。[2]連邦政府は，連邦議会及び連邦参議
会に対し，包括的に，かつ可能な限り早い時期に，情報を提供しなけれ
ばならない。

(3)　[1]連邦政府は，欧州連合の法制定行為に協力するのに先立ち，連邦議
会に態度決定の機会を与える。[2]連邦政府は交渉に際して連邦議会の態
度決定を考慮に入れる。[3]詳細は，一の法律でこれを規律する。

(4)　連邦参議会は，連邦の意思形成に対応する国内的措置に協力しなけれ
ばならない場合，又は，諸ラントが国内的に権限を有している場合に
は，その限度で，連邦の意思形成に参加するものとする。

(5)　[1]連邦が専属的権限を有している領域において諸ラントの利害が影響
を受ける場合，又は，その他連邦が立法を行う権利を有している場合に
は，その限りで，連邦政府は連邦参議会の態度表明を考慮に入れる。
[2]重要な点において諸ラントの立法権限，ラントの官庁の新設，又はラ

ントの行政手続が関わっている場合には，その限度で，連邦の意思形成
に際して連邦参議会の見解を権威あるものとして考慮するものとする
が，その際には，連邦の全国家的責任が保持されるものとする。[3]連邦
にとって支出が増加し又は収入が減少する可能性のある事項において
は，連邦政府の同意を必要とする。

(6)　[1]学校教育，文化，又は放送の分野における諸ラントの専属的立法権
が重要な点において関わっているときは，欧州連合の一員としてのドイ
ツ連邦共和国に帰属している諸権利の行使は，連邦により，連邦参議会
の指定する諸ラントの代表に委譲されるものとする。[2]これらの権利の
主張は，連邦政府の参加の下に，かつ連邦政府と意見調整をした上でこ
れを行うものとし，その際には，国家全体に対する連邦の責任が保持さ
れるものとする。

(7)　第4項から第6項までについての詳細は，連邦参議会の同意を必要と
する一の法律でこれを規律する。

第24条〔高権的諸権利の委譲，集団的安全保障〕　(1)　連邦は，法律によ
り，高権的諸権利を国際機関に委譲することができる。

(1a)　諸ラントが，国家的権能を行使し及び国家的任務を遂行することにつ
いて，権限を有している限度において，諸ラントは，連邦政府の同意を得
て，境界を接している諸組織に高権的諸権利を委譲することができる[26]。

(2)　連邦は，平和を維持するために，相互的集団安全保障体制に加入する
ことができ，その場合には，連邦はその高権的諸権利を制限し，〔それ
によって〕ヨーロッパ及び世界の諸国民の間に平和で永続的な秩序をも
たらし，かつ保障することに同意するであろう。

(3)　国際紛争を規律するために，連邦は，一般的・包括的・義務的な国際
仲裁裁判に関する協定に加入するであろう。

第25条〔連邦法の構成部分としての国際法〕　[1]国際法の一般的諸原則は連
邦法の構成部分である。[2]それらは，法律に優位し，連邦領域の住民に
対して直接に権利・義務を生ぜしめる。

---

26)　第24条第1a項は，1992年12月21日の第38回改正法律で付加された。

第26条〔侵略戦争の禁止〕（1）　¹諸国民の平和的共存を妨げ，特に侵略戦争の遂行を準備するのに資し，かつ，そのような意図をもってなされる行為は，違憲である。²このような行為は，これを処罰するものとする。

（2）　¹戦争遂行のための武器は，連邦政府の許可を得ることによってのみ，これを製造し，運搬し，商取引することが許される。²詳細は，一の連邦法律でこれを規律する。

第27条〔商船隊〕　すべてのドイツ商船は，統一した商船隊を組織する。

第28条〔ラント及び市町村の憲法適合的秩序〕（1）　¹ラントにおける憲法適合的秩序は，この基本法の趣旨に即した共和制的・民主的及び社会的な法治国家の諸原則に適合していなければならない。²ラント，郡及び市町村においては，国民は普通・直接・自由・平等及び秘密の選挙に基づいて構成されている議会を有していなければならない。³郡及び市町村における選挙に際しては，欧州共同体を構成するある国家の国籍を有している者も，欧州共同体法に準拠して，選挙権及び被選挙権を有する[27]。⁴市町村においては，選挙された団体に代えて市町村総会を設けることができる。

（2）　¹市町村に対しては，法律の範囲内において，地域的共同体のすべての事項を，自己の責任において規律する権利が保障されていなければならない。²市町村連合もまた，その法律上の任務領域の範囲内において，法律に準拠して，自治権を有する。³自治の保障には，財政上の自己責任の基盤も含まれ，税率決定権を有する市町村に帰属する経済力のある税財源も，この基盤の一部をなしている[28]。

（3）　連邦は，ラントの憲法適合的秩序が基本権並びに第1項及び第2項の規定に適合することを保障する。

---

27)　第28条第1項第3文は，1992年12月21日の第38回改正法律で付加された。

28)　第28条第2項第3文は，1994年10月27日の第42回改正法律で付加されたもので，その当時は「自治の保障には，財政上の自己責任の基盤も含まれる。」という文言のみであったが，その後1997年10月20日の第44回改正で，「税率設定権」以下の後段が追加された。

第29条〔**連邦領域の新編成**〕[29]　(1)　[1]連邦領域は，ラントが規模及び能力

---

[29]　第29条の当初の条文は全部で7項からなり，次のような文言であった。

「(1)　連邦領域は，同郷的結束，歴史的・文化的連関，経済的合目的性及び社会的構
造を考慮して，連邦法律によって，これを新たに編成するものとする。この新編成
によってつくり出されるべきラントは，その規模及び能力に応じて，そのラントに
課せられた任務を実効的に遂行しうるものであるべきである。

(2)　1945年5月9日以降のラントの新編成に際して，住民投票(Volksabstimmung)によ
らずにラントへの所属を変更した領域においては，基本法施行後1年以内に，住民発
案により，ラントへの所属についてなされた決定に対する一定の変更を要求すること
ができる。その住民請願には，ラント議会の選挙権を有する住民の10分の1の同意を
必要とする。その住民発案が成立したときは，連邦政府は，新編成に関する法律案
の中に，当該領域部分のラントへの所属に関する規定を取り入れなければならない。

(3)　この法律が採択された後，ラントへの所属が変更されることになる各領域におい
て，この領域に関する法律の部分は住民表決に付されるものとする。第2項によっ
て住民発案が成立したときには，当該領域においては，いずれの場合においても住
民表決が行われるものとする。

(4)　その際，この法律が少なくとも1つの領域において拒否されたときは，その限度
において，その法律は改めて連邦議会に提出されるものとする。再議決の後，その
法律は，その範囲において，全連邦領域において住民表決によって採択されること
を必要とする。

(5)　住民表決に際しては，投票の過半数で決定する。

(6)　その手続は，一の連邦法律でこれを規律する。新編成は，基本法の公布後3年以
内に，また，ドイツの他の部分が〔連邦領域に〕加入した結果として新編成が必要
となるときは，その加入後2年以内に規律すべきである。

(7)　ラントの領域的現状のその他のすべての変更に関する手続は，一の連邦法律でこ
れを規律するが，その法律には，連邦参議会の同意及び連邦議会議員の過半数の同
意を必要とする。」

その後，本条は1969年8月19日の第25回改正法律によって変更され，第1項及び第
7項は全く元来のままの文言であったが，第2項は元来の第2文までで，その第3文
以下は次のように変更されて第3項となった。すなわち「(3)　第2項によって住民請
願が成立したときは，当該領域部分においては1975年3月31日までに，バーデン＝
ヴュルテンベルク州のバーデン領域部分においては1970年6月30日までに，目指され
ている変更がなされるべきか，それとも従来のラントへの所属のままの状態が存続す
べきか，という問題について，住民表決が行われるものとする。ラント議会の選挙権
を有する住民の少なくとも4分の1を含む多数がその変更に同意するときは，当該領
域部分のラントへの所属は，住民表決が行われてから1年以内に，連邦法律によって
規律するものとする。同一ラント内において複数の領域部分がラントへの所属の変更
を要求するときは，必要とされる規律は，これを一の法律にまとめるものとする。」

また，上記の改正によって，第4項には次のような全く新しい規定が作られた。

に応じて，そのラントに課せられた任務を実効的に遂行しうることを保障するために，これを新たに編成することができる。²その場合には，同郷的結束，歴史的・文化的連関，経済的合目的性並びに地域開発計画及び国土計画の要請を考慮しなければならない。

(2) ¹連邦領域を新たに編成するための措置は，〔ラントの〕住民表決によって追認されることを要する連邦法律によってなされる。²当該ラントの意思は，これを聴取するものとする。

(3) ¹住民表決が行われるラントは，その領域又は領域の一部から新たなラント，又は新たな境界を有するラントが形成されることになるラント（当該ラント）である。²表決は，当該ラントが従来どおりに存続すべきか，又は，新たなラント若しくは新たな境界を有するラントが形成され

「この連邦法律は，住民表決の結果を基礎とするものとし，第1項による新編成の目的を達成するのに必要な限度においてのみ，住民表決の結果と異なることが許される。この法律には連邦議会議員の多数の同意を必要とする。その法律が，住民表決によって要求されなかったある領域部分のラントへの所属の変更を規定しているときは，その法律は，ラントへの所属が変更されることになる全領域において住民表決によって採択されることを必要とする。このことは，既存のラントからその領域部分を分割する際に，残存の領域部分が独立したラントとして存続することになる場合には，その限度において適用されない。」

さらに当初の第3項及び第4項が変更されて第5項となり，次のような文言に改められた。すなわち，「連邦領域の新編成に関する連邦法律が第2項から第4項までの手続によらずに採択された後，ラントへの所属が変更されることになる各領域において，この領域に関する法律の部分は住民表決に付されるものとする。その際，この法律が少なくとも1つの領域において拒否されたときは，その限度において，その法律は改めて連邦議会に提出されるものとする。再議決の後，その法律は，その範囲において，全連邦領域において住民表決によって採択されることを必要とする。」

最後に，第6項は，元来の第6項の一部が変更され，次のようになった。すなわち「住民表決に際しては，投票の過半数で決定するが，第3項は〔これによって〕影響を受けない。その手続は，一の連邦法律でこれを規律する。新編成は，ドイツの他の部分が〔連邦領域に〕加入した結果として新編成が必要となるときは，その加入後2年以内に規律されているものとする。」

ところが本条は，その後1976年8月23日の第33回改正法律によってさらに変更されて，全7項からなるまったく新しい規定とされた（第1項から第6項までは現行どおり）のち，1994年10月27日の第42回改正法律でさらに改正され，その際，上記の第33回改正による第7項では「1万人以上の」とあったのが，現行のように「5万人以上」となり，さらに新たに第8項が追加された。

るべきか，という問題についてこれを行うものとする。³新たなラント，又は新たな境界を有するラントを形成することに関する住民表決は，将来の領域において，及び，そのラントへの所属が同様の意味において変更されることになる，当該ラントの領域又は領域の諸部分の全体において，そのたびごとに過半数がその変更に同意する場合に，成立する。⁴その住民表決は，当該ラントのうちの一のラントの領域において過半数がその変更を拒否するときは，成立しないが，その拒否は，当該ラントへの所属が変更されることになる領域部分において，3分の2の多数がその変更に同意するときは，顧慮されないが，当該ラントの全領域において3分の2の多数が変更を拒否したときは，その限りでない。

(4)　関連性はあるが境界の区切られた住宅・経済地域で，その諸部分が複数のラントに属し，少なくとも人口百万人を有する地域において，その地域の連邦議会の有権者の10分の1による住民発案によって，この地域について統一的なラントへの所属を招来すべきことが要求されるときは，連邦法律によって，2年以内に，第2項によってラントへの所属が変更されるかどうかについて規定するか，又は，当該ラントにおいて住民投票が行われることを規定するものとする。

(5)　¹住民投票は，法律において提案されるべきラントへの所属の変更が同意を得られるかどうかを確認することを目的とする。²その法律は，住民投票についての異なった提案をすることができるが，その提案は2つを超えることはできない。³ラントへの所属の変更の提案に多数が賛成したときは，連邦法律によって，2年以内に，そのラントへの所属が第2項によって変更されるかどうかを規定するものとする。⁴住民投票に付された提案が第3項第3文及び第4文の基準に合致した同意を得られたときは，その住民投票の実施後2年以内に，提案されたラントを形成するための一の連邦法律を発布するものとするが，その連邦法律は，もはや住民表決によって追認されることを要しない。

(6)　¹住民表決及び住民投票における過半数とは，連邦議会の有権者の少なくとも4分の1を含む投票の過半数をいう。²住民表決，住民発案及び住民投票についてのその他の詳細は，一の連邦法律³⁰⁾でこれを規律するが，この法律は，5年の期間内は住民発案を繰り返すことができない旨を定めることもできる。

(7) ¹ラントの領域のその他の変更は，ラントへの所属が変更されることになる領域が5万人以上の人口を有しない場合には，関係するラント間の協約により，又は，連邦参議会の同意を得た連邦法律によって，これを行うことができる。²詳細は，連邦参議会の同意及び連邦議会議員の過半数の同意を必要とする一の連邦法律でこれを規律する。³この連邦法律には，関係する市町村及び郡の意見を聴取することが定められなければならない。

(8) ¹ラントは，第2項から第7項までの規定にかかわらず，ラント間の協約により，当該ラントにその時々に包括されている領域又はその領域の一部について，新たな編成を規律することができる。²関係する市町村及び郡は，〔意見の〕聴取を受けるものとする。³この〔ラント間の〕協約は，それに参加するすべてのラントにおける住民表決によって承認されることを要する。⁴この協約がラントの領域の一部にかかわるものであるときは，その承認は，当該部分の住民表決のみにこれを限定することができ，〔次の〕第5文後段はこれを適用しない。⁵住民表決において，投票総数の過半数の中に，連邦議会〔議員〕の有権者の少なくとも4分の1の投票が含まれているときは，その過半数で決定がなされるものとし，詳細は，一の連邦法律でこれを規律する。⁶この協約は，連邦議会の同意を必要とする。

第30条〔ラントの任務〕 国家の権能の行使及び国家の任務の遂行は，この基本法が別段の規律をせず，又はそれを許していない限度において，ラントのなすべき事項である。

第31条〔連邦法の優位〕 連邦の法はラントの法に優先する。

第32条〔外交関係の処理〕 (1) 外国との諸関係の処理は，連邦の任務で

---

30) この連邦法律が，1979年7月30日の「基本法第29条第6項による住民表決・住民発案及び住民投票の手続に関する法律」(BGBl. I S. 1317)であり，これによると，基本法第29条第2項にいう「住民表決」に関するすべての規定が，同条第4項及び第5項にいう「住民投票」の場合に準用されることになっていて，手続の点で両者に違いはない。

ある。

⑵　あるラントの特別の事情に関係する条約は，その締結に先立って，適切な時期に，そのラントの意見を聴取するものとする。

⑶　ラントは，立法について権限を有している限度において，連邦政府の同意を得て，外国と条約を締結することができる。

第33条〔公民としての権利・義務，公職就任における平等〕⑴　すべてのドイツ人は，いずれのラントにおいても，等しく公民としての権利を有し義務を負う。

⑵　すべてのドイツ人は，その適性・資格及び専門的能力に応じて，等しくいずれの公職にも就くことができる。

⑶　[1]市民権及び公民権の享受，公職への就任，並びに公務において得た権利は，宗教上の信仰〔告白〕のいかんに左右されることはない。[2]何人も，ある信条又は世界観に属するか否かによって，不利益を受けてはならない[31]。

⑷　高権的権限の行使は，恒常的任務として，通常は，公法上の勤務関係・忠誠関係にある公務員に委託されなければならない。

⑸　公務に関する法は，職業官吏制度の伝統的諸原則を考慮して規律し，かつ継続的に発展させなければならない[32]。

第34条〔職務上の義務違反に対する責任〕[1]ある人が，自己に委託された公務の行使において，第三者に対して負担している職務上の義務に違反したときは，その責任は，原則として，国家又はその者が服務している団体が負う。[2]故意又は重過失があるときは，求償を妨げない。[3]損害賠償請求権及び求償については，通常裁判所で争う途が排除されてはならない。

第35条〔連邦及びラントの法律上及び職務上の援助，災害救助〕⑴　連

---

31)　基本法第3条第3項及びヴァイマル憲法第136条を参照。

32)　第33条第5項の当初の規定は，「公務に関する法は，職業官吏制度の伝統的諸原則を考慮して規律しなければならない」という文言であったが，2006年8月28日の第52回改正法律で変更されて「かつ，継続的に発展させ」の部分が追加された。

邦及びラントのすべての官庁は，相互に法律上及び職務上の援助〔＝司法共助・職務共助〕を行う。

(2) ¹公共の安全及び秩序を維持し又は回復するために，ラントは，特別の重要性を有する場合において，ラント警察が連邦国境警備隊の支援がなければ任務を遂行しえず，又は，任務の遂行に著しい困難をきたすときは，ラント警察の支援のために，連邦国境警備隊の力及び施設を要請することができる。²自然災害又は特に重大な災厄事故の場合に救助を受けるために，ラントは，他のラントの警察力，他の行政官庁の力と施設，並びに，連邦国境警備隊及び軍隊の力と施設を要請することができる。

(3) ¹自然災害又は災厄事故が一のラントを超える領域に危険を及ぼすときは，連邦政府は，これに有効に対処するのに必要な限度において，ラント政府に対し，他のラントのために警察力を使用させるべきことを指図することができ，また警察力を支援するために，連邦国境警備隊及び軍隊の部隊を出動させることができる。²第１文による連邦政府の措置は，連邦参議会の要求があるときはいつでも，〔また〕その他の場合には危険が除去されたのち遅滞なく，これを中止するものとする³³⁾。

第36条〔連邦官庁の職員〕 (1) ¹連邦最高官庁においては，公務員は，すべてのラントから，適当な割合で，これを任用するものとする。²その他の連邦官庁に勤務する職員は，通常は，その者が勤務するラントから採用されるものとする。

(2) 国防法は，連邦のラントへの編成及びその特別な同郷的諸関係にも配慮しなければならない³⁴⁾。

第37条〔連邦強制〕 (1) あるラントが基本法又はその他の連邦法律によって負担している連邦義務を履行しないときは，連邦政府は，連邦参議会の同意を得て，連邦強制の手段によって，そのラントに義務を履行

---

33) 第35条第２項及び第３項は，1968年６月24日の第17回改正法律で付加され，第２項にはさらにその後，1972年７月28日の第31回改正法律で第１文が追加されて現行の文言になった。

34) 第36条第２項は，1956年３月19日の第７回改正法律で付加された。

させるために必要な措置をとることができる。

(2)　連邦強制を実行するために，連邦政府又はその受託者は，すべてのラント及びその官庁に対して，指示を与える権利を有する。

第Ⅲ章　連邦議会

第38条〔連邦議会選挙，選挙権・被選挙権，議員の地位〕 (1)　¹ドイツ連邦議会の議員は，普通，直接，自由，平等及び秘密の選挙によって選挙される。²議員は全国民の代表者であって，委任及び指図に拘束されることはなく，自己の良心のみに従う。

(2)　18歳に達した者は，選挙権を有し，成年になる年齢に達した者〔＝18歳〕は，被選挙権を有する³⁵⁾。

(3)　詳細は，一の連邦法律でこれを規定する。

第39条〔被選期間，解散後の選挙，招集〕³⁶⁾ (1)　¹連邦議会は，以下の諸規定を条件として，4 年の任期で選挙される。²その被選期間は，新たな連邦議会の集会とともに終了する。³新たな選挙は，被選期間の開始

---

35)　第38条第 2 項は，1970年 7 月31日の第27回改正法律で変更されたもので，当初の規定では，同項は「21歳に達した者は，選挙権を有し，25歳に達した者は，被選挙権を有する。」となっていた。そのため，1972年の連邦議会選挙のときはまだ被選挙権は25歳であったが，その後1974年 7 月31日の成年年齢改正法によって成年年齢が18歳に引き下げられたので，現在では被選挙権も18歳に達した者が有することになる(連邦選挙法 §12及び §15参照)。

36)　第39条第 1 項及び第 2 項は，1976年 8 月23日の第33回改正法律及び1998年 7 月16日の第46回改正法律で変更されたもので，当初は次のような文言であった。
「(1)　連邦議会は，4 年の任期について選挙される。その被選期間は，第 1 回の集会後 4 年をもって，又はその解散とともに，終了する。新たな選挙は，被選期間の最後の 3 カ月以内に行い，解散の場合には，遅くとも60日後に行う。
(2)　連邦議会は，遅くとも選挙後30日目に集会するが，前連邦議会の被選期間の終了以前には集会しない。」。
　第33回改正法律による変更後の第 1 項は，「連邦議会は，4 年の任期について選挙される。その被選期間は，新たな連邦議会の集会とともに終了する。新たな選挙は，被選期間の開始の後，早くとも45カ月目，遅くとも47カ月目に行う。連邦議会の解散の場合には，新たな選挙を60日以内に行う。」という文言であったが，その後この第 1 項は，1998年 7 月16日の第46回改正法律で上のように変更された。

の後，早くとも46カ月目，遅くとも48カ月目に行う。[4]連邦議会の解散の場合には，新たな選挙は60日以内に行う。

(2)　連邦議会は，遅くとも選挙後30日目に集会する。

(3)　[1]連邦議会は，会議の終了及び再開を定める。[2]連邦議会議長は，それよりも前に連邦議会を招集することができる。[3]議員の3分の1，連邦大統領又は連邦首相の要求があるときは，連邦議会議長は連邦議会を招集する義務を負う。

第40条〔議長，書記役議員，議事規則〕　(1)　[1]連邦議会は，その議長，副議長及び書記役議員を選挙する。[2]連邦議会は，議事規則を定める。

(2)　[1]議長は，連邦議会議事堂内における議事堂管理権及び警察権を行使する。[2]議長の許諾がなければ，連邦議会の構内において，いかなる捜索又は押収も行ってはならない。

第41条〔選挙審査〕　(1)　[1]選挙審査は，連邦議会の責務である。[2]連邦議会は，連邦議会議員がその資格を喪失したかどうかについても決定する。

(2)　連邦議会の決定に対しては，連邦憲法裁判所に異議申立をすることが許される。

(3)　詳細は，一の連邦法律でこれを規律する。

第42条〔議事の公開，多数決〕　(1)　[1]連邦議会は，公開で議事を行う。[2]その議員の10分の1の申立てに基づき，又は連邦政府の申立てに基づいて，3分の2の多数をもって，非公開とすることができる。[3]この申立てについては，非公開の会議でこれを決する。

(2)　[1]連邦議会の議決には，この基本法に別段の規定のある場合を除き，投票の過半数を必要とする。[2]連邦議会が行うべき選挙については，議事規則によって例外を許すことができる。

(3)　連邦議会及びその委員会の公開の会議に関して，真実に即して報告しても，いかなる責任も問われることはない。

第43条〔連邦政府・連邦参議会の構成員の会議への出席・発言権〕　(1)

連邦議会及びその委員会は，連邦政府のどの構成員に対しても，出席を
要求することができる。

(2)　¹連邦参議会及び連邦政府の構成員，並びにこれらの受託者は，連邦
議会及びその委員会のすべての会議に出席することができる。²これら
の者は，いつでも発言を認められなければならない。

第44条〔調査委員会〕(1)　¹連邦議会は，公開の議事において必要な証拠
を取り調べる調査委員会を設置する権利を有し，議員の4分の1の申立
てがあるときは，これを設置する義務を負う。²公開は，これを禁止す
ることができる。

(2)　¹証拠調べには，刑事訴訟に関する規定を類推適用する。²信書・郵便
及び電信電話の秘密が，これによって影響を受けることはない。

(3)　裁判所及び行政官庁は，法律上及び職務上の援助〔司法共助・職務共
助〕をする義務を負う。

(4)　¹調査委員会の決議は，裁判による審査を受けることがない。²裁判所
は，調査の基礎となっている事情の評価及び判断においては，自由であ
る。

第45条〔欧州連合委員会〕37)　¹連邦議会は，欧州連合の事務のための委員
会を選任する。²連邦議会は，この委員会に対し，第23条に基づいて連
邦議会が連邦政府に対して有している諸権利を主張することを授権する
ことができる。³連邦議会はまた，欧州連合の条約上の根拠において連
邦議会に帰属している諸権利を行使することも授権することができる。

第45a条〔外務委員会，国防委員会〕38)　(1)　連邦議会は，外務に関する

---

37)　第45条は，当初の規定では「(1)　連邦議会は，二つの被選期間のあいだにおいて
連邦政府に対する連邦議会の諸権利を護るべき常任委員会を設置する。この常任委員
会は調査委員会の諸権利をも有する。(2)　それ以上の権限，特に，立法をなし，連邦
首相を選挙し，及び連邦大統領を訴追する権利は，常任委員会には帰属しない。」と
なっていたもので，その後，1976年8月23日の第33回改正法律でいったん削除された
(なお，次の第45a条参照)が，1992年12月21日の第38回改正法律で，全く新たな規定
に取って代わられ(第1文及び第2文)，さらに，2008年10月8日の第53回改正法律
(施行はリスボン条約が発効した2009年12月1日)で第3文が付け加えられた。

委員会及び国防に関する委員会を設置する。

(2)　¹国防委員会は，調査委員会の権利をも有する。²国防委員会は，その委員の4分の1の申立てがあるときは，ある事項をその調査の対象とする義務を有する。

(3)　第44条第1項は，国防の分野にはこれを適用しない。

第45b条〔連邦議会の国防受託者〕[39]　¹基本権を保護するため，及び連邦議会が議会による統制を行う場合の補助機関として，連邦議会の国防受託者を任命する。²詳細は，一の連邦法律でこれを規律する。

第45c条〔陳情委員会の設置〕[40]　(1)　連邦議会は，第17条により連邦議会に提出された請願及び訴願を処理することを任務とする陳情委員会を設置する。

(2)　この委員会が訴願について審査する権能は，一の連邦法律でこれを規律する。

第45d条　議会統制委員会[41]　(1)　連邦議会は，連邦の諜報機関の活動を統制するための委員会を設置する。

(2)　詳細は，一の連邦法律でこれを規律する。

第46条〔議員の刑事免責及び不逮捕特権〕　(1)　¹議員は，いかなる時にも，連邦議会又はその委員会の一において行った表決又は発言を理由として，裁判上又は職務上，訴追され，又は，その他連邦議会外において責任を問われてはならない。²ただし，誹謗中傷に関してはこの限りでない。

---

38)　第45a条は，1956年3月19日の第7回改正法律で追加されたもので，当初の第1項には「両委員会は，2つの被選期間のあいだにおいても行動する。」という第2文があったが，その後1976年8月23日の第33回改正法律でこれが削除された。

39)　第45b条は，1956年3月19日の第7回改正法律で追加された。

40)　第45c条は，1975年7月15日の第32回改正法律で追加された。

41)　第45d条は，2009年7月17日の第55回改正法律で追加された。なお，本条には，条文本文の前に，条文見出しに相当する文言があるが，こうした表記は，新たな章を入れる場合などは別として，これまで改正法律では見当たらなかったものである。

⑵　刑罰を科せられるべき行為のゆえに議員が責任を問われ，又は逮捕されるのは，連邦議会の許諾があった場合のみであるが，ただし，現行犯で又はその翌日中に逮捕されるときは，この限りでない。

⑶　連邦議会の許諾は，さらに，議員の人身の自由を制限するその他のすべての場合においても，又は，第18条に基づく手続を議員に対して開始する場合にも，必要である。

⑷　議員に対する刑事手続及び第18条に基づく手続，勾留及び議員の人身の自由に対するその他の制限は，いかなる場合にも，連邦議会の要求があるときは，これを停止するものとする。

第47条〔議員の証言拒否権〕 [1]議員は，その議員としての資格において他人から事実を打ち明けられ，又は，議員としての資格において他人に事実を打ち明けたときは，その相手について，及びこれらの事実自体について，証言を拒否する権利を有する。[2]この証言拒否権が及ぶ限りにおいては，書類の押収は許されない。

第48条〔選挙準備のための休暇請求権，職務行使の自由，補償請求権，国有交通機関の無料利用権〕 ⑴　連邦議会に議席を得ようとする者は，その選挙の準備のために必要な休暇を請求する権利を有する。

⑵　[1]何人も，議員の職務を引き受け，かつこれを行使することを妨げられてはならない。[2]このことを理由とする解約告知又は免職は，許されない。

⑶　[1]議員は，その独立を保障するにふさわしい補償〔＝歳費〕を請求する権利を有する。[2]議員は，国有の交通手段を無償で利用する権利を有する。[3]詳細は，一の連邦法律でこれを規律する。

第49条〔2つの被選期間のあいだにおける委員の権利〕　〔削除〕[42]

第Ⅳ章　連邦参議会

第50条〔連邦参議会の権能〕[43]　ラントは，連邦参議会を通じて連邦の立法及び行政並びに欧州連合の事務において協力する。

第51条〔連邦参議会の構成〕(1) ¹連邦参議会は，ラント政府の構成員によって構成され，ラント政府がこれを任免する。²これらの者は，そのラント政府のその他の構成員によって代理されることができる。

(2) 各ラントは少なくとも３票の票決権を有し，住民200万以上のラントは４票，住民600万以上のラントは５票，住民700万以上のラントは６票の票決権を有する⁴⁴⁾。

(3) ¹各ラントは，その有する票決権と同数の構成員を派遣することができる。²一のラントの投票は，一括してのみ，かつ，出席者又はその代理人によってのみ，これを行うことができる。

第52条〔連邦参議会の議長，招集，票決，議事規則〕(1) 連邦参議会が選出する議長の任期は１年である。

(2) ¹議長は，連邦参議会を招集する。²議長は，少なくとも２つのラントの代表者又は連邦政府の要求があるときは，これを招集しなければならない。

(3) ¹連邦参議会は，少なくともその票決の過半数をもって議決を行う。²連邦参議会は議事規則を定める。³連邦参議会は，その議事を公開で行う。⁴その公開は，これを禁止することができる。

(3a) 欧州連合の事務のために，連邦参議会は，欧州専門部会(Europakammer)を組織することができ，その議決は連邦参議会の議決とみなされる；一括して行使されるべき諸ラントの票決の数は，第51条第２項によってこ

---

42) 第49条は，当初は「議長団(Praesidium)の構成員及び常任委員会委員並びにそれらの首席代理人には，２つの被選期間のあいだの時期についても，第46条，第47条及び第48条第２項及び第３項が適用される。」という規定であったが，その後1956年３月19日の第７回改正法律で，いったんは「……常任委員会委員，外務委員会委員及び国防委員会委員並びにそれらの首席代理人には，……」という文言に改正された。しかしその後さらに，1976年８月23日の第33回改正法律で全文が削除された。

43) 第50条は，1992年12月21日の第38回改正法律で変更されたもので，当初の規定では単に「ラントは，連邦参議会を通じて連邦の立法及び行政に協力する」となっていた。

44) 第51条第２項は，当初の規定では「各ラントは……人口600万以上のラントは５票の表決権を有する。」とされていたが，1990年８月31日調印の統一条約第４条によって現行規定に変更された。

れを規定する[45]）。

(4)　ラント政府のその他の構成員，又はその委任を受けた者は，連邦参議
　　会の委員会に所属することができる。

第53条〔連邦政府構成員の議事参加権，連邦政府の報告義務〕　[1]連邦政府
　　の構成員は，連邦参議会及びその委員会の議事に参加する権利を有し，
　　要求があるときは，これに参加する義務を負う。[2]これらの者は，いつ
　　でも発言することができなければならない。[3]連邦参議会は，事務の処
　　理について，常時，連邦政府から報告を受けるものとする。

第Ⅳa章　合同委員会[46]

第53a条〔合同委員会の構成及びその手続〕　(1)　[1]合同委員会は，その3
　　分の2を連邦議会議員により，3分の1を連邦参議会構成員により，こ
　　れを構成する。[2]連邦議会議員は，院内諸会派の議員数の割合に応じて
　　連邦議会によってこれを定めるが，議員は連邦政府に所属してはならな
　　い。[3]各ラントは，その選任した連邦参議会構成員によって代表される
　　が，これらの構成員は〔ラントの〕指図に拘束されていない。[4]合同委
　　員会の組織及びその手続は，連邦議会が議決し連邦参議会の同意を必要
　　とする一の委員会規則によってこれを規律する。

(2)　[1]連邦政府は，防衛緊急事態に対する政府の計画について，合同委員
　　会に報告しなければならない。[2]第43条第1項による連邦議会及びその
　　委員会の権利は影響を受けない。

---

45)　第52条第3a項は，1992年12月21日の第38回改正法律で付加されたものであるが，
　　その第2文の当時は，「第51条第2項及び第3項第2文はこれを準用する。」という文
　　言であったが，その後，2006年8月28日の第52回改正法律で上記のように変更され
　　た。なお，ここにいう「欧州専門部会」は，第50条にいう欧州連合の事務において連
　　邦の立法・行政に協力するために連邦参議会内に設けられる機関であり，詳細は連邦
　　参議会の議事規則§45a以下に規定されている。

46)　第Ⅳa章の標題及び第53a条は，1968年6月24日の第17回改正法律で追加された。

第Ⅴ章　連邦大統領

第54条〔連邦大統領の選挙及び在任期間，連邦会議〕（1）¹連邦大統領は，討議によらないで，連邦会議によって選挙される。²連邦議会〔議員〕の選挙権[47]を有し，かつ，満40歳に達したすべてのドイツ人は，被選挙権を有する。

（2）¹連邦大統領の在任期間は５年である。²一回に限り，引き続き再選されることが許される。

（3）連邦会議は，連邦議会議員と，ラント議会が比例代表選挙の諸原則に従って選挙した，これと同数の議員とによって構成される。

（4）¹連邦会議は，遅くとも，連邦大統領の在任期間の満了の30日以前に，また，在任期間満了前に〔職務が〕終了する場合には，この時から遅くとも30日以前に，集会する。²連邦会議は，連邦議会の議長によって招集される。

（5）〔連邦議会の〕被選期間経過後は，第４項第１文の期間は，連邦議会の第一回の集会とともに進行する。

（6）¹連邦会議の構成員の過半数の投票を得た者が〔連邦大統領に〕選ばれる。²二回の選挙でも候補者のいずれもがこの過半数を得られないときは，さらに一回の投票を行って最多数の投票を得た者が，選ばれる。

（7）詳細は，一の連邦法律でこれを規律する。

第55条〔兼職禁止〕（1）連邦大統領は，連邦又はラントの，政府にも立法機関にも所属することは許されない。

（2）連邦大統領は，その他の有給の職務に就くことは許されず，またいかなる営業及び職業に従事することも，また，営利を目的とする企業の執行部及び監査役会に所属することも許されない。

第56条〔職務就任の際の宣誓〕¹連邦大統領は，その職務に就任する際に，参集した連邦議会及び連邦参議会の構成員の面前で，次のとおり宣

47）第38条を参照。

誓を行う：

「私は，私の力をドイツ国民の幸福のために捧げ，その利益を増進し，国民を損害から免れしめ，連邦の基本法及び諸法律を守りかつ擁護し，私の義務を良心的に果たし，何人にも正義を行うことを誓う。神よ，ご照覧あれ。」

²この宣誓は，宗教上の誓言なしに行うこともできる。

第57条〔権能の代理〕　連邦大統領の権能は，連邦大統領に事故あるとき，又は，その職務が任期満了以前に終了したときは，連邦参議会議長がこれを代理して行使する。

第58条〔副署〕　¹連邦大統領の命令及び処分は，それが有効であるためには，連邦首相又は管轄連邦大臣による副署を必要とする。²〔ただし〕このことは，連邦首相の任免，第63条による連邦議会の解散，及び第69条第3項による要請については，適用されない。

第59条〔国際法上の代表権，条約締結権〕　(1)　¹連邦大統領は，国際法上連邦を代表する。²連邦大統領は，連邦の名において，外国と条約を締結する。³連邦大統領は，〔外国の〕使節を信認し接受する。

(2)　¹連邦の政治的関係を規律し，又は，連邦立法の対象にかかわる条約は，それぞれ連邦の立法について権限を有する機関の，連邦法律の形式による同意又は協力を必要とする。²行政協定については，連邦行政に関する規定を準用する。

第59a条〔防衛緊急事態の確定〕　〔削除〕⁴⁸⁾

第60条〔連邦裁判官・連邦公務員等の任免権，恩赦権〕　(1)　連邦大統領は，法律に別段の規定のある場合を除き，連邦裁判官，連邦公務員，将校及び下士官を任免する⁴⁹⁾。

(2)　連邦大統領は，個々の場合に，連邦に代わって恩赦権を行使する。

(3)　連邦大統領は，この権能を他の官庁に委譲することができる。

(4)　第46条第2項から第4項までの規定は，連邦大統領にこれを準用す

る。

第61条〔連邦大統領の訴追〕（1）¹連邦議会又は連邦参議会は，連邦大統領が基本法又はその他の連邦法律に故意に違反したことを理由として，これを連邦憲法裁判所に訴追することができる。²訴追の提起を求める動議は，少なくとも，連邦議会議員の4分の1，又は，連邦参議会の表決数の4分の1をもって提出しなければならない。³訴追の提起を求める議決は，連邦議会議員の3分の2又は連邦参議会の表決数の3分の2の多数を必要とする。⁴訴追は，訴追する機関の受託者が代理してこれを行う。

（2）¹連邦憲法裁判所は，連邦大統領が基本法又はその他の連邦法律に故意に違反したことについて有責であることを確定したときは，連邦大統領にその職務の喪失を宣告することができる。²連邦憲法裁判所は，訴追が提起されたあと，仮の命令によって，連邦大統領がその職務を遂行することは差支えがある旨を規定することができる。

48）　第59a条は，もともと1956年3月19日の第7回改正法律で追加されたもので，以下のような文言であった。

「(1)　防衛緊急事態が生じたことの確定は，連邦議会がこれを行う。その議決は，連邦大統領によって公布される。

(2)　克服しえない障害があって連邦議会が集会することが妨げられる場合において，危険が切迫しているときは，連邦大統領は，連邦首相の副署を得て，この確定を行い，かつ，これを公布することができる。連邦大統領は，事前に，連邦議会議長及び連邦参議会議長の意見を聴取すべきである。

(3)　連邦大統領は，〔この確定の〕公布後において初めて防衛緊急事態の存在について国際法上の宣言をすることが許される。

(4)　講和条約の締結については，連邦法律によってこれを決定する。」

　その後，1968年6月24日の第17回改正法律で削除され，上記の第1項から第3項までは第115a条に，また第4項は第115l条第3項に移された。

49）　第60条第1項は，1956年3月19日の第7回改正法律で変更されたもので，当初の規定は，「連邦大統領は，法律に別段の規定のある場合を除き，連邦裁判官及び連邦公務員を任免する。」という文言で，「将校及び下士官」の部分がなかった。

第Ⅵ章　連邦政府

第62条〔連邦政府の構成〕　連邦政府は，連邦首相及び連邦大臣でこれを構成する。

第63条〔連邦首相の選挙，連邦議会の解散〕　(1)　連邦首相は，連邦大統領の提案に基づき，連邦議会によって，討議にかけずに選出される。

(2)　¹連邦議会議員の過半数[50]の投票を得た者が，〔連邦首相に〕選出されたこととなる。²選出された者は，連邦大統領によって任命される。

(3)　〔連邦大統領が連邦首相として〕提案した者が選出されないときは，連邦議会は，投票後14日以内に，その半数を超える議員[50]により連邦首相を選出することができる。

(4)　¹この期間内に選出ができないときは，遅滞なく新たな投票を行い，その投票で最多票を得た者が〔連邦首相に〕選出されたこととなる。²選出された者が連邦議会議員の過半数の投票を得たときは，連邦大統領は7日以内に，この者を連邦首相に任命しなければならない。³選出された者がこの過半数を得なかったときは，連邦大統領は，7日以内にこの者を任命するか，又は，連邦議会を解散するかしなければならない。

第64条〔連邦大臣の任免〕　(1)　連邦大臣は，連邦首相の提案に基づき，連邦大統領によって任免される。

(2)　連邦首相及び連邦大臣は，その職務を引き受けるに際して，連邦議会の面前で，第56条に定める宣誓を行う。

第65条〔連邦首相の職務権限及び責任〕　¹連邦首相は，政治の基本方針を

---

50)　第63条第2項の「連邦議会議員の過半数」の原語は „die Mehrheit der Mitglieder des Bundestages" であるのに対して，第3項の「その半数を超える議員」の原語は „mit mehr als die Hälfte seiner Mitglieder" という別の文言になっている。注釈書等では，いずれの場合も「過半数」の意味に解されているようであるが，ここでは一応訳語の上で区別しておく。

定め，これについて責任を負う。²この基本方針の範囲内において，各連邦大臣は，独立して，かつ自らの責任において自己の所轄事務を指揮する。³連邦大臣の間での意見の相違については，連邦政府がこれを決定する。⁴連邦首相は，連邦政府が決定し，かつ連邦大統領が認可した執務規程に従って，連邦政府の事務を指揮する。

第65a 条〔連邦国防大臣の権限〕51)　(1)　連邦国防大臣は，軍隊に対する命令権及び指揮命令を有する。

(2)　〔削除〕52)

第66条〔職務の非両立性〕　連邦首相及び連邦大臣は，他の有給の職務に就くことは許されず，またいかなる営業及び職業に従事することも，また，営利を目的とする企業の執行部に所属したり，連邦議会の同意なしにその監査役会に所属することも，許されない。

第67条〔建設的不信任決議案〕　(1)　¹連邦議会は，その議員の過半数をもって連邦首相の後任を選出し，連邦大統領に対し，連邦首相を罷免すべきことを要請することによってのみ，連邦首相に対して不信任を表明することができる。²連邦大統領は，その要請に応じて，選挙された者を〔連邦首相に〕任命しなければならない。

(2)　その動議と選挙とのあいだには，48時間おかなければならない。

第68条〔信任決議案，連邦議会の解散〕　(1)　¹自己に対する信任を表明すべきことを求める連邦首相の動議が，連邦議会議員の過半数の同意を得られないときは，連邦大統領は，連邦首相の提案に基づいて，21日以内に連邦議会を解散することができる。²この解散権は，連邦議会がその議員の過半数をもって別の連邦首相を選出したときは直ちに消滅する。

(2)　その動議と選出とのあいだには，48時間おかなければならない。

---

51)　第65a 条は，1956年3月19日の第7回改正法律で追加された。

52)　第65a 条第2項は，1968年6月24日の第17回改正法律で削除された。

第69条〔連邦首相の代理人，連邦首相及び連邦大臣の在任期間の終了，職務の継続〕　(1)　連邦首相は，連邦大臣の一人を自己の代理人に任命する。

(2)　連邦首相又は連邦大臣の職務は，いずれの場合においても，新たな連邦議会の集会とともに終了し，連邦大臣の職務は，連邦首相の職務が終了するその他のすべての場合にも，終了する。

(3)　連邦首相は連邦大統領の要請に基づき，連邦大臣は連邦首相又は連邦大統領の要請に基づき，その後任が任命されるまで，その事務を引き続き遂行する義務を負う。

第Ⅶ章　連邦の立法

第70条〔ラントの立法権とその限界〕　(1)　ラントは，この基本法が連邦に立法の権限を付与していない限度において，立法権を有する。

(2)　連邦とラントの〔立法に関する〕管轄権の範囲は，専属的立法と競合的立法に関するこの基本法の規定に従って，これを区分する。

第71条〔連邦の専属的立法〕　連邦の専属的立法の領域においてラントが立法の権限を有するのは，一の連邦法律においてこれにつき明文で授権される場合であり，かつ，その限度においてのみである。

第72条〔連邦の競合的立法権の範囲〕[53]　(1)　競合的立法の領域においてラントが立法の権限を有するのは，連邦が法律によってその立法管轄権を行使しようとしないあいだ，及びその限度においてである。

(2)　連邦が第74条第1項第4号，第7号，第11号，第13号，第15号，第19a号，第20号，第22号，第25号及び第26号の領域において，立法権 (Gesetzgebungsrecht) を有するのは，連邦領域における均質な生活関係を創出し，又は，国家全体の利益のための法的若しくは経済的統一を維持するために，連邦法律による何らかの規律が必須となる場合であり，かつその限度においてである。

(3)　¹連邦がその立法管轄権を行使した場合でも，以下の各号〔の領域〕については，諸ラントは，法律により，これと異なる規律をすることが

できる：

1．狩猟制度（ただし狩猟免許証の法を除く）
2．自然保護及び景観保護（ただし自然保護の一般的諸原則，種の保存の法又は海洋自然保護の法を除く）
3．土地分配
4．国土整備
5．水質保全（ただし汚染物質又は工場施設に関わる規制は除く）
6．大学入学許可及び大学修了認定
7．土地税。

　²これらの領域における連邦法律は，連邦参議会の同意を得て別段の規定がなされていない限り，早ければ公布後6カ月後に効力を生ずる。

---

53)　第72条の当初の規定は，次のとおりであった。
「(1)　競合的立法の領域においてラントが立法の権限を有するのは，連邦がその立法権（Gesetzgebungsrecht）を行使していないあいだ，及びその限度においてである。
(2)　連邦は，この〔競合的立法の〕領域において，次に掲げる理由により，連邦法律によって規律する必要（Bedürfnis）がある限度において，立法権を有する。
　1．ある事項が個々のラントの法律制定をもってしては実効的に規律することができないため，又は
　2．ある事項をラントの法律によって規律することが，他のラントの利益又は全体の利益を害する可能性があるため，又は
　3．法の統一性又は経済の統一性を維持し，特に，1ラントの領域を超える生活関係の統一性を維持するのに必要である（erfordern）ため。」
　その後，本条は1994年10月27日の第42回改正法律で全面的に変更され，次のような文言になった。
「(1)　競合的立法の領域においてラントが立法の権限（Befugnisse zur Gesetzgebung）を有するのは，連邦が法律によってその立法管轄権（Gesetzgebungszuständigkeit）を行使していないあいだ，及びその限度においてである。
(2)　連邦は，この領域において，連邦領域における均質な生活関係を創出し，又は，国家全体の利益のための法的若しくは経済的統一を維持するために，連邦法律による何らかの規律が必須となる（erforderlich）場合には，立法権を有する。
(3)　連邦法律上の規律について第2項にいう必要性（Erforderlichkeit）がもはや存しないときは，ラント法によってこれに代えることができる旨を，連邦法律によって規定することができる。」
　さらに，2006年8月28日の第52回改正法律で第2項が変更され，新たな第3項（ただしこの当時の第1文は第6号まで）が追加され，従前の第3項が第4項となった。また，第3項第1文第7号は，2019年11月15日の第64回改正法律で追加された。

　　³第1文の領域においては，連邦法とラント法は，その時々の後法が優先する関係に立つ。

⑷　連邦法律上の規律について第2項にいう必要性がもはや存しないときは，ラント法によってこれに代えることができる旨を，連邦法律によって規定することができる。

第73条〔**連邦の専属的立法権限のカタログ**〕54)　⑴　連邦は，次の事項について専属的立法権を有する：

1．外交事務，及び，民間人の保護を含む防衛55)

2．連邦における国籍

3．移転の自由，旅券制度，住民登録制度及び身分証明制度，入国及び出国並びに犯罪人引渡し56)

4．通貨・貨幣及び造幣制度，度量衡並びに標準時

5．関税・通商区域の統一，通商・航行条約，商品取引の自由，及び関税・国境保護を含む外国との商品取引・支払流通

5a．ドイツの文化財の国外流出に対する保護57)

6．航空交通58)

6a．完全に又は半分以上が連邦の所有になっている鉄道（連邦の鉄道

---

54)　第73条は，2006年8月28日の第52回改正法律で第2項が追加され，従前の文言が第1項となり，第1項第5a号及び第9a号が新たに挿入され，第12号から第14号までが新たに追加された。このうち第1項第12号から第14号までは，従前は第74条第1項第4a号，第10a号，第11a号にあった規定である。

55)　第1項第1号の当初の文言は単に「外交事務」であったが，1954年3月26日の第4回改正法律で「外交事務，並びに，18歳以上の男子に対する国防義務及び民間人の保護を含む防衛」と変更され，その後さらに1968年6月24日の第17回改正法律で現行のようになった。

56)　第1項第3号の従前の規定は「移転の自由，旅券制度，入国及び出国並びに犯罪人引渡し」という文言であったが，その後2006年8月28日の第52回改正法律で「住民登録制度及び身分証明制度」の文言が付加されて現行規定のようになった。

57)　第1項第5a号は，2006年8月28日の第52回改正法律で新たに追加された。なお，後注65)参照。

58)　第1項第6号の当初の文言は「連邦鉄道及び航空交通」であったが，連邦鉄道の民営化に伴う1993年12月20日の第40回改正で，そのうち「連邦鉄道（Bundeseisenbahnen）及び」の文言が削除された。また第6a号はこの第40回改正で挿入された。

［Eisenbahnen des Bundes］)の交通，連邦の鉄道の路線の建設，維持及び経営，並びにこれらの路線の利用に対する対価の徴収[58]

7．郵便制度及び遠距離通信(das Postwesen und die Telekommunikation)[59]

8．連邦及び連邦直属の公法上の団体に勤務する者の法関係

9．営業上の権利保護，著作権及び出版権

9a．複数のラントに及ぶ危険が存する場合，一のラント警察官庁の管轄権が認められていない場合，又は，ラントの最高官庁が要請している場合における，連邦刑事警察庁による国際テロリズムの危険の予防[60]

10．次の事項に関する連邦とラントとの協働[61]

　　a）　刑事警察

　　b）　自由で民主的な基本秩序，連邦又はラントの存立及び安全の保障(憲法保障)のため，及び

　　c）　暴力の行使によって，又は暴力の行使を目的とする準備行為によって，ドイツ連邦共和国の対外的利益を脅かす，連邦領域内における企図に対する擁護のため

　　並びに，連邦刑事警察庁の設立及び国際的な犯罪予防

11．連邦目的のための統計

12．武器法及び爆発物法

13．戦傷者及び戦争遺族の援護並びにかつての捕虜の生活保護

14．平和的目的のための核エネルギーの生産及び利用，この目的のために用いられる施設の建設及び運用，核エネルギーの放出の際に又は電離放射線によって生ずる危険に対する保護，並びに放射線物質の除去。

(2)　第1項第9a号による法律には，連邦参議会の同意を必要とする。

---

59)　第1項第7号は，当初の文言では，「郵便制度及び電信電話制度」(Post- und Fern-meldewesen)であったが，郵便制度等の民営化に伴う1994年8月30日の第41回改正で現行規定のように変更された。

60)　第1項第9a号は，2006年8月28日の第52回改正法律で新たに追加された。

61)　第1項第10号の当初の文言は，「刑事警察及び憲法保障の事務における連邦とラントとの協働，連邦刑事警察署の設立並びに国際的な犯罪予防」というものであったが，1972年7月28日の第31回改正法律で変更されて現行のようになった。

第74条〔連邦の競合的立法権限のカタログ〕[62]　(1)　競合的立法は次の分
野に及ぶ:

1. 民法, 刑法, 裁判所構成法, 裁判の手続(ただし未決拘禁の執行に関
する法を除く), 弁護士制度, 公証人制度及び法律相談[63]

2. 戸籍制度

3. 社団法[64]

4. 外国人の滞在及び居住の権利

5. 〔削除〕[65]

6. 引揚者及び難民[66]に関する事項

7. 公的扶助(ただし療養施設の法を除く)[67]

---

[62]　第74条は, 1994年10月27日の第42回改正法律で第2項が追加されると同時に, 従
来の文言が全体として第1項とされた。その後の改正は下記のとおり。

[63]　第1項第1号は, 当初の規定では「民法, 刑法及び刑の執行, 裁判所の構成, 裁
判手続, 弁護士制度, 公証人制度及び法律相談」であったが, その後2006年8月28日
の第52回改正法律で「及び刑の執行」の文言が削除され, 同時にカッコ書部分が追加
された。

[64]　第1項第3号は, 当初の規定では, 「社団法及び集会法」とされていたが, その後
2006年8月28日の第52回改正法律で「及び集会法」の部分が削除されて現行規定のよ
うになった。なお, 1972年7月28日の第31回改正法律で第4a号として「武器法」が
挿入され, のちに1976年8月23日の第34回改正法律で「武器法及び爆発物法」と変更
されたが, 2006年8月28日の第52回改正法律で削除され, 第73条第1項第12号に移動
した。

[65]　第1項第5号には当初「ドイツの文化財の国外流出に対する保護」という規定が
置かれていたが, 1994年10月27日の第42回改正法律で削除され, その内容は第75条第
1項第6号へ移動したが, さらにその後, 2006年8月28日の第52回改正法律で第73条
第1項に移されて第5a号となった。

[66]　ここにいう引揚者(Flüchtlinge)とは, 住所をドイツの(旧)ソヴィエト占領地域又
は(旧)東ベルリーンに有し, 第二次世界大戦後, 政治的事情により自己の責に帰すべ
からざる特別の強制状態から免れるために, そこから逃亡したドイツ国籍を有する
者, 又はドイツ国民に属する者をいい, 難民(Vertriebene)とは, 原則として第二次世
界大戦後他国の管理下に置かれたドイツの東方地域(オーデル・ナイセ河以東の旧プ
ロイセン領), 又は1937年12月31日現在のドイツ領に住所をもっていたが, 第二次
世界大戦と関連してこの住所を追われ, 又はその住所から逃亡したドイツ国籍を有する
者, 又はドイツ国民に属する者, をいう(山田晟『ドイツ法律用語辞典』〔改訂増補
版, 大学書林, 1993年刊〕参照)。詳しくは連邦難民法(BGBl. 1971 I S. 1566)を参照。
ただし, 第16a条の「難民」の概念とは必ずしも一致しない。

[67]　第1項第7号は, 2006年8月28日の第52回改正法律でカッコ書部分が追加された。

8．〔削除〕[68]

9．戦争損害及び補償

10．戦没者の墓苑，並びに戦争のその他の犠牲者及び暴力的支配の犠牲者の墓苑[69]

11．経済法(鉱業，工業，エネルギー管理，手工業，営業，商業，銀行・証券取引所制度，私法上の保険制度)，ただし閉店時間，飲食店，室内ゲーム場，興行，見本市，展示会及び市場に関する法を除く[70][71]

12．経営体規則・労働保護及び職業紹介を含む労働法，並びに失業保険を含む社会保険

13．職業教育補助の規律及び学問研究の助成[72]

14．第73条及び第74条の〔規定する事項の〕分野において問題になる限度における公用収用の法

15．土地，天然資源及び生産手段の，公有又はその他の共同経済の形態への移行

16．経済上の権力的地位の濫用防止

17．農林業生産の促進(ただし耕地整理の法を除く)，食糧の確保，農林業生産物の輸出入，遠洋・沿岸漁業，及び沿岸保護[73]

18．都市計画上の土地取引，土地法(開発事業分担金の法を除く)並びに住宅手当に関する法，旧債務補助法，住宅建設促進奨励金，鉱山労働者

68)　第1項第8号には当初，「諸ラントにおける国籍〔＝ラント籍〕」という規定が置かれていたが，1994年10月27日の第42回改正法律で上記第5号とともに削除された。

69)　第1項第10号の当初の文言は，「戦傷者及び戦争遺族の援護，かつての捕虜の生活保護及び戦没者の墓地のための配慮」というものであったが，その後1965年6月16日の第13回改正法律で「戦傷者及び戦争遺族の援護並びにかつての捕虜の生活保護」と変更され，これと同時に第10a号として新たに「戦没者の墓地，並びに戦争のその他の犠牲者及び暴力的支配の犠牲者の墓地」という規定が追加されたが，2006年8月28日の第52回改正法律で上記の第10号が削除され，第10a号が第10号とされたもの。

70)　第1項第11号のただし書部分は，2006年8月28日の第52回改正法律で追加された。

71)　第1項第11号のあとには，1959年12月23日の第10回改正法律により，第11a号として，現行の第73条第1項第14号と同じ文言が挿入されていたが，2006年8月28日の第52回改正法律で削除され，同じ文言のままで第73条第1項第14号に移された。

72)　第1項第13号は，当初は単に「学術研究の助成」であったが，その後1969年5月12日の第22回改正法律で前半部分の「教育補助の規律及び」の部分が付加された。

73)　第1項第17号のカッコ書部分は，2006年8月28日の第52回改正法律で追加された。

住宅建設法及び鉱員入植法[74]

19.　公共の危険を伴う，又は伝染性の人畜の病気に対する措置，医業その他の治療業及び医療営業に対する許可，並びに，薬局制度，薬剤，医薬品，治療薬，麻酔薬及び毒薬の法[75]

19a.　病院の経済的安定及び病院支給規準額の規律[76]

20.　食料を得るのに役立つ動物を含む食料品の法，嗜好品，生活必需品及び飼料の法，並びに，農林業の種苗取引の保護，病害虫に対する植物の保護，並びに動物保護[77]

21.　遠洋航海及び沿岸航海並びに航路標識，内水航行，気象通報〔業務〕，海洋航路及び一般運輸に供する内陸水路

22.　道路交通，自動車交通制度，及び遠距離交通に供する陸路の建設及び維持，並びに自動車による公道の利用に対する手数料又は料金の徴収及び分配[78]

23.　山岳鉄道を除く，連邦の鉄道以外の路線[79]

---

74)　第1項第18号の当初の規定は，「土地取引，土地法並びに農業小作制度，住宅制度，土地開発制度及び家産地制度（Heimstättenwesen）」という文言であったが，その後1994年10月27日の第42回改正法律で「土地法」のあとのカッコ書部分が付加され，さらに，2006年8月28日の第52回改正法律で現行規定のように変更された。

75)　第1項第19号は，当初の規定では「公共の危険を伴う，かつ伝染性の人畜の病気に対する措置，医業及びその他の治療業及び医療営業に対する許可，薬剤・治療剤・麻酔剤及び毒薬の取引」という文言であったが，その後2006年8月28日の第52回改正法律で現行規定のように変更された。

76)　第1項第19a号は，1969年5月12日の第22回改正法律で追加された。

77)　第1項第20号の当初の文言は，「食料品及び嗜好品並びに生活必需品の取引，飼料の取引，農林業の種子及び苗の取引の保護，並びに樹木及び植物の病害虫に対する保護」となっていたが，その後1971年3月18日の第29回改正法律により，「食料品及び嗜好品，生活必需品，飼料並びに農林業の種子及び苗の取引の保護，植物の病害虫に対する保護，並びに動物保護」と変更された，さらにその後2006年8月28日の第52回改正法律で現行規定のように変更された。

78)　第1項第22号の当初の文言は，「道路交通，自動車交通制度，並びに遠距離交通の陸路の建設及び維持」となっていたが，1969年5月12日の第22回改正法律で「道路交通，自動車交通制度，並びに遠距離交通の陸路の建設及び維持，並びに自動車による公道の利用に対する手数料（Gebühren）の徴収及び分配」と変更され，その後さらに2006年8月28日の第52回改正法律で「……手数料又は料金（Entgelten）……」と変更された。

24. 廃棄物管理，大気汚染防止，及び騒音の防止(ただし人の行動に起因する騒音からの保護を除く)[80]

25. 国家〔賠償〕責任[81]

26. 医学的に裏づけのある，人の生命の発生，遺伝情報の研究及びその人工的変更，並びに臓器，組織及び細胞の移植に関する規律[82]

27. ラント，市町村及びその他の公法上の社団の官吏並びにラントの裁判官の，経歴，俸給及び年金を除く，身分に関する権利及び義務[83]

28. 狩猟制度

29. 自然保護及び景観保護

30. 土地分配

31. 国土整備

32. 水質保全

33. 大学入学許可及び大学修了認定。

(2) 第1項第25号及び第27号による法律には，連邦参議会の同意を必要とする[84]。

---

79) 第74条第1項第23号の「連邦の鉄道」(Eisenbahnen des Bundes)の部分は，1993年12月20日の第40回改正で変更されたもので，元来の規定では連邦所有(国有)の鉄道という意味の「連邦鉄道」(Bundeseisenbahnen)という語であったが，連邦鉄道の民営化によって上記のようになったもの(第73条6a号の注も参照)。

80) 第74条第1項第24号は，1972年4月12日の第30回改正法律で追加されたもので，その当時の文言は「廃棄物除去(Abfallbeseitigung)，大気汚染防止，及び騒音の防止」であったが，その後2006年8月28日の第52回改正法律で冒頭部分が変更され，かつカッコ書部分が付加されて現行規定のようになった。

81) 第74条第1項第25号は，1994年10月27日の第42回改正法律で追加された。

82) 第74条第1項第26号は，1994年10月27日の第42回改正法律で追加されたもので，その当時の文言では「人間に施される人工授精並びに遺伝情報の研究及びその人工的変更並びに臓器及び組織の移植のための規律」であったが，その後2006年8月28日の第52回改正法律で現行規定のように変更された。

83) 第74条第1項第27号から第33号までは，2006年8月28日の第52回改正法律で追加されたもので，そのうち第27号の一部は第75条第1項にあった規定，また第28号及び第29号は第75条第1項第3号に，また第30号から第32号までは第75条第1項第4号にあった規定である(後注86)参照)。なお，第33号については，第75条第1項第1a号に「大学制度の一般的諸原則」についての連邦の大綱的立法権限として定められていたものであるが，第75条の削除により，そのうちの一部が競合的立法権限として本条で定められたものである。

第74a 条〔連邦のその他の競合的立法権限〕〔削除〕[85]

第75条〔大綱的規定を発する連邦権限のカタログ〕〔削除〕[86]

---

84)　第74条第 2 項は，1994年10月27日の第42回改正法律で追加されたもので，その後2006年 8 月28日の第52回改正法律により，「及び第27号」の部分が挿入された。

85)　第74a 条は，1971年 3 月18日の第28回改正法律で追加されたもので，その文言は以下のとおりであった。

「⑴　競合的立法はさらに，第73条第 8 号によって連邦が専属的立法権を有していない限度において，公法上の勤務・忠誠関係にある公務従事者の俸給及び扶助にも及ぶ。

⑵　第 1 項による連邦法律は，連邦参議会の同意を必要とする。

⑶　第73条第 8 号による連邦立法も，それが官職の評価を含む俸給及び扶助の構成又は評定について，第 1 項による連邦法律とは別の基準を定め，又は別の最低額若しくは最高額を定める限度において，連邦参議会の同意を必要とする。

⑷　第 1 項及び第 2 項は，ラントの裁判官の俸給及び扶助について準用される。第98条第 1 項による法律については，第 3 項が準用される。」

しかしその後，2006年 8 月28日の第52回改正法律で全文が削除された。

86)　第75条の改正経過はやや複雑である。まず本条の当初の規定には第 2 項がなく，次のような規定であった。

「連邦は，第72条の諸条件の下に，次の事項について，大綱的規定を発布する権利を有する：

1．ラント，市町村及びその他の公法上の社団の公務に就いている者の法律関係

2．プレス及びフィルムの一般的法律関係

3．狩猟制度，自然保護及び景観保護

4．土地分配，国土整備及び水質保全

5．住民登録制度及び身分証明制度。」

その後1969年 5 月12日の第22回改正法律で，第 1 a 号として「大学制度の一般的諸原則」が追加され，全体が第 1 項とされ，さらに(旧)第 2 項・第 3 項が新たに追加された。その当時の第 2 項・第 3 項の文言は，「⑵　第 1 項第 1 号による大綱の規定は，連邦参議会の同意を得て，官職の評価を含む俸給の構成及び評定について統一的な基準を定め，並びに最低額又は最高額を定めることもできる。連邦参議会の同意は，第73条第 8 号による法律が第 1 文によってなされる規律と異なる場合にも，これを必要とする。⑶　第 2 項は，第98条第 3 項第 2 文による大綱的規定及び第98条第 1 項による法律について，これを準用する。」というものであったが，その後1971年 3 月18日の第28回改正法律でこれら第 2 項・第 3 項はいったん削除されて，内容的には第74a条第 3 項・第 4 項に移され，さらに第 1 号が変更されて，「第74a 条に別段の規定のある場合を除いて，ラント，市町村及びその他の公法上の社団の公務に就いている者の法律関係」という文言に変更された。

そして1994年10月27日の第42回改正法律で，第 1 項が変更され，また同項末尾に第

第76条〔法律案の提出〕　⑴　法律案は，連邦政府，連邦議会の議員団，又は連邦参議院を通じて，連邦議会にこれを提出する。

⑵　¹連邦政府の法律案は，先に，連邦参議院に送付されるものとする。²連邦参議院は，6週間以内にこの法律案に対する態度決定をする権限を有する。³連邦参議院が重大な理由により，とりわけ法律案の規模を考慮して，期限の延長を要求するときは，その期限は9週間となる。⁴連邦政府は，法律案を連邦参議院に送付するに際してそれが例外的にとくに急を要するものである旨を表示した場合には，連邦参議院の態度決定がまだ連邦政府に到達していなくとも，3週間後に，又は，連邦参議院が第3文により〔期限延長を〕要求したときは6週間後に，その法律案を連邦議会に送付することができるが，連邦政府は，連邦参議院の態度決定が到達した後，遅滞なくこれを連邦議会に追加提案しなければならない。⁵この基本法を改正するための法律案及び第23条又は第24条により高権的諸権利を委譲するための法律案については，態度決定のための期限は9週間となるが，第4文は適用されない[87]。

⑶　¹連邦参議院の法律案は，連邦政府を通じて，6週間以内に連邦議会

2文が付加され，第2号及び第5号が変更され，また第74条第1項第5号にあった規定が第6号として本条に移され(前注65)参照)，さらに新たな第2項・第3項が追加された。この当時の文言は以下のとおりであった。

「⑴　連邦は，第72条の諸条件の下に，次の事項について，諸ラントの立法のための大綱的規定を発布する権利を有する：

　1．第74a条に別段の規定のある場合を除いて，ラント，市町村及びその他の公法上の社団の公務に就いている者の法律関係

　1a．大学制度の一般的諸原則

　2．プレスの一般的法律関係

　3．狩猟制度，自然保護及び景観保護

　4．土地分配，国土整備及び水質保全

　5．住民登録制度及び身分証明制度

　6．ドイツの文化の国外流出に対する保護。

　第72条第3項は，これを準用する。

⑵　大綱的規定には，例外的場合にのみ，詳細にわたり又は直接的に適用される規律を含むことが許される。

⑶　連邦が大綱的規定を発布するときは，諸ラントは，法律によって規定された相当の期間内に，必要なラント法律を発布する義務を有する。」

その後，本条全体が2006年8月28日の第52回改正法律で削除された。

に送付されるものとする。²連邦政府は，その送付に際してその見解を提示するものとする。³連邦政府が重大な理由により，とりわけ法律案の規模を考慮して，期限の延長を要求するときは，その期限は9週間となる。⁴連邦参議会が，法律案が例外的にとくに急を要するものである旨を表示した場合には，その期間は3週間となり，又は，連邦政府が第3文により〔期限延長を〕要求したときは6週間となる。⁵この基本法を改正するための法律案及び第23条又は第24条により高権的諸権利を委譲するための法律案については，態度決定のための期限は9週間となるが，第4文は適用されない。⁶連邦議会は，その法律案について相当な期間内に審議して議決しなければならない⁸⁸⁾。

第77条〔立法手続，法案審議合同協議会〕 (1) ¹連邦法律は，連邦議会によって議決される。²連邦法律は，それが採択された後，連邦議会議長を通じて，遅滞なく，連邦参議会に送付されるものとする。

(2) ¹連邦参議会は，法律の議決を受け取ったときから3週間以内に，法律案を合同で審議するために連邦議会と連邦参議会の構成員から組織される委員会が招集されるべきことを要求することができる。²この委員会の構成及び手続を規律する議事規則は，連邦議会によって議決され，連邦参議会の同意を必要とする。³この委員会に派遣される連邦参議会

87) 第76条第2項は，当初の規定では，単に「連邦政府の法律案は，まず，連邦参議会に送付されるものとする。連邦参議会は，3週間以内にこの法律案に対する態度決定をする権限を有する」という文言であったが，1968年11月15日の第18回改正法律で第2文の「3週間」が「6週間」に変更され，かつ，「連邦政府は，法律案を連邦参議会に送付するに際してそれが例外的に特に急を要する旨を表示した場合には，連邦参議会の態度決定がまだ連邦政府に到達していなくとも，3週間後に連邦参議会に送付することができるが，連邦参議会の態度決定が到達した後，遅滞なくこれを連邦議会に追加提案しなければならない。」という第3文が追加された。さらにその後1994年10月27日の第42回改正法律で，現行のように全面的に変更された。

88) 第76条第3項第1文は，当初の規定では「連邦参議会の法律案は，連邦政府を通じて，連邦議会に送付されるものとする。連邦政府は，その送付に際して，その見解を提示するものとする。」という文言であった。その後1969年7月17日の第23回改正法律で「連邦参議会の法律案は，連邦政府を通じて，3ヵ月以内に，連邦議会に送付されるものとする。」という文言に変更されたが，その後さらに1994年10月27日の第42回改正法律で，現行のように全面的に変更された。

の構成員は，指図に拘束されていない。⁴法律が連邦参議会の同意を必要とするものであるときは，連邦議会及び連邦政府も〔この委員会の〕招集を要求することができる。⁵委員会が法律の議決の修正を提案したときは，連邦議会は改めて議決を行わなければならない⁸⁹⁾。

(2a)　法律が連邦参議会の同意を必要とするものである限りにおいて，連邦参議会は，第２項第１文による要求が出されておらず，又は，〔連邦議会との〕合同協議手続が，法律案を修正するための提案が出されることなく終了しているときは，相当の期間内に，同意について票決しなければならない⁹⁰⁾。

(3)　¹法律が連邦参議会の同意を必要としない限りにおいて，連邦参議会は，第２項による手続が終了しているときは，連邦議会によって議決された法律に対して，２週間以内に異議を申し入れることができる。²異議申入れの期間は，第２項末文の場合には，連邦議会によって改めて行われた議決の到達とともに進行し，その他のすべての場合には，第２項で規定された委員会の手続が終了した旨の，委員会の通知の到達とともに進行する⁹¹⁾。

(4)　¹異議が連邦参議会の票決の過半数をもって議決されたときは，その異議は，連邦議会構成員の過半数の議決によって，これを却下することができる。²連邦参議会がその異議を少なくとも３分の２の多数をもって議決したときは，連邦議会によってこれを却下するには，〔投票の〕３分の２の多数，かつ少なくとも連邦議会構成員の過半数を必要とする。

第78条〔連邦法律の成立要件〕　連邦議会によって議決された法律が成立するのは，連邦参議会が，同意したとき，第77条第２項による〔委員会

---

89)　第77条第２項は，1968年11月15日の第18回改正法律で変更されたもので，当初の文言では，第１文の「３週間以内」が「２週間以内」となっていた。

90)　第77条第２a項は，1994年10月27日の第42回改正法律で挿入された。

91)　第77条第３項は，1968年11月15日の第18回改正法律で変更されたもので，当初の文言は，第１文の「２週間以内に」が「１週間以内に」であった点，及び第２文が「……その他のすべての場合には，第２項で規定された委員会の手続の終了とともに進行する。」となっていた点に違いがある。

の招集の〕申立てをしなかったとき，第77条第3項の期間内に異議を申し入れず，若しくはこれを撤回したとき，又はその異議が連邦議会〔の投票〕によって否決されたときである。

第79条〔基本法の変更〕　(1)　¹基本法は，基本法の文言を，明文で変更し又は補充する法律によってのみ，これを変更することができる。²講和の規律，講和の規律の準備，若しくは占領法秩序の除去を対象とし，又は，連邦共和国の防衛に役立つべく定められている国際法上の条約の場合には，基本法の規定がそれらの条約の締結及び発効の妨げとはならないことを明らかにするためには，このことを明らかにすることに限定して基本法の文言を補充することで足りる[92]。

(2)　このような法律は，連邦議会構成員の3分の2及び連邦参議会の票決数の3分の2の同意を必要とする。

(3)　この基本法の変更によって，連邦の諸ラントへの編成，立法に際しての諸ラントの原則的協力，又は，第1条及び第20条に謳われている基本原則に触れることは，許されない。

第80条〔法規命令〕　(1)　¹法律によって，連邦政府，連邦大臣又はラント政府に対し，法規命令を発する権限を与えることができる。²その場合には，与えられる権限の内容，目的及び射程は，法律において規定されなければならない。³〔命令の〕法的根拠は，その命令の中に示されなければならない。⁴権限がさらに委譲されうることが法律に規定されているときは，その権限の委譲には，法規命令が必要である。

(2)　郵便制度及び遠距離通信の施設利用についての諸原則及び料金に関する，連邦の鉄道の施設利用に対する対価の徴収の諸原則に関する，又は鉄道の建設及び経営に関する，連邦政府又は連邦大臣の法規命令，並びに，連邦参議会の同意を必要とする連邦法律に基づく法規命令，又はラントが連邦の委任に基づき，若しくは固有事務として執行する連邦法律の根拠に基づく法規命令は，これとは別の連邦法律上の規律がある場合を除き，連邦参議会の同意を必要とする[93]。

---

92)　第79条第1項第2文は，1954年3月26日の第4回改正法律で付加された。

(3)　連邦参議会は，連邦政府に対し，連邦参議会の同意を必要とする法規命令を発するよう求める提案を送付することができる[94]。

(4)　連邦法律により，又は連邦法律の根拠に基づいて，ラント政府が法規命令を発する権限を与えられる限度において，ラントは，法律によって規律を行う権限をも有する。

第80a条〔緊迫事態における法律の規定の適用〕[95]　(1)　[1]この基本法，又は民間人の保護を含む防衛に関する一の連邦法律において，本条に準拠してのみ法規定を適用することが許される旨が規定されているときは，その適用は，防衛緊急事態の場合を除いては，連邦議会が緊迫事態の発生を確定した場合，又は，連邦議会が特別にその適用に同意した場合にのみ許される。[2]緊迫事態の確定，並びに第12a条第5項第1文及び第6項第2文の場合における特別の同意には，投票数の3分の2の多数を必要とする。

(2)　第1項による法規定に基づく措置は，連邦議会の要求があるときは，これを廃止するものとする。

(3)　[1]第1項にかかわらず，一の国際的機関が連邦政府の同意を得て同盟条約の枠内においてなす決定に基づき，かつその決定に準拠して，このような法規定を適用することも，許される。[2]本項による措置は，連邦議会の構成員の過半数による要求があるときは，これを廃止するものとする。

---

93)　第80条第2項の元来の規定は，「連邦鉄道及び郵便・電信電話制度の施設利用についての諸原則及び料金に関する，並びに，鉄道の建設及び経営に関する連邦政府又は連邦大臣の法規命令，並びに，連邦参議会の同意を必要とする連邦法律に基づく法規命令，又は，ラントが連邦の委任に基づいて若しくは固有事務として執行する，連邦法律の根拠に基づく法規命令は，これとは別の連邦法律上の規律がある場合を除いては，連邦参議会の同意を必要とする。」という文言であったが，その後まず1993年12月20日の第40回改正法律で，冒頭の「連邦鉄道及び」の文言が削除され，「連邦の鉄道の施設利用に対する対価の徴収の諸原則に関する」の文言が付加されたのち，さらに1994年8月30日の第41回改正で，「郵便・電信電話制度」の文言が，第73条と同様に「郵便制度・遠距離通信」と変更された。

94)　第3項及び第4項は，1994年10月27日の第42回改正法律で追加された。

95)　第80a条は，1968年6月24日の第17回改正法律で追加された。

第81条〔立法上の緊急状態〕　⑴　¹第68条の場合において連邦議会が解散
されなければ，連邦大統領は，連邦政府がある法律案を緊急なものであ
ると表示したにもかかわらず連邦議会がこれを否決したときは，連邦政
府の申立てに基づき，連邦参議会の同意を得て，立法上の緊急状態を宣
言することができる。²このことは，連邦首相がある法律案と第68条の
動議とを結合させていたにもかかわらず否決されてしまっていた場合に
も，同様とする。

⑵　¹立法上の緊急状態が宣言された後，連邦議会がその法律案を再び否
決し，又は，連邦政府が受け入れられない旨を表示した表現形式におい
てその法律案を採択したときは，その法律は，連邦参議会がこれに同意
する限りにおいて，成立したものとみなされる。²その法律案が再び提
出されたのち4週間以内に連邦議会によって可決されない場合にも，同
様とする。

⑶　¹連邦首相の在任期間中は，連邦議会が否決したその他のいかなる法
律案でも，立法上の緊急状態が第1回目に宣言されたのち6ヵ月の期間
内であれば，第1項及び第2項に従って，これを可決することができ
る。²その期間の経過後は，同一の連邦首相の在任中は，さらに立法上
の緊急状態の宣言を行うことは，許されない。

⑷　基本法は，第2項によって成立する法律によって，これを変更した
り，又はその全部若しくは一部を失効させ，又はその適用を停止したり
することは，許されない。

第82条〔法律及び法規命令の認証・公布・施行〕　⑴　¹この基本法の規定
に従って成立した法律は，副署ののち，連邦大統領によって認証され，
連邦法律公報に公布される。²連邦法律公報は，電子的形態を用いるこ
とができる。³法規命令は，これを発布する官署によって認証される。
⁴公布について，並びに法律及び法規命令の副署及び認証の形式につい
ての詳細は，一の連邦法律でこれを規律する[96]。

⑵　¹いずれの法律及びいずれの法規命令にも，施行の日を規定するもの
とする。²このような規定がないときは，いずれの法律及びいずれの法
規命令も，連邦法律公報が発行された日の経過後14日目に効力を生ず
る。

第Ⅷ章　連邦法律の執行及び連邦行政

第83条〔ラントの執行権の推定〕　ラントは，この基本法が別段の規定を
なし，又はそれを認めていない限りにおいて，その固有事務として連邦
法律を執行する。

第84条〔官庁の組織及び行政手続，連邦監督〕　(1)　¹ラントがその固有の
事務として連邦法律を執行する場合には，ラントは，官庁の設置及び行
政手続について規律する。²連邦法律に何らかの別段の規定があるとき
は，ラントはこれと異なる規律をすることができる。³ラントが第2文
による何らかの異なる規律をした場合に，これに関わってなされる官庁
の設置及び行政手続についてのそれ以降の連邦法律による規律は，連邦
参議会の同意を得て別段の規定がなされていない限り，早くとも当該ラ
ントによる規律の公布の6ヵ月後に，当該ラントにおいてその効力を生
ずる。⁴第72条第3項第3文は，これを準用する。⁵例外的な場合には，
連邦は，連邦に統一的な規律をする特別な必要性を理由として，ラント
に代わって，〔連邦法律と〕異なる規律をする可能性のない行政手続を
規律することができる。⁶かかる法律には連邦参議会の同意を必要とす
る。⁷連邦法律によって，市町村及び市町村連合に任務を委譲すること
はできない⁹⁷⁾。

(2)　連邦政府は，連邦参議会の同意を得て，一般行政規則を発布すること

---

96)　第82条第1項は，2022年12月19日の第67回改正で，以下のように変更された。す
なわち，新たな第2文が挿入され，旧第2文は「法規命令は，これを発布する官署に
よって認証され，これとは別の法律上の規律がある場合を除き，連邦法律公報に公布
される」という文言であったが，これが現行のように変更された上で第3文となり，
また，第4文も新たに追加された。なお，第1文の「連邦法律公報」の文言は従前の
ヴァージョンでは Bundesgesetzblatte となっていたものが Bundesgesetzblatt と変更され
ているが，邦訳上は変化がない。

97)　第84条第1項の当初の文言は，「ラントがその固有事務として連邦法律を執行する
場合には，ラントは，連邦参議会の同意を得た連邦法律に何らかの別段の規定のある
場合を除き，官庁の組織及び行政手続について規律する。」であったが，その後，
2006年8月28日の第52回改正法律で現行規定のように全面的に変更された。

ができる。

(3) ¹連邦政府は，ラントが連邦法律を現行法に従って執行することについて，監督を行う。²連邦政府は，この目的のために，ラントの最高官庁に受託者を派遣することができ，ラントの最高官庁の同意を得て，また，この同意が拒否されたときは連邦参議会の同意を得て，下級官庁にも受託者を派遣することができる。

(4) ¹連邦政府が，ラントにおいて連邦法律を執行する際に瑕疵があることを確認し，その瑕疵が除去されないときは，連邦政府又はラントの申立てに基づき，連邦参議会は，ラントが法に違反したかどうかを決定する。²連邦参議会のこの決定に対しては，連邦憲法裁判所に出訴することができる。

(5) ¹連邦政府に対し，連邦参議会の同意を必要とする連邦法律によって，連邦法律を執行するために，特別の場合について個別的指示を与える権限を付与することができる。²その指示は，連邦政府が緊急なものとみなす場合のほかは，ラントの最高官庁に対して向けられるものとする。

第85条〔連邦の委任による行政〕 (1) ¹ラントが連邦の委任を受けて連邦法律を執行する場合において，連邦参議会の同意を得た連邦法律が何らかの別段の規定をしている場合を除いては，官庁の組織を定めることは，ラントの事務である。²連邦法律によって，市町村及び市町村連合に任務を委譲することはできない⁹⁸⁾。

(2) ¹連邦政府は，連邦参議会の同意を得て，一般的行政規則を発布することができる。²連邦政府は，官吏及び被用者の統一的養成を規律することができる。³中級官庁の長は，連邦政府の了解を得て，これを任命するものとする。

(3) ¹ラントの諸官庁は，所轄の連邦最高官庁の指示に服する。²その指示は，連邦政府が緊急なものとみなす場合の他は，ラントの最高官庁に対して向けられるものとする。³指示の遂行は，ラントの最高官庁がこれを確保するものとする。

---

98)　第85条第1項第2文は，2006年8月28日の第52回改正法律で追加された。

(4) ¹連邦の監督は，執行の適法性及び合目的性に及ぶ。²連邦政府は，この目的のために，報告及び文書の原本を要求することができ，かつ，受託者をすべての官庁に派遣することができる。

第86条〔連邦固有行政〕 ¹連邦が，連邦固有行政によって，又は公法上の連邦直属の団体若しくは営造物によって法律を執行する場合においては，連邦政府は，法律が特別の定めを設けていない限度において，一般的行政規則を発布する。²連邦政府は，法律に別段の規定のある場合を除き，官庁の組織について規律する。

第87条〔連邦固有行政の対象〕 (1) ¹〔連邦が〕自己の行政下部組織を有する連邦固有行政として行うのは，外交事務，連邦税財務行政，並びに，第89条に準拠した連邦水路行政及び航行行政である。²連邦法律により組織することのできるものは，連邦国境警備官庁，警察情報・通報制度のための中央官庁，刑事警察のための中央官庁，並びに，憲法擁護を目的として，及び，連邦領域において暴力を行使して若しくは暴力の行使をめざす準備行為によってドイツ連邦共和国の対外的利益を危うくする企図に対する保護を目的として，必要資料を収集するための中央官庁である[99]。

(2) ¹その管轄区域が一のラントの領域を越えてまたがっている社会保険の保険者は，連邦直属の公法上の団体として運営される。²その管轄区域が，一のラントの領域を越えてまたがってはいるが三つ以上のラントを越えてまたがってはいない社会保険の保険者は，監督を行うラントが関係する諸ラントによって定められているときは，第1文にかかわら

---

99) 第87条第1項第1文は，元来の文言では，「〔連邦が〕自己の行政下部組織を有する連邦固有行政として行うのは，外交事務，連邦税財務行政，連邦鉄道，連邦郵便，並びに，第89条に準拠した……〔以下略〕」となっていたが，その後，1993年12月20日の第40回改正法律で「連邦鉄道」の文言が，さらに，1994年8月30日の第41回改正法律で「連邦郵便」の文言がそれぞれ削除された。また第1項第2文は，1972年7月28日の第31回改正法律で変更されたもので，当初の文言では，「連邦法律により組織することのできるものは，連邦国境警備官庁，警察情報・通報制度のための中央官庁，憲法擁護を目的として，及び刑事警察のために，必要資料を収集するための中央官庁である。」となっていた。

ず，ラント直属の公法上の団体として運営される[100]。

(3)　[1]その他，連邦に立法権が与えられている事務について，連邦法律によって，独立の連邦上級官庁を設置し，及び新たな公法上の連邦直属の社団及び営造物を設立することができる。[2]連邦に立法権が与えられている分野において連邦に新たな任務が生じた場合において，緊急の必要があるときは，連邦参議会の同意及び連邦議会構成員の過半数の同意を得て，連邦固有の中級官庁及び下級官庁を設立することができる。

第87a条〔軍隊の設置，出動，任務〕[101]　(1)　[1]連邦は，〔国の〕防衛のために軍隊を設置する。[2]軍隊の数値に即した勢力及びその組織の大綱は，予算計画から明らかになるのでなければならない。

(1a)　[1]同盟力及び防衛力の強化を目的として，連邦は，独自の起債権限で，一回につき一兆ユーロまでの特別財産を連邦軍のために設立することができる。[2]この起債権限については第109条第3項及び第115条第2項は，これを適用しないものとする。[3]詳細は，一の連邦法律でこれを規律する。

(2)　軍隊は，防衛のために出動する場合の他は，この基本法が明文で許している限度においてのみ，出動することが許される。

(3)　[1]軍隊は，防衛緊急事態，及び緊迫状態において，軍隊の防衛任務を遂行するのに必要とされる限度において，民間の物件を保護し，交通規制の任務を引き受ける権限を有する。[2]その他，防衛緊急事態，及び緊迫状態において，警察による措置を支援するためにも，民間の物件の保護を軍隊に任せることができ，その場合には，軍隊は管轄官庁と協働する。

(4)　[1]連邦若しくはラントの存立又はその自由で民主的な基本秩序に対す

---

100)　第2項第2文は，1994年10月27日の第42回改正法律で追加された。

101)　第87a条は，1956年3月19日の第7回改正法律で追加されたもので，当初の文言では単に「連邦が〔国の〕防衛のために設置する軍隊の数字上の勢力及びその組織の大綱は，予算案から明らかになるのでなければならない。」となっていたが，その後，1968年6月24日の第17回改正法律でこれが現行のように変更された上，これが第1項とされ，さらに現行の第2項から第4項までが付加された。第1a項は，その後，2022年6月28日の第66回改正法律で追加された。

る差し迫った危険を防止するために，連邦政府は，第91条第2項の要件が現に存在し，かつ，警察力及び連邦国境警備隊〔の力〕では十分でない場合には，民間の物件を保護するに際し，及び，組織されかつ軍事的に武装した反乱者を鎮圧するに際し，警察及び連邦国境警備隊を支援するために，軍隊を出動させることができる。²軍隊の出動は，連邦議会又は連邦参議会の要求があればこれを中止するものとする。

第87b条〔連邦国防行政〕[102]　(1)　¹連邦国防行政は，〔連邦が〕自己の行政下部組織を有する連邦固有行政としてこれを行う。²連邦国防行政は，軍隊の人員部門の任務及び軍需品を直接に補給する任務に仕える。³傷害を被った者の扶助及び土木建築の任務は，連邦参議会の同意を必要とする連邦法律によってのみ，これを連邦国防行政に委譲することができる。⁴さらに，法律が第三者の諸権利に介入する権利を連邦国防行政に与える限度において，それらの法律には連邦参議会の同意を必要とするが，このことは，人員組織の分野における法律については適用されない。

(2)　¹その他，国防代役制度及び民間人の保護を含む防衛のための法律は，連邦参議会の同意を得て，その全部又は一部が，自己の行政下部組織を有する連邦固有行政として執行され，又は，連邦の委任を受けてラントによって執行される旨を規定することができる。²そのような法律が連邦の委任を受けてラントによって執行される場合には，その法律は，連邦参議会の同意を得て，第85条の根拠に基づいて連邦政府及び所管の連邦最上級官庁に与えられている権限の全部又は一部を，連邦上級官庁に委譲する旨を規定することができるが，その際，これらの官庁が，第85条第2項第1文に従って一般的行政規則を発布する場合には，連邦参議会の同意を必要としない旨を規定することができる。

第87c条〔核エネルギーの生産及び利用におけるラントの委任行政〕[103]

---

102)　第87b条は，1956年3月19日の第7回改正法律で追加された。

103)　第87c条は，1959年12月23日の第10回改正法律で追加されたもので，冒頭の「第73条第1項第14号」の部分は，当時の規定では「第74条第11a号」となっていたが，2006年8月28日の第52回改正法律で現行規定のように変更された。

　　第73条第1項第14号の根拠に基づいて発布される法律は，連邦参議会の同意を得て，それが連邦の委任を受けてラントによって執行される旨を規定することができる。

第87d 条〔航空交通行政〕[104]　(1)　¹航空交通行政は，これを連邦行政（Bundesverwaltung）として行う。²航空の安全確保の任務は，欧州共同体法により認められている外国の航空安全確保組織を通じても，これを行使することができる。³詳細は，一の連邦法律でこれを規律する。

(2)　連邦参議会の同意を必要とする連邦法律によって，航空交通行政の任務を委任行政としてラントに委譲することができる。

第87e 条〔鉄道交通行政〕[105]　(1)　¹連邦の鉄道に関する鉄道交通行政は，これを連邦固有行政として行う。²連邦法律により，鉄道交通行政の任務をラントの固有事務として委譲することができる。

(2)　連邦は，連邦法律によって連邦に委譲された，連邦の鉄道の範囲を超える鉄道交通行政の任務を引き受ける。

(3)　¹連邦の鉄道は，私法的形態での経済的企業として行う。²これらの鉄道は，経済的企業の活動が鉄道路線の建設，維持及び経営を包括している限度において，連邦の所有である。³第2文によって企業に対する連邦の持分を譲渡することは，一の法律の根拠に基づいてなされるが，これらの企業に対する2分の1を超える持分は連邦に残される。⁴詳細は，連邦法律によってこれを規律する。

(4)　¹連邦は，連邦の鉄道の路線網を拡充し及び維持するに際し，並びに近距離鉄道旅客運輸にかかわらない限りにおいて連邦の鉄道をこの路線網へ供給するに際し，公共の福祉，とくに交通の需要が考慮されること

---

104)　第87d 条は，1961年2月6日の第11回改正法律で追加されたものであるが，その後1992年7月14日の第37回改正法律によって第1項が変更され，第2文が付加された。この当時の第1項は，「航空交通行政は，これを連邦固有行政（bundeseigene Verwaltung）として行う。その組織が公法的な形態をとるか私法的な形態をとるかについては，連邦法律でこれを決定する。」という文言であったが，その後，2009年7月29日の第56回改正法律で現行規定のように変更された。

105)　第87e 条は，1993年12月20日の第40回改正法律で追加された。

を保障する。²詳細は，連邦法律によってこれを規律する。

(5)　¹第1項から第4項までの規定に基づく法律には連邦参議会の同意を必要とする。²さらに，連邦の鉄道企業の解散，合併及び分割，連邦の鉄道の路線の第三者への委譲，並びに連邦の鉄道の路線の廃止を規律し，又は，近距離旅客鉄道へ影響を及ぼす法律も，連邦参議会の同意を必要とする。

第87f 条〔郵便・遠距離通信行政〕106)　(1)　連邦は，連邦参議会の同意を必要とする連邦法律に準拠して，郵便制度及び遠距離通信の分野において，地域間格差が生じないように(flächendeckend)適切かつ十分なサーヴィスを保障する。

(2)　¹第1項の意味におけるサーヴィスは，私経済的活動として，特別財産たるドイツ連邦郵便に由来する企業を通じて，及びその他の私的提供者を通じてなされる。²郵便制度及び遠距離通信の分野における高権的任務は，連邦固有行政においてこれを遂行する。

(3)　第2項第2文にかかわらず，連邦は，連邦直属の公法上の営造物の法形式において，特別財産たるドイツ連邦郵便に由来する企業に関する任務を，一の連邦法律に準拠して遂行する。

第88条〔連邦銀行〕107)　¹連邦は，通貨・発券銀行を連邦銀行として設置する。²その任務及び権限は，欧州連合の枠内において，独立した欧州中央銀行に委譲され，欧州中央銀行は物価安定の確保という優先的目的に義務づけられる。

第89条〔連邦水路〕　(1)　連邦は，旧来のドイツ国〔＝ライヒ〕の水路の所有者である。

(2)　¹連邦は，自己の官庁によって連邦水路を管理する。²連邦は，一のラントの領域を越える内水航行の国家的任務，及び，法律によって連邦に委譲される海洋航行の任務を引き受ける。³連邦は，連邦水路が一のラ

---

106)　第87f 条は，1994年8月30日の第41回改正で追加された。

107)　第88条第2文は，1992年12月21日の第38回改正法律で付加された。

ントの領域内に存在している限度において，申立てにより，委任行政として，その連邦水路の行政をこのラントに委譲することができる。⁴水路が複数のラントの領域を通過している場合には，連邦は，関係する諸ラントが申請するラントに対して，これを委任することができる。

⑶　水路の管理・拡幅及び新設に際しては，土地改良及び治水の需要は，ラントと協力してこれを保護するものとする。

第90条〔連邦高速自動車道路及び連邦道路〕[108)]　⑴　¹連邦は，引き続き連邦高速自動車道路〔アウトバーン〕及びその他の遠距離交通用の連邦道路の所有者である。²その所有権は譲渡しえない。

⑵　¹連邦高速自動車道路の行政は連邦行政においてなされる。²連邦はその任務を処理するために私法上の会社を用いることができる。³この会社は連邦の所有であって譲渡しえない。⁴この会社及びその子会社に第三者が直接又は間接に参加することは認められない。⁵公私協働関係の範囲内で私人が参加することは，連邦高速自動車道路網全体若しくはラントのその他の連邦遠距離道路網全体又はそれらの主要部分を包括する路線網については，認められない。⁶詳細は，一の連邦法律でこれを規律する。

⑶　ラント，又は，ラントの法により管轄を有する自治行政団体は，連邦の委任を受けて，その他の遠距離交通用の連邦道路を管理する。

⑷　連邦は，ラントの申請に基づいて，その他の遠距離交通用の連邦道路

---

108)　第90条は，当初は以下のような規定であった。

　⑴　連邦は，旧来のドイツ国高速自動車道路〔アウトバーン〕及びドイツ国道路の所有者である。

　⑵　ラント，又は，ラントの法により管轄を有する自治行政団体は，連邦の委任を受けて，連邦高速自動車道路及びその他の遠距離交通用の連邦道路を管理する。

　⑶　連邦は，ラントの申請に基づいて，連邦高速自動車道路及びその他の遠距離交通用の連邦道路がこのラントの領域内に存在している限りにおいて，これを連邦固有行政に移管することができる。

　その後，2017年7月13日の第62回改正法律で，上記のように第1項が変更され，新たな第2項が挿入され，従前の第2項は，その文言のうち「連邦高速自動車道路及び」の文言が削除されて第3項となった。従前の第3項は，「連邦高速自動車道路及びその他の」及び「連邦固有行政」の文言が「その他の」及び「連邦行政」に変更されて第4項となった。

がこのラントの領域内に存在している限りにおいて，これを連邦行政に
移管することができる。

第91条〔連邦又はラントの存立に対する危険の防止〕[109]　(1)　連邦若しく
はラントの存立又はその自由で民主的な基本秩序に対する差し迫った危
険を防止するために，ラントは，他のラントの警察力並びに他の行政官
庁及び連邦国境警備隊の実力と施設とを要請することができる。

(2)　¹危険が迫っているラントにおいて，その危険と自ら戦う用意がな
く，又は戦える状態にないときは，連邦政府はこのラントの警察力及び
他のラントの警察力を連邦の指示に従わせ，並びに連邦国境警備隊の部
隊を出動させることができる。²その命令は，危険が除去された後は，
〔また〕その他の場合でも連邦参議会の要求があればいつでも，これを
廃止するものとする。³その危険が一のラントを越える領域にまで及ぶ
ときは，連邦政府は，実効的に〔危険と〕戦うために必要とされる限度
において，ラント政府に指示を与えることができ，第1文及び第2文
は，従前と同様，影響を受けない。

第Ⅷa章　共同任務，行政協力[110]

第91a条〔共同任務の概念・内容及びその遂行手続〕[111]　(1)　連邦は，次
に掲げる分野において，ラントの任務が全体のために重要な意味を持

---

109)　第91条は，1968年6月24日の第17回改正法律で変更されたもので，当初の規定で
は，単に次のような文言であった。
「(1)　連邦若しくはラントの存立又はその自由で民主的な基本秩序に対する差し迫っ
た危険を防止するために，ラントは，他のラントの警察力を要請することができ
る。
(2)　危険が迫っているラントにおいて，その危険と自ら戦う用意がなく，又は戦える
状態にないときは，連邦政府はこのラントの警察力及び他のラントの警察力を連邦
の指示に従わせることができる。その命令は，危険が除去された後は，〔また〕そ
の他の場合でも連邦評議会の要求があればいつでも，これを廃止するものとする。」
110)　第Ⅷa章の標題は，1969年5月12日の第21回改正法律で第91a条及び第91b条が
追加されたのに伴って追加されたもので，その当時の表題は単に「共同任務」であっ
たが，その後，2009年7月29日の第57回改正法律で第91c条及び第91d条が追加され
ると同時に変更されたもの。

ち，かつ，連邦の協力が生活関係を改善するのに必要であるときは，ラントのそれらの任務遂行に協働する（共同任務）：

1．地域的経済構造の改善

2．農業構造及び沿岸保護の改善。

(2)　共同任務及び個々の点での協調の仕方の詳細は，連邦参議会の同意を得た連邦法律によって詳細に規定する。

(3)　¹連邦は，第1項第1号の場合には，いずれのラントについても，その支出の半額を負担する。²第1項第2号の場合には，連邦は少なくとも半額を負担するが，その〔資金の〕持ち分は，すべてのラントに対して統一的に確定するものとする。³詳細は，法律で規律する。⁴資金の準備は，連邦及びラントの予算案における〔その持ち分の〕確定にまつも

---

111)　第91a条は，1969年5月12日の第21回改正法律で追加されたもので，その当時の文言は以下のとおりであった。

「(1)　連邦は，次に掲げる分野において，ラントの任務が全体のために重要な意味を持ち，かつ，連邦の協力が生活関係を改善するのに必要であるときは，ラントのそれらの任務の遂行に協力する（共同任務）：

1．大学附属病院を含む学術的大学の拡充及び新設

2．地域的経済構造の改善

3．農業構造及び沿岸保護の改善。

(2)　共同任務は，連邦参議会の同意を得た連邦法律によって，これを詳細に規定する。その法律は共同任務の遂行のための一般的諸原則を含むものであるべきである。

(3)　その法律は，共同の概括的計画のための手続及び設備に関して規定する。ある企画を概括的計画に取り入れるには，その企画が実施される領域を有するラントの同意を必要とする。

(4)　連邦は，第1項第1号及び第2号の場合には，いずれのラントについても，その支出の半額を負担する。第1項第3号の場合には，連邦は少なくとも半額を負担するが，その〔資金の〕持ち分は，すべてのラントに対して統一的に確定するものとする。詳細は，法律でこれを規律する。資金の準備は，連邦及びラントの予算案における〔その持ち分の〕確定にまつものとする。

(5)　要求があれば，共同任務の遂行について，連邦政府及び連邦参議会に報告しなければならない。」

このうち，第1項第1号は，1970年7月31日の第27回改正法律で「大学附属病院を含む大学の拡充及び新設」と変更されたが，その後2006年8月28日の第52回改正法律で同号が削除され，第2号・第3号が第1号・第2号となり，第2項が変更され，第3項及び第5項が削除され，従前の第4項が第3項となり，さらにこの第3項が変更されて現行規定のようなった。

のとする。

第91b 条〔教育計画及び研究についての連邦とラントの協力〕[112]   (1)   ¹連邦及びラントは，特定の地域の枠を越えた意義を有する案件において，協定に基づき，学問，研究及び教授の助成について協働することができる。²重点が大学に関わる協定は，すべてのラントの同意を必要とする。³ただし，大規模設備を含む研究用建物に関する協定については，この限りでない。

(2)   連邦及びラントは，協定に基づき，教育制度の業績能率を国際的比較において査定するために，並びにこれに関する報告及び推薦に際して，協力することができる。

(3)   費用負担については，協定において規律する。

第91c 条〔公共の情報技術システム〕[113]   (1)   連邦及びラントは，その任務の遂行に必要とされる情報技術システムの策定，構築及び運用に際して協働することができる。

(2)   ¹連邦及びラントは，協定に基づき，それぞれの情報技術システム間のコミュニケーションのために必要となる基準及びセキュリティ要求を確定することができる。²第1文による運用の基礎に関する協定には，その内容及び規模に応じて決まる個々の任務について詳細を定め，協定

---

112)   第91b 条は，1969年5月12日の第21回改正法律で追加されたもので，その当時の文言は，「連邦及びラントは，協定に基づき，教育計画に際し，並びに，特定の地域の枠を越えた意義を有する学問的研究の施設及び計画の促進に際して，協力することができる。費用の分配は，協定においてこれを規律する。」という文言であったが，その後2006年8月28日の第52回改正法律で全面的に変更された。また第1項は，さらに，2014年12月23日の第60回改正法律で現在のように変更されたもので，2006年8月改正当時の規定では，次のような文言であった。

「¹連邦及びラントは，特定の地域の枠を越えた意義を有する場合には，協定に基づき，以下の各号の事項の助成について協力することができる：

  1．大学以外の学術的研究の設備及び計画

  2．大学における学術及び研究の計画

  3．大型装置を含む大学の研究建物。

²第1文第2号による協定は，すべてのラントの同意を必要とする。」

113)   第91c 条は，2009年7月29日の第57回改正法律で追加された（第1項～第4項）。

の中で決められるべき特別多数の同意があれば，それらの規律が連邦及びラントに対して効力を発する旨を，予め定めておくことができる。³このような協定には，連邦議会及び関係するラントの議会の同意を必要とし，協定を解約する権利を排除することはできない。⁴協定は，経費負担についても規律する。

(3)　ラントは，加えて，情報技術システムを共同で運用させること，及びそのための特定の設備を構築することについても協定することができる。

(4)　¹連邦は，連邦とラントの情報技術網を結合するために，結合ネットワークを構築する。²結合ネットワークの構築及び稼動についての詳細は，連邦参議会の同意を得た一の連邦法律でこれを規律する。

(5)　連邦とラントの行政サーヴィスへの情報技術による包括的な(übergreifend)アクセスは，連邦参議会の同意を得た一の連邦法律でこれを規律する[114]。

第91d条〔行政遂行能力のベンチマーキング〕[115]　連邦及びラントは，その行政の遂行能力を確認し促進するために，比較指標による調査（Vergleichsstudien）を実施し，その結果を公表することができる。

第91e条〔求職者基礎保障における協力〕[116]　(1)　求職者のための基礎保障の領域における連邦法律の施行に際しては，連邦及びラント若しくはラント法により権限を有する市町村及び市町村連合は，共通の制度において協力することを原則とする。

(2)　¹連邦は，一定限度の市町村及び市町村連合が，その申立てにより，及びラント最上級官庁の同意に基づき，第1項による任務を独自に遂行しようとするときは，これを認めることができる。²第1項による法律の施行に際して，その任務が連邦において遂行すべき任務である限度で，行政経費を含む必要不可欠な経費は，連邦がこれを負担する。

(3)　詳細は，連邦参議会の同意を必要とする一の連邦法律でこれを規律す

---

114)　第91c条第5項は，2017年7月13日の第62回改正法律で追加された。

115)　第91d条は，2009年7月29日の第57回改正法律で追加された。

116)　第91e条は，2010年7月21日の第58回改正法律で追加された。

る。

第IX章　裁　判

第92条〔裁判機関〕[117]　裁判権は，裁判官に委任されており，連邦憲法裁判所，この基本法に予め規定されている連邦裁判所及びラントの裁判所によって，行使される。

第93条〔連邦憲法裁判所の管轄権〕　(1)　連邦憲法裁判所が決定するのは，次の各事項である：

1. 一連邦最高機関の権利・義務の範囲に関する紛争，又は，この基本法によって，若しくは連邦最高機関の執務規則によって固有の権利を付与されている他の関係諸機関の権利・義務の範囲に関する紛争に際しての，この基本法の解釈について

2. 連邦政府，ラント政府，又は連邦議会構成員の4分の1[118]の申立てに基づき，連邦法若しくはラント法が形式上及び実質上この基本法と適合するかどうか，又は，ラントの法がその他の連邦法と適合するかどうかについて意見の相違又は疑義がある場合

2a. 連邦参議会，ラント政府又はラント議会の申立てに基づき，法律が第72条第2項の要件に合致しているかどうかについて意見の相違がある場合[119]

3. 連邦及びラントの権利及び義務について意見の相違がある場合，特に，ラントによる連邦法の執行，及び連邦監督の遂行に際して，両者の権利及び義務について意見の相違がある場合

4. 他に裁判で争う方途が与えられていない限度において，連邦とラン

---

117)　第92条は，1968年6月18日の第16回改正法律で一部削除されたもので，当初の規定では第2文の文言が，「裁判権は，連邦憲法裁判所，連邦最高裁判所，この基本法に規定されている連邦裁判所及びラントの裁判所によって，行使される」となっていた。

118)　第93条第1項第2号の「4分の1」の部分は，当初の規定では「3分の1」となっていたが，2008年10月8日の第53回改正法律(施行はリスボン条約の発効した2009年12月1日)で現行のように変更された。

119)　第93条第1項第2a号は，1994年10月27日の第42回改正法律で挿入された。

トとの間，異なるラントの間，又は，一のラントの内部におけるその
他の公法上の紛争において

4 a. 各人が，公権力によって自己の基本権の一つ，又は，第20条第4
項，第33条，第38条，第101条，第103条及び第104条に含まれている
諸権利の一つを侵害されている，とする主張をもって提起することが
できる憲法訴願について[120]

4 b. ある法律によって第28条の自治権が侵害されたことを理由とする，
市町村及び市町村連合の憲法訴願について：ただし，ラントの法律に
よる侵害の場合には，ラントの憲法裁判所に訴願を申し立てることが
できない場合に限る

4 c. 連邦議会選挙に関して政党として認められなかった団体からの訴
願〔異議〕において[121]

5．この基本法に定められたその他の場合において[122]。

(2) [1]連邦憲法裁判所は，さらに，連邦参議会，ラント政府又はラント議
会の申立てにより，第72条第4項の場合において連邦法律上の規律につ
いて第72条第2項による必要性がもはや存しないかどうか，又は，第
125a条第2項第1文の場合において連邦法を公布することがもはやで
きないかどうかについて裁判する。[2]その必要性が存しない，又は連邦
法がもはや公布することができないことが確定されれば，第72条第4項
又は第125a条第2項第2文による一の連邦法律は，これを変更する。
[3]第1文による申立てが許されるのは，第72条第4項又は第125a条第2
項第2文による法律案が連邦議会において否決され，又は，これについ

---

120)　第1項第4a号及び第4b号は，1969年1月29日の第19回改正法律で挿入された。

121)　第1項4c号は，2012年7月11日の第59回改正法律で挿入された。

122)　「その他」の場合というのは，第18条(基本権の喪失)，第21条第2項(政党の違憲
性)，第41条第2項(選挙審査に関する連邦議会の決定に対する抗告)，第61条(連邦大
統領の訴追)，第84条第4項第2文(連邦参議会の決定に対するラントの出訴)，第98
条第2項及び第5項(裁判官訴追)，第99条(一ラント内の憲法紛争の裁判)，第100条
第1項(いわゆる具体的規範統制)，第100条第2項(国際法の原則についての疑義)，
第100条第3項(ラントの憲法裁判所の請求に基づく決定)，及び第126条(連邦法とし
ての効力保有についての決定)及び調査委員会法§36第2項に基づく，調査委員会設
置(基本法第44条参照)に関する連邦議会の議決の合憲性の各場合である(連邦憲法裁
判所法第13条第11a号参照)。

て 1 年以内に審議されず若しくは議決されなかった場合，又はこれに対応する法律案が連邦参議会において否決された場合のみとする[123]。

(3)　さらに，連邦憲法裁判所は，その他連邦法律によって指定されている場合にも活動する。

第94条〔連邦憲法裁判所の構成及び組織〕 (1)　[1]連邦憲法裁判所は，連邦裁判官及びその他の構成員でこれを構成する。連邦憲法裁判所の構成員は，それぞれ半数ずつ，連邦議会及び連邦参議会によって選出する。[2]構成員は，連邦議会，連邦参議会，連邦政府のいずれにも，また，これらに相当するラントの機関にも，所属することは許されない。

(2)　[1]一の連邦法律は，連邦憲法裁判所の機構及び手続を規律し，かつ，その裁判がいかなる場合に法律としての効力を有するかについて規定する[124]。[2]この連邦法律は，憲法訴願に際し，前もって〔通常の〕裁判で争う方途を残らず尽くすことを申立ての前提条件とし，また，特別の受理手続を予め定めておくことができる[125]。

第95条〔連邦最高裁判所，合同法廷〕[126]　(1)　通常裁判権，行政裁判権，

---

123)　第 2 項は，2006 年 8 月 28 日の第52回改正法律で新たに追加されたもので，この改正によって従前の第 2 項が第 3 項となった。

124)　連邦憲法裁判所法第31条第 2 項によれば，連邦憲法裁判所の裁判が「法律としての効力」(Gesetzeskraft)を有するのは，第93条第 1 項第 2 号，第100条第 1 項及び第 2 項，第126条についての裁判，及び第93条第 1 項第 4 a 号の事件において，「ある法律を基本法に適合する若しくは適合しない又は無効であると宣言する場合」であるとされている。

125)　第94条第 2 項第 2 文は，1969 年 1 月29日の第19回改正法律で付加された。

126)　第95条は，1968年 6 月18日の第16回改正法律で全面的に変更されたもので，当初の規定は次のような文言であった。

「(1)　連邦法の統一を保持するために，連邦最高裁判所が設置される。

(2)　連邦最高裁判所は，その決定が連邦上級裁判所の裁判の統一のために，原則的重要性を有する場合に，決定を行う。

(3)　連邦最高裁判所の裁判官の任命については，連邦法務大臣が，ラントの法務大臣，及び連邦議会によって選出されるこれと同数の委員で構成される裁判官選出委員会と共同して，これを決定する。

(4)　その他，連邦最高裁判所の構成及びその手続は，連邦法律でこれを規律する。」

なお，現行の規定のうち，第 1 項は，当初は第96条第 1 項にあったものである。

税財務裁判権，労働裁判権，及び社会裁判権の分野について，連邦は，最高裁判所として，連邦通常裁判所，連邦行政裁判所，連邦税財務裁判所，連邦労働裁判所，及び連邦社会裁判所を設置する。

(2) これらの裁判所の裁判官の任命については，それぞれの専門分野を所管する連邦大臣が，それぞれの専門分野を所管するラントの大臣，及び連邦議会によって選出されるこれと同数の委員で構成される裁判官選出委員会と共同して，これを決定する。

(3) [1]裁判の統一を保持するために，第１項に掲げる諸裁判所の一の合同法廷を設置するものとする。[2]詳細は，一の連邦法律でこれを規律する。

第96条〔連邦裁判所〕[127] (1) 連邦は，営業上の権利保護の事務のために，連邦裁判所を設置することができる。

(2) [1]連邦は，軍隊に対する軍刑事裁判所を連邦裁判所として設置することができる。[2]軍刑事裁判所は，防衛緊急事態においてのみ，及び，外国に派遣され又は軍艦に乗船させられている軍隊の所属者に関してのみ，その刑事裁判権を行使することができる。[3]詳細は，一の連邦法律でこれを規律する。[4]これらの裁判所は，連邦法務大臣の職務領域に属する。[5]これらの専任裁判官は，裁判官職に就く資格を有していなければならない。

(3) 第１項及び第２項に掲げた裁判所にとっての最高裁判所は，連邦通常裁判所である。

(4) 連邦は，連邦に対して公法上の勤務関係に立つ者について，懲戒手続及び苦情処理手続において決定するための連邦裁判所を設置することができる。

(5) 下記の分野における刑事手続に関しては，連邦参議会の同意を得た一の連邦法律で，ラントの裁判所が連邦の裁判権を行使する旨を規定することができる：
1．大量殺戮
2．人類に対する国際刑法上の犯罪
3．戦争犯罪
4．諸国民の平和的共存を妨げるのに適合的で，かつ，そのような意図をもってなされるその他の行為（第26条第１項）

5．国家体制の保護。

第96a 条[128]

127）　第96条の改正経緯はきわめて複雑である。当初の規定は全3項からなり，次のような規定であった。

「(1)　通常裁判権，行政裁判権，税財務裁判権，労働裁判権，及び社会裁判権の分野について，連邦上級裁判所が設置されるものとする。

(2)　第95条第3項は，連邦法務大臣及びラント法務大臣を，それぞれの専門分野を所管する諸大臣と読み替えて，これを連邦最高裁判所の裁判官に適用する。その服務関係は，特別の連邦法律でこれを規律するものとする。

(3)　連邦は，連邦公務員及び連邦裁判官に対する懲戒手続のために，連邦懲戒裁判所を設置することができる。」

このうち第1項は，後に実質的には上記の第95条第1項に引き継がれることになるが，改正の経過は，まず，

(a)　この当初の規定のうち，第3項が1956年3月19日の第7回改正法律で変更され，「連邦は，連邦公務員及び連邦裁判官に対する懲戒手続のために連邦懲戒裁判所を，並びに，軍人に対する懲戒手続及び軍人の苦情処理手続のために連邦服務裁判所を，設置することができる。」という（第96条第4項に類似する）文言に改められた。同時にこの第7回改正法律で3項からなる第96a 条が追加された。その文言は，その第1項及び第2項を合わせたものが現行の第96条第2項に対応し，また第3項は現行の第96条第3項に対応するもの（「軍刑事裁判所にとっての連邦上級裁判所は，連邦通常裁判所である。」であった）。

(b)　次に，1961年3月6日の第12回改正法律で，上記の第96条第3項が削除されて第96a 条第4項とされると同時に，第96a 条が全面的に変更されて，第1項及び第2項は現行の第96条第1項及び第2項と同一の文言になり，第3項は「第1項及び第2項に掲げた裁判所にとっての連邦上級裁判所は，連邦通常裁判所である。」と変更された。

(c)　第3に，1968年6月18日の第16回改正法律で第96条は全文廃止され，その代わりに上記の第96a 条が第96条とされると同時に，その第3項の「連邦上級裁判所」(Oberes Bundesgericht) の部分が変更されて，現行のように「最高裁判所」(Oberster Gerichtshof) とされた。

(d)　第4に，1969年5月12日の第22回改正法律で第4項が変更されて現行規定の文言となった。

(e)　第5に，1969年8月26日の第26回改正法律で新たに第5項が付加された。当時の同項は，「第26条第1項及び国家保護の分野における刑事手続に関しては，連邦参議会の同意を得た一の連邦法律で，ラントの裁判所が連邦の裁判権を行使する旨を規定することができる。」という文言であった。

(f)　最後に，2002年7月26日の第51回改正法律で，上記の第5項が現行の文言のように改正されて現在に至っている。

第97条〔裁判官の独立〕 (1)　裁判官は独立であり，ただ法律にのみ従う。

(2)　¹専任として，かつ正規の定員として終局的に任用された裁判官は，裁判官の裁判によってのみ，かつ，法律の規定する理由に基づき，及び法律の規定する方式においてのみ，その意に反して，その任期の満了する以前にこれを罷免し，又は，継続的若しくは一時的にこれを停職せしめ，又は，これを転職若しくは退職せしめることができる。²法律制定によって，定年年齢を確定し，その年齢に達したときに，終身で任用された裁判官が退職するものとすることができる。³裁判所の組織又はその管轄区域を変更する場合には，裁判官を他の裁判所へ転任させ，又は退職させることができるが，〔その場合には〕俸給の全額が〔引き続き〕支払われなければならない。

第98条〔連邦裁判官及びラントの裁判官の法的地位〕 (1)　連邦裁判官の法的地位は，特別の連邦法律によって，これを規律するものとする。

(2)　¹連邦裁判官が，職務の内外において，基本法の諸原則又はラントの憲法適合的秩序に違反したときは，連邦憲法裁判所は，連邦議会の申立てに基づき，3分の2の多数をもって，その裁判官が転職せしめられ，又は退職せしめられるべきことを命ずることができる。²故意による違反の場合には，罷免を宣告することができる。

(3)　ラントにおける裁判官の法的地位は，第74条第1項第27号に別段の規定のない限りにおいて，特別のラント法律によって規律するものとする¹²⁹⁾。

(4)　ラントは，ラントにおける裁判官の任用について，ラントの法務大臣が裁判官選出委員会と共同して決定する旨を規定することができる。

(5)　¹ラントは，ラントの裁判官について，第2項に相当する規律をする

---

128)　上注127)を見よ。

129)　第98条第3項の当初の規定は，「ラントにおける裁判官の法的地位は，特別のラント法律によって，これを規律するものとする。連邦は，大綱的規定を発布することができる。」という文言であったが，1971年3月18日の第28回改正法律で変更されて，「ラントにおける裁判官の法的地位は，特別のラント法律によって，これを規律するものとする。連邦は，第74a条第4項に別段の規定のある場合を除き，大綱的規定を発布することができる。」となったが，その後2006年8月28日の第52回改正法律で現行規定のように変更された。

ことができる。²現行のラント憲法は〔これによって〕影響を受けない。³裁判官の訴追に関する決定は，連邦憲法裁判所の権限に属する。

第99条〔ラント法による連邦憲法裁判所及び連邦最高裁判所への管轄権の委譲〕　ラントの法律によって，一のラント内の憲法紛争の決定を連邦憲法裁判所に行わせ，また，ラントの法の適用が問題となっている事件における決定を，終審として，第95条第1項に掲げる最高裁判所[130]に，行わせることができる。

第100条〔具体的規範統制，連邦法の構成部分としての国際法，ラントの憲法裁判所の義務〕　(1)　¹裁判所が，決定に際してある法律の効力が問題となっている場合に，その法律が違憲であると考えるときは，その〔裁判〕手続を中止し，かつ，あるラントの憲法に対する違反が問題となっているときは憲法紛争について管轄を有するラント裁判所の決定を，また，この基本法に対する違反が問題となっているときは連邦憲法裁判所の決定を，求めるものとする。²このことは，ラントの法によるこの基本法の違反，又は，一のラントの法律と一の連邦法律との不一致が問題となっている場合にも，同様とする。

(2)　ある法的紛争において，国際法上のある原則が連邦法の構成部分であるかどうか，及びそれが個々人に対して直接に権利・義務を生ずるもの(第25条)であるかどうかについて疑義があるときは，裁判所は連邦憲法裁判所の決定を求めなければならない。

(3)　ラントの憲法裁判所が，基本法の解釈に際して，連邦憲法裁判所又は他のラントの憲法裁判所の裁判と異なる〔裁判をしようとする〕ときは，連邦憲法裁判所の決定を求めなければならない[131]。

---

130)　第99条は，1968年6月18日の第16回改正法律で一部変更されたもので，当初の規定では，「第95条第1項に掲げる最高裁判所」の部分が単に「連邦上級裁判所」となっていた。なお本条前段は，従前はシュレースヴィヒ=ホルシュタインについて適用の可能性があったが，2006年10月17日の同憲法改正(GVOBl. Schl.-H. S. 220)による第44条の新規定において憲法裁判所が根拠づけられ，それに基づいて2008年5月1日に憲法裁判所が設置されたため，現在では適用の可能性がなくなっている。

第101条〔例外裁判所の禁止，裁判を受ける権利〕 (1) [1]例外裁判所は，許されない。[2]何人も，法律の定める裁判官〔の裁判を受ける権利〕を奪われない。

(2) 特別の専門分野についての裁判所は，法律によってのみ，これを設置することができる。

第102条〔死刑廃止〕 死刑は廃止されているものとする。

第103条〔法的聴聞，遡及処罰の禁止・二重処罰の禁止〕 (1) 裁判所においては，何人も，法的聴聞を請求する権利を有する。

(2) ある行為がなされる以前にその可罰性が法律によって規定されていた場合にのみ，その行為を罰することができる。

(3) 何人も，一般的刑法の根拠に基づいて，同一の行為のゆえに重ねて処罰されてはならない。

第104条〔自由剥奪の際の権利保護〕 (1) [1]人身の自由は，一の正式の〔＝正規の立法手続を踏んだ〕法律の根拠に基づいてのみ，かつ，その法律に規定されている方式を遵守してのみ，これを制限することができる。[2]抑留〔又は拘禁〕されている者は，精神的にも肉体的にも虐待されてはならない。

(2) [1]自由剥奪の許容及びその継続については，裁判官のみがこれを決定するものとする。[2]裁判官の命令に基づかないすべての自由剥奪の場合には，遅滞なく，裁判官の決定がなされるものとする。[3]警察が，逮捕した日の翌日の終了後も，自己の独断で自己の留置所に留置することは，何人に対しても許されない。[4]詳細は，法律によってこれを規律するものとする。

(3) [1]何人でも，犯罪行為の嫌疑を理由として一時的に逮捕されたときは，遅くとも，逮捕された日の翌日には裁判官の下に引致されるものと

---

131) 第100条第3項には，当初は第2文として「ラントの憲法裁判所が，その他の連邦法の解釈に際して，連邦最高裁判所又は連邦上級裁判所の決定と異なる〔決定をしようとする〕ときは，連邦憲法裁判所の決定を求めなければならない」という文言があったが，この部分は1968年6月18日の第16回改正法律で削除された。

し，裁判官は，この者に逮捕の理由を告げ，これに尋問し，かつ，これに異議申立の機会を与えなければならない。²裁判官は，遅滞なく，理由を付記した書面による勾留命令を発するか，又は，釈放を命ずるかしなければならない。

(4) 自由剥奪の命令又は継続についての裁判官のすべての決定は，遅滞なく，被拘禁者の親族又は被拘禁者の信頼する者に，これを通知するものとする。

第Ⅹ章　財政制度

第104a条〔連邦とラントとの経費負担，財政援助〕[132] (1)　連邦及びラントは，この基本法に別段の規定のある場合を除いて，その任務を引き受けることにより生ずる経費を別々に負担する。

(2)　ラントが連邦の委任によって行動するときは，それによって生ずる経費は連邦が負担する。

---

[132]　第104a条は，1969年5月12日の第21回改正法律で追加されたもので，その当時の第3項以下の文言は以下のとおりであった。

「(3)　金銭給付を伴い，かつ，ラントによって執行される連邦法律は，その金銭給付の全部又は一部を連邦が負担する旨を規定することができる。連邦がその経費の半分又はそれ以上を負担する旨をその法律が規定するときは，その法律は連邦の委任によって執行される。ラントが経費の4分の1又はそれ以上を負担する旨をその法律が規定するときは，かかる法律には，連邦参議会の同意を必要とする。

(4)　連邦は，ラント及び市町村(市町村連合)のなす投資が，経済全体の均衡を乱すのを防止するために，又は，連邦領域内の異なった経済力を調整するために，又は，経済成長を促進するために必要とされる，特別に重要な投資である場合には，その投資に対してラントに財政援助を与えることができる。詳細は，特に，促進されるべき投資の種類については，連邦参議会の同意を必要とする連邦法律によって，又は，連邦予算法律の根拠に基づいて，行政協定によって，これを規律する。

(5)　連邦及びラントは，その官庁において生ずる行政経費を負担し，かつ，秩序ある行政について連邦もラントも相応にその責任を負う。詳細は，連邦参議会の同意を必要とする一の連邦法律によって，これを規定する。」

その後，2006年8月28日の第52回改正法律で，上記の第3項第3文はいったんは削除され，第4項が全面的に変更され，また新たに第6項が追加されたが，さらに第3項第3文は，2020年9月29日の第65回改正法律で新たな規定が再び追加されて現行規定となった。

⑶　¹金銭給付を伴い，かつ，ラントによって執行される連邦法律は，その金銭給付の全部又は一部を連邦が負担する旨を規定することができる。²連邦がその経費の半分又はそれ以上を負担する旨をその法律が規定するときは，かかる法律は連邦の委任によって執行されるものとする。³求職者のための基礎保障の分野における居所と暖房のための給付を与えるに際して，連邦がその出費の四分の三を負担する場合には，その法律は，連邦の委託によりこれを執行する。

⑷　第三者に対して金銭給付，金銭的価値のある現物給付又はそれに匹敵する役務給付をなすようラントの義務を根拠づけ，かつ，ラントが固有事務として執行する法律，又は第3項第2文により連邦の委任によって執行する連邦法律は，そこから生じる支出がラントによって負担されることとなるときは，かかる連邦法律には連邦参議会の同意を必要とする。

⑸　¹連邦及びラントは，その官庁において生ずる行政経費を負担し，かつ，秩序ある行政について連邦もラントも相応にその責任を負う。²詳細は，連邦参議会の同意を必要とする一の連邦法律によって，これを規定する。

⑹　¹連邦及びラントは，国内的な権限及び任務の分担に従って，超国家的又は国際法上の義務の違反に対するドイツの負担を分担する。²複数のラントに及ぶ欧州連合の財政修正の場合には，連邦とラントはこの負担を15対85の割合で分担する。³第2文の場合においては，ラント全体が全負担の35%を，一般的基準に準拠して，連帯して担うが，負担の原因を作ったラントは，得られた資金の額に応じて，全負担の50%を担うものとする。⁴詳細は，連邦参議会の同意を必要とする一の連邦法律でこれを規律する。

第104b 条〔連邦による財政援助〕[133]　⑴　¹連邦は，この基本法が連邦に立法権限を付与している限度において，ラント及び市町村（市町村連合）の特別に重要な投資について，ラントに対し，

　　1．経済全体の均衡が乱れるのを防止するため，又は
　　2．連邦領域において経済力の相違を調整するため，又は
　　3．経済成長を促進するために，

必要な財政援助を与えることができる。²連邦は，国の統制能力を超え国の財政状態を著しく損なうような自然災害〔又はそれに準ずる〕異常な緊急状態の場合には，第 1 文にかかわらず，立法権限がなくても財政援助を与えることができる。

(2) ¹詳細，とくに，促進されるべき投資の種類については，連邦参議会の同意を必要とする連邦法律により，又は，連邦予算法律の根拠に基づいて，行政協定によって，これを規律する。²その連邦法律又は行政協定には，財政援助の利用についてのラントのその都度の計画の策定に関する規定を置くことができる。³ラントの計画を策定するための規準の確定は，関係するラントと協力してこれを行う。⁴目的に沿った資金利用を担保するために，連邦政府は，報告及び記録の提出を求め，すべての官庁のもとでの調査を実施することができる。⁵連邦の資金は，ラントの固有の資金に追加してこれを調達する。⁶この資金は期限付きで与えるものとし，その利用はこれを周期的に審査するものとする。⁷財政援助は，時の経過に応じて毎年の金額を下げるものとする。

(3) 連邦議会，連邦政府及び連邦参議会は，要求に基づき，とられた措置の遂行及び達成された改善について，情報を与えられるものとする。

第104c 条〔連邦による教育インフラのための市町村の財政援助〕[134] ¹連邦は，ラントに対し，ラント全体にとって重要な投資のために，並びに，とくにこれと直接に結びついた，市町村の教育インフラの給付能力

---

[133] 第104b 条は，2006 年 8 月28日の第52回改正法律で新たに追加されたもので，その当時の第 1 項の文言は第 1 文のみであったが，2009 年 7 月29日の第57回改正法律で第 2 文が新たに付加された。またその後，2017 年 7 月13日の第62回改正法律で，第 2 項に第 2 文から第 4 文までが付加挿入され，当初の第 2 文・第 3 文は第 5 文・第 6 文となったが，さらに2019年 3 月28日の第63回改正法律で上記の第 4 文の後に新たな第 5 文が挿入されたため，それまでの第 5 文・第 6 文が現行の第 6 文・第 7 文となった。

[134] 第104c 条は，2017 年 7 月13日の第62回改正法律で新たに追加されたもので，当初の規定は「連邦は，ラントに対し，財政的に脆弱な市町村(市町村連合)の全国家的に重要な投資のために，市町村の教育インフラの領域において，財政援助を与えることができる。第104b 条第 2 項及び第 3 項は，これを準用する。」という文言であったが，2019 年 3 月28日の第63回改正法律で全面的に変更されて現行規定となった。

を向上させるためのラント及び市町村（市町村連合）の期限付きの出費
のために，財政援助を与えることができる。²第104b条第2項第1文か
ら第3文，第5文，第6文及び第3項は，これを準用する。³目的に合
致した資金利用を保証するために，連邦政府は，報告を求め及び適宜に
書類の提出を求めることができる。

第104d条〔福祉住宅建設のための財政援助〕[135)　¹連邦は，ラントに対
し，財政的に脆弱な市町村（市町村連合）による，ラント全体にとって
重要な投資のために，福祉住宅建設の領域において，財政援助を与える
ことができる。²第104b条第2項第1文から第5文まで及び第3項は，
これを準用する。

第105条〔関税，専売，租税に関する立法権限〕　(1)　連邦は，関税及び財
政専売[136)] について専属的立法権を有する。

(2)　¹連邦は，土地税について，競合的立法権を有する。²連邦は，その他
の租税収入の全部又は一部が連邦に帰属する場合，又は，第72条第2項
の要件が存する場合には，これらの租税について，競合的立法権を有す
る[137)]。

(2a)　¹ラントは，地域的な消費税及び奢侈税が連邦法律で規律された税と
同種のものでない間，またその限度において，これらの租税について法
律を制定する権限を有する。²ラントは，不動産取得税の税率を定める
権限を有する[138)]。

(3)　税収入の全部又は一部がラント又は市町村（市町村連合）に入る租税に
ついての連邦法律には，連邦参議会の同意を必要とする。

---

135)　第104d条は，2019年3月28日の第63回改正法律で追加された（その文言は上記の
　　　旧第104c条の文言を一部変更したもの）。

136)　基本法制定の時点で財政専売，すなわち財政上収入を得る目的で行われる専売と
　　　して存在していたのは，マッチと火酒（ブランデー等）の2種類のみであり，その後
　　　マッチの専売は1982年8月22日の法律で廃止され，1983年以降は火酒専売（Brannt-
　　　weinmonopol）のみであるが，これも現在までのところ全く収益をあげていないといわ
　　　れる。なお，次の第106条第1項を参照。

第106条〔税収入の配分〕[139]　(1)　財政専売の収益及び次に掲げる租税の収入は，連邦に帰属する：

1．関税

2．第2項によってラントに帰属せず，第3項によって連邦及びラントに共同に帰属せず，又は第6項によって市町村に帰属しない限度における，消費税

3．道路貨物運送税，自動車税及び機械化された交通手段に関わるその他の取引税

4．資本取引税，保険税及び手形税

5．一回限りの財産課税及び負担調整の実施のために徴収される調整課税

6．所得税付加税及び法人税付加税

7．欧州共同体の範囲内での課税。

(2)　次に掲げる租税の収入は，ラントに帰属する：

1．財産税

2．相続税

3．第1項によって連邦に帰属せず，又は第3項によって連邦及びラントに共同に帰属しない限度における，流通税

4．ビール税

---

137)　第105条第2項は，1969年5月12日の第21回改正法律で変更されたもので，制定当初の第2項は次のような文言の規定であった。

「連邦が以下の各号の租税の収入の全部又は一部を連邦の支出に充てるために要求する場合，又は，第72条第2項の要件が存する場合には，連邦は，次に掲げる事項について競合的立法権を有する：

　1．消費税及び取引税，ただし，地域的に効力が限られた租税，特に，土地取得税，価格増加税及び火災保険税を除く。

　2．所得税，財産税，相続税及び贈与税

　3．対物税(Realsteuer)，ただし，税率の確定を除く。」

　上記の第21回改正による第2項は，現行の第2文と同一の文言であったが，その後，2019年11月15日の第64回改正法律で，現行の第1文が追加され，従前の文言が第2文となった。

138)　第105条第2a項は，1969年5月12日の第21回改正法律で追加されたもので，さらにその後2006年8月28日の第52回改正法律でその第2文が新たに付加された。

139) 第106条の改正はたいへん複雑である。すなわち，基本法制定当初の全4項の規定は次のような文言であった。

「(1) 関税，専売の収益，ビール税を除く消費税，運送税，売上税及び1回限りの目的のための財産課税は，連邦の収入となる。

(2) ビール税，運送税及び売上税を除く取引税，所得税・法人税，財産税，相続税，対物税，及び地域的に効力範囲の限られた租税は，ラントの収入となり，ラントの立法の基準に従い市町村（市町村連合）の収入となる。

(3) 連邦は，連邦参議会の同意を必要とする連邦法律によって，所得税及び法人税の一部を，他の収入によっては賄えない支出の補塡のために，特に，学校制度，保健制度及び福祉制度の領域での支出の補塡のためにラントに与えられる補助金を補塡するために，要求することができる。

(4) 租税の少ないラントにも給付能力を確保し，ラント間の異なる負担を支出によって調整するために，連邦は補助金を与え，このための資金を，ラントの収入になる特定の租税から取ることができる。連邦参議会の同意を必要とする連邦法律によって，この場合にどの租税が使われるか，どれほどの金額をもって，またどのような割当率によって，調整を受けるラントに補助金が与えられるのかが，定められる。その補助金は，ラントに対して直接に振り替えられるものとする。」

これが1955年12月23日の第6回改正法律で全面的に変更され，次のような規定になった。

「(1) 財政専売の収益及び次に掲げる租税の収入は，連邦に帰属する：

1．関税

2．第2項によってラントに帰属しない限度における消費税

3．売上税

4．運送税

5．一回限りの財産課税及び負担調整の実施のために徴収される調整課税

6．《ベルリーン救済特別税》

7．所得税付加税及び法人税付加税。

(2) 次に掲げる租税の収入は，ラントに帰属する：

1．財産税

2．相続税

3．自動車税

4．第1項によって連邦に帰属しない限度における取引税

5．ビール税

6．賭博場税

7．対物税

8．地域的に効力範囲の限られた租税。

(3) 所得税及び法人税の収入は，

1958年3月31日までは$33\frac{1}{3}$％が連邦に，$66\frac{2}{3}$％がラントに帰属し，

1958年4月1日以降は，35％が連邦に，65％がラントに帰属する。

(4) 連邦の収支の割合とラントの収支の割合とが異なった展開を示し，かつ，連邦又

はラントの財政に著しい欠損が生じ，その結果，連邦又はラントのために，配分の割合をそれに応じて訂正することが必要となるときは，所得税及び法人税の配分の割合(第3項)は，連邦参議会の同意を必要とする連邦法律によって，これを変更しなければならない。この場合には，次に掲げる諸原則を踏まえるものとする：

1．連邦及びラントは，その任務を引き受けることにより生じる支出を別々に負担するが，第120条第1項は，〔これによって〕影響を受けない。

2．通常の収入の範囲内においては，連邦とラントはその必要経費の補塡を求める請求権を均しく有する。

3．連邦及びラントの経費補塡の要求は，衡平な調整が得られ，納税義務者の過重な負担を避け，連邦領域における生活関係の統一性が保持されるように，相互に調整するものとする。

配分の割合は，第1回は1958年4月1日以降について，その他は配分関係を最後に定めた法律の施行後早くとも2年ごとに，これを変更することができるが，このことは，第5項による配分の割合の変更については適用されない。

(5) 連邦法律によってラントが付加的経費を課され，又は，その収入を取り上げられる場合において，第4項の要件が存するときは，所得税及び法人税の配分の割合は，これを変更するものとする。ラントの超過負担が短期間に限定されるときは，連邦参議会の同意を必要とする連邦法律によって，連邦の財政交付金をもってこれを調整することもできる。その法律には，この財政交付金の算定及びそのラントへの配分に関する諸原則が定められるものとする。

(6) 市町村(市町村連合)の収支も，本条の意味におけるラントの収入及び支出とみなされる。ラントの立法は，ラントの租税収入が市町村(市町村連合)の収入になるかどうか，またどの程度までその収入となるかについて定める。」

次いで1956年12月24日の第8回改正法律で，上記の第6回改正による上記第2項第7号が削除され，第8号が第7号とされた(号数変更)。さらに同改正による上記第6項が変更されて，「(6) 対物税の収入は，市町村に帰属する。あるラント内に市町村が存在しないときは，その収入は，ラントの立法に準拠して対物税を税額及び付加税の算定の基礎とすることができる。所得税及び法人税に対するラントの取得分のうち，市町村及び市町村連合に対し，全体で，ラントの立法によって定められる百分率が〔収入として〕与えられる。その他の点については，ラントの立法によって，ラントの租税の収入が市町村(市町村連合)の収入となるかどうか，またどの程度その収入となるかについて定める。」となり，さらに次の第7項及び第8項が追加された。

「(7) 連邦が，個々のラント又は市町村(市町村連合)において，これらのラント又は市町村(市町村連合)に経費増又は収入減(特別負担)の直接の原因となるような，特別の設備を誘致するときは，連邦は，ラント又は市町村(市町村連合)にその特別負担をかけることを要求することができないとき，及びその限度において，必要な調整〔=補償〕を与えるであろう。その設備の結果としてこれらのラント又は市町村(市町村連合)に生ずる第三者の補償給付及び財政的利益は，その調整に際して考慮される。

(8) 市町村(市町村連合)の収入及び支出も，本条の意味におけるラントの収入及び支

　　　5．賭博場税。

(3)　¹所得税，法人税及び売上税は，所得税の収入が第５項によって，及
　　び，売上税の収入が第５a項によって，市町村に配分されない限度にお
　　いて，連邦とラントに共同に帰属する(共同租税)。²所得税及び法人税
　　の収入については，連邦及びラントがこれを各々半分ずつ取得する。
　　³売上税に対する連邦とラントの取得分は，連邦参議会の同意を必要と
　　する連邦法律で，これを確定する。⁴その確定に際しては，次に掲げる
　　諸原則を踏まえるものとする：

　　1．¹経常収入の範囲内においては，連邦とラントはその必要経費の補

　　　　出とみなされる。」

　　　さらにその後も，1969年５月12日の第21回改正法律で，全９項からなる新規定に
　　よって全面的に変更されたあと，1995年11月３日の第43回改正法律で第３項第５文及
　　び第６文並びに第４項第１文後段が追加され，また1997年10月20日の第44回改正法律
　　で，第３項第１文が変更され，第５a項が挿入され，第６項第１文ないし第３文及び
　　第６文が変更された。第21回改正時点での第３項（４文からなる）の第１文は単に，
　　「所得税，法人税及び売上税は，所得税の収入が第５項によって市町村に配分されな
　　い限度において，連邦とラントに共同に帰属する(共同租税)。」との文言であり，第
　　４項第１文は単に，「売上税に対する連邦とラントの取得分は，連邦とラントとの収
　　支関係が甚だしく変動したときは，これを改めて確定するものとする。」となってい
　　たものであり，また第６項は，「対物税の収入は市町村に帰属し，地域的消費税・奢
　　侈税は，市町村に，又はラントの立法に準拠して市町村連合に，帰属する。市町村
　　は，法律の範囲内において対物税の税率を確定する権利が与えられるものとする。ラ
　　ント内に市町村が存在しないときは，対物税及び地域的消費税・奢侈税の収入は，ラ
　　ントに帰属する。連邦及びラントは，割当により，営業税の収入にあずかることがで
　　きる。割当に関する詳細は，連邦参議会の同意を必要とする一の連邦法律でこれを規
　　定する。ラントの立法に準拠して，対物税，及び所得税収入に対する市町村の取得分
　　を，割当に関する算定の基礎資料とすることができる。」という文言であった。第43
　　回改正では，第３項に第５文及び第６文（第２号に続く「売上税に対する……」の部
　　分）が付加され，第４項第１文の後段部分（「が，その際には……」以下の部分）が付加
　　された。また上記第21回改正時点での第１項第３号は単に「道路貨物運輸税」のみで
　　あったが，その後2009年３月19日の第54回改正法律で「自動車税」以下の文言が追加
　　された。また第21回改正時点での第２項では，第３号が「自動車税」，第４号が「第
　　１項によって連邦に帰属せず，又は第３項によって連邦及びラントに共同に帰属しな
　　い限度における，取引税」，第５号が「ビール税」そして第６号が「賭博場税」と
　　なっていたが，上記の第54回改正法律で「自動車税」が第１項第３号に移されたこと
　　から，第３号が削除され，第４号以下の号数が繰り上がって，それぞれ第３号から第
　　５号までとなった。

　填を求める請求権を等しく有する。²その際，経費の範囲は，複数年
　にまたがる財政計画を考慮しつつこれを算出するものとする。
　2．連邦及びラントの経費補填の要求は，衡平な調整が得られ，納税義
　　務者の過重な負担が回避され，連邦領域における生活関係の統一性が
　　保持されるように，相互に調整するものとする。
　⁵売上税に対する連邦とラントの取得分の確定には，1996年1月以降に
おいて子ども〔の数〕の考慮から所得税法上ラントに生じる租税収入減
が，付加的に算入される。⁶詳細は，第3文による連邦法律が，これを
規定する。

⑷　¹売上税に対する連邦とラントの取得分は，連邦とラントとの収支関
　係が甚だしく変動したときは，これを改めて確定するものとするが，そ
　の際には，第3項5文によって売上税の取得分の確定において付加的に
　算入される租税収入減は，引き続き考慮に入れないままとする。²連邦
　法律によってラントが付加的経費を課され，又は，その収入を取り上げ
　られる場合には，超過負担は，それが短期間に限定されているときは，
　連邦参議会の同意を必要とする連邦法律によって，連邦の財政交付金を
　もってこれを調整することもできる。³その法律には，この財政交付金
　の算定及びそのラントへの配分に関する諸原則を規定するものとする。

⑸　¹市町村は，所得税収入につき，その市町村の住民の所得税給付の基
　礎資料に基づいて，諸ラントから，これを市町村に再分配することとな
　る場合には，その取り分を取得する。²詳細は，連邦参議会の同意を必
　要とする一の連邦法律でこれを規定する。³この連邦法律には，市町村
　が市町村取得分に対する税率を確定する旨を規定することができる。

⑸ａ　¹市町村は，1998年1月1日以降は，売上税の収入の取り分を取得す
　る。この取得分は，場所及び経済に関連する基準率に基づいて，諸ラン
　トから市町村にさらに送付される。²詳細は，連邦参議会の同意を必要
　とする連邦法律でこれを規定する。

⑹　¹土地税及び営業税の収入は，市町村に帰属し，地域的消費税・奢侈
　税は，市町村に，又はラントの立法に準拠して市町村連合に，帰属す
　る。²市町村は，法律の範囲内において土地税及び営業税の税率を確定
　する権利が与えられるものとする。³ラント内に市町村が存在しないと
　きは，土地税及び営業税並びに地域的消費税・奢侈税の収入は，ラント

に帰属する。⁴連邦及びラントは，分担金により，営業税の収入にあずかることができる。⁵分担金に関する詳細は，連邦参議会の同意を必要とする一の連邦法律でこれを規定する。⁶ラントの立法に準拠して，土地税及び営業税，並びに所得税及び売上税の収入に対する市町村の取得分を，割当に関する算定の基礎資料とすることができる。

(7)　¹共同租税の全収入に対するラントの取得分のうち，市町村及び市町村連合に対し，全体で，ラントの立法によって定められる百分率が〔収入として〕与えられる。²その他の点については，ラントの立法により，ラントの租税の収入が市町村(市町村連合)の収入となるかどうか，またどの程度その収入となるかについて規定する。

(8)　¹連邦が，個々のラント又は市町村(市町村連合)において，これらのラント又は市町村(市町村連合)に経費増又は収入減(特別負担)の直接の原因となるような，特別の設備を誘致するときは，連邦は，ラント又は市町村(市町村連合)にその特別負担をかけることを要求することができないとき，及びその限度において，必要な調整〔＝補償〕を与える。²その設備の結果としてこれらのラント又は市町村(市町村連合)に生ずる第三者の補償給付及び財政的の利益は，その調整に際して考慮する。

(9)　市町村(市町村連合)の収入及び支出も，本条の意味におけるラントの収入及び支出とみなす。

第106a条　〔公共近距離旅客交通についてのラントへの補助〕¹⁴⁰⁾　¹1996年1月1日以降は，公共近距離旅客運輸について，連邦の税収総額からの一定価額が，諸ラントに帰属する。²詳細は，連邦参議会の同意を必要とする一の連邦法律でこれを規律する。³第1文による価額は，第107条第2項による財政力の調整に際しては，考慮しない。

第106b条¹⁴¹⁾　〔自動車税の連邦への移管に伴う措置〕　¹2009年7月1日以降，自動車税が〔諸ラントから〕連邦に委譲されることにより，連邦の税収総額からの一定価額が，諸ラントに帰属する。²詳細は，連邦参

---

140)　第106a条は，1993年12月20日の第40回改正で追加された。
141)　第106b条は，2009年3月19日の第54回改正法律で追加された。

議会の同意を必要とする一の連邦法律でこれを規律する。

第107条〔地域的収入，ラント間の財政調整〕[142]　(1)　[1]ラントの租税の収入並びに所得税及び法人税の収入に対するラントの取得分は，それらの租税がそのラントの領域内の税財務官庁によって収受される限度において，個々のラントに帰属する（地域的収入）。[2]法人税及び給与所得税に関しては，連邦参議会の同意を必要とする連邦法律によって，地域的収入の限定並びにその配分の方法及び範囲についての詳細な規定を設けるものとする。[3]その法律には，その他の租税の地域的収入の限定及びその配分についての規定を設けることもできる。[4]売上税の収入に対するラントの取得分は，第2項による規制を留保して，そのラントの人口数に応じて個々のラントに帰属する。

(2)　[1]連邦参議会の同意を要する連邦法律によって，諸ラント間の異なる財政力が適正に調整されるよう確保するものとし，その際，市町村（市町村連合）の財政力及び財政的需要を考慮するものとする。[2]この目的のために，この法律において，売上税の収入に対するラントの取得分の配分に係るその都度の財政力を考慮した割増分及び割引分を規律するものとする。[3]割増分を与え割引分を徴収するための条件並びにこの割増分及び割引分の率の数値基準は，この法律において規定するものとする。[4]財政力を算定するために，鉱業法上の採掘料（Förderabgabe）は，その収入の一部についてのみ考慮することができる。[5]この法律はまた，連邦がその資金の中から，給付能力の弱いラントに対し，その一般的な財政上の需要を補充するための交付金（補充交付金）を与える旨を規定することもできる。[6]これらの交付金は，第1文から第3文までの基準にかかわらず，市町村（市町村連合）の財政力が特に低いことを示す給付能力の弱いラントにもこれを与えることができ（市町村担税力対応交付金），又それ以外に，第91b条による助成資金の分担が住民の分担を下回る，給付能力の弱いラントにもこれを与えることができる。

第108条〔税財務行政〕[143]　(1)　[1]関税，財政専売，連邦法律で規律された輸入売上税を含む消費税，2009年7月1日以降における自動車税及び機械化された交通手段に関わるその他の取引税並びに欧州共同体の域内に

142) 第107条の当初の規定には第2項がなく，その文言は次のとおりであった。「競合的立法に服する租税の，連邦とラントへの最終的な配分は，遅くとも1952年12月31日までに，しかも，連邦参議会の同意を必要とする連邦法律で，これを行うべきものとする。このことは，対物税及び地域的に効力範囲の限られた租税にはこれを適用しない。この際には，〔連邦とラントの〕いずれの側も，特定の租税，又は，その任務に応じた租税分担，に対する法律上の請求権を与えられるものとする。」

その後，まず1953年4月20日の第3回改正法律で「1952年」が「1954年」に改められ，次いで1954年12月25日の第5回改正法律でこの「1954年」が「1955年」に改められた。さらに1955年12月23日の第6回改正法律で全面的に変更されて，次のような規定になった。

「(1) ラントの租税の収入は，それらの租税が当該ラントの領域の税財務官庁によって収受される限度において，個々のラントに帰属する（地域的収入）。連邦参議会の同意を必要とする連邦法律によって，個々の租税の地域的収入の限定並びにその配分の方法及び範囲（租税負担）について詳細な規定を設けることができる。

(2) 連邦参議会の同意を必要とする連邦法律によって，給付能力のあるラントと給付能力の小さいラントとの間の適正な財政上の調整が確保されるものとし，その際，市町村（市町村連合）の財政力及び財政的需要を考慮するものとする。この法律は，給付能力のあるラントの分担金（調整分担金）から給付能力の小さいラントに対して調整割当金が与えられることを規定する。この法律には，調整請求権及び調整義務の要件，並びに調整給付の額の基準を，規定するものとする。この法律はまた，連邦がその資金の中から，給付能力の小さいラントに対し，その一般的な財政上の需要を補充するための交付金（補充交付金）を与える旨を規定することもできる。」

その後，1969年5月12日の第21回改正法律で変更され，その当時の第1項の文言は以下のとおりであった。

「(1) ラントの租税の収入並びに所得税及び法人税の収入に対するラントの取得分は，それらの租税がそのラントの領域の税財務官庁によって収受される限度において，個々のラントに帰属する（地域的収入）。法人税及び勤労所得税に関しては，連邦参議会の同意を必要とする連邦法律によって，地域的収入の限定並びにその配分の方法及び範囲についての詳細な規定を設けるものとする。その法律には，その他の租税の地域的収入の限定及びその配分についての規定を設けることもできる。売上税の収入に対するラントの取得分は，そのラントの人口数に準拠して，個々のラントに帰属するが，ラントの取得分の一部については，ただしその4分の1までを上限として，連邦参議会の同意を必要とする連邦法律によって，ラントの租税からの収入並びに所得税及び法人税からの収入が，住民一人当たりにつき諸ラントの平均を下回るラントのために，補充取得分として用いることを予め定めておくことができる。」

この第1項第4文はさらに，その後2006年8月28日の第52回改正法律で変更され，その当時の後段部分の文言は，「ラントの取得分の一部については，その4分の1までを上限として，連邦参議会の同意を必要とする連邦法律によって，ラントの租税からの収入並びに所得税及び法人税からの収入が，住民一人当たりにつき諸ラントの平

おける課税は，連邦税財務官庁がこれを管理する。²これらの官庁の構成は，連邦法律でこれを規律する。³中級官庁が設置されている限りにおいて，その長は，ラント政府の了解を得てこれを任命する。

(2) ¹その他の租税は，ラントの税財務官庁がこれを管理する。²これらの官庁の構成及び公務員の統一的養成は，連邦参議会の同意を得た連邦法律によって，これを規律することができる。³中級官庁が設置されている限りにおいて，その長は，連邦政府と協議してこれを任命する。

(3) ¹ラントの税財務官庁が，全部又は一部が連邦の収入となる租税を管理するときは，ラントの税財務官庁は連邦の委任を受けて活動する。²第85条第3項及び第4項は，連邦政府を連邦財務大臣と読み替えてこれを適用する。

(4) ¹租税法律の実施が著しく改善され，又は簡易化される場合，及びその限度において，連邦参議会の同意を必要とする連邦法律によって，租税を管理するに際して連邦税財務官庁とラントの税財務官庁とが協働する旨を規定し，並びに，第1項に該当する租税についてはラントの税財務官庁が管理する旨，及びその他の租税については連邦税財務官庁が管

均を下回るラントのための補充取得分として用いることを予め定めておくことができるものとし，不動産取得税については租税力を考慮するものとする。」となっていたが，2009年3月19日の第54回改正法律で文言の一部が変更されて，「売上税の収入に対するラントの取得分は，そのラントの人口数に応じて個々のラントに帰属するが，ラントの取得分の一部については，その4分の1までを上限として，連邦参議会の同意を必要とする連邦法律によって，ラントの租税からの収入，所得税及び法人税からの収入，並びに第106b条による収入が，住民一人当たりにつき諸ラントの平均を下回るラントのための補充取得分として用いることを予定することができるものとし，不動産取得税については租税力を考慮するものとする。」となった。さらにその後，2017年7月13日の第62回改正法律で変更されて現行規定のようになった。

　第107条第2項は，上記第21回改正法律当時の文言は以下のとおりであった。

「(2) 法律によって，諸ラント間の異なる財政力が適正に調整されるよう確保するものとし，その際，市町村（市町村連合）の財政力及び財政的需要を考慮するものとする。調整を求める資格を有するラントの調整請求権の要件及び調整義務を課されるラントの調整義務の要件，並びに，調整給付額の基準を，その法律中に規定するものとする。その法律はまた，連邦がその資金の中から，給付能力の弱いラントに対し，その一般的な財政上の需要を補充するための交付金（補充交付金）を与える旨を規定することもできる。」

　その後この第2項は，上記の第62回改正で大幅に変更されて現行規定となった。

理する旨を規定することができる。²市町村（市町村連合）のみの収入となる租税については，ラントは，ラントの税財務官庁に帰属する管理の全部又は一部を市町村（市町村連合）に委譲することができる。³第１文による連邦法律は，連邦とラントの協働のために，法律の定める多数の同意があれば租税法律の執行のための規制がすべてのラントを拘束するものとなる旨を規定することができる。

---

143)　第108条は，1969年５月12日の第21回改正法律で変更されたもので，当初の規定は次のような文言であった。

「(1)　関税，財政専売，競合的立法に属する消費税，運送税，売上税及び１回限りの財産課税は，連邦税財務官庁がこれを管理する。これらの官庁の構成は，連邦法律でこれを規律する。中級官庁の長は，ラント政府の了解を得てこれを任命する。連邦は，１回限りの財産課税の管理を，委任行政としてラントの税財務官庁に委譲することができる。

(2)　連邦が，所得税及び法人税の一部を自己のために請求するときは，その限度においてその管理は連邦に属するが，連邦はその管理を，委任行政としてラントの税財務官庁に委譲することができる。

(3)　その他の租税は，ラントの税財務官庁がこれを管理する。連邦は，連邦参議会の同意を必要とする連邦法律によって，これらの官庁の構成，及び，それらの官庁によって適用されるべき手続及び公務員の統一的養成を規律することができる。中級官庁の長は，連邦参議会の同意を得てこれを任命するものとする。市町村（市町村連合）の収入となる租税の管理は，ラントによって，その全部又は一部を市町村（市町村連合）に委譲することができる。

(4)　租税が連邦の収入となる限度において，ラントの税財務官庁は，連邦の委任を受けて行動する。ラントは，これらの租税の正常な管理について，その収入をもって責任を負い，連邦財務大臣は，中級官庁及び下級官庁に指図権を有する連邦の受託者を通じて，その正常な管理を監督することができる。

(5)　税財務裁判権は，連邦法律でこれを統一的に規律する。

(6)　一般的行政規則は，連邦政府によって発布される。すなわち，行政がラントの税財務官庁の義務である限度において，連邦参議会の同意を得て発布される。」

その後，2001年11月26日の第49回改正法律で変更され，第１項第３文（この1969年改正当時の規定は「中級官庁の長は，ラント政府の了解を得てこれを任命する。」）及び第２項第３文（その当時の規定は「中級官庁の長は，連邦政府の同意を得てこれを任命する。」）が変更された。また，この時点までの第１項第１文は，「関税，財政専売，連邦法律で規律された輸入売上税を含む消費税，及び欧州共同体の域内における課税は，連邦税財務官庁がこれを管理する。」という文言であったが，その後，2009年３月19日の第54回改正法律で変更されて現行規定になり，また第４項第３文および第４a項は，2017年７月13日の第62回改正で追加された。

⑷a ¹租税法律の実施が著しく改善され，又は簡易化される場合及びその
　　限度において，連邦参議会の同意を要する連邦法律によって，第２項に
　　該当する租税の管理に際して，ラントの税財務官庁どうしが協働して，
　　及び，一又は複数のラントが関係するラントと協議して，ラントの領域
　　を超えた権限の委譲を規定することができる。²費用負担は，連邦法律
　　でこれを規律することができる。

⑸ ¹連邦税財務官庁によって適用されるべき手続は，連邦法律でこれを
　　規律する。²ラントの税財務官庁によって，及び第４項第２文において
　　市町村(市町村連合)によって適用されるべき手続は，連邦参議会の同意
　　を得た連邦法律でこれを規律することができる。

⑹ 税財務裁判権は，連邦法律でこれを統一的に規律する。

⑺ 連邦政府は，一般的行政規則を発布することができるが，管理がラン
　　トの税財務官庁又は市町村(市町村連合)の義務である限度において，連
　　邦参議会の同意を得てこれを発布することができる。

第109条〔連邦とラントの財政運営上の原則〕[144] ⑴ 連邦及びラントは，
　　その財政運営において，独立であって，相互に依存するものではない。

⑵ 連邦及びラントは，欧州共同体設立条約第104条に基づく欧州共同体
　　の法行為から生じる，財政規律の遵守のために課せられるドイツ連邦共
　　和国の義務を，共同して遂行し，この枠内において，経済全体の均衡の
　　要請を考慮に入れる。

⑶ ¹連邦及びラントの予算は，原則として，起債に基づく収入によるこ
　　となく〔収支を〕均衡させるものとする。²連邦及びラントは，通常の
　　状況から逸脱した景気の推移の影響を好況及び不況のいずれの場合にも
　　均しく考慮に入れるための規律，並びに，国の統制能力を超え国の財政
　　状態を著しく損なうような自然災害又は〔それに準ずる〕異常な緊急状
　　態の場合のために予め特例規律を定めることができる。³かかる特例規
　　律については，それに対応する弁済規定を予め定めておくものとする。
　　⁴連邦の予算については，起債に基づく収入が名目国内総生産の0.35％
　　を超えない場合には，第１文の原則が妥当するとの条件付きで，第115
　　条が詳細の形態を規律する。⁵ラントの予算についての詳細の形態は，
　　起債に基づくいかなる収入も認められない場合に限って，第１文の原則

が妥当するとの条件付きで，ラントがその憲法上の権限の枠内でこれを
規律する。

(4)　連邦参議会の同意を必要とする連邦法律によって，財政法，景気に対
　応した財政運営及び複数年にまたがる財政計画のための，連邦及びラン

---

144)　第109条は，当初は現行の第1項のみ(文言は同一)であったが，1967年6月8日
　の第15回改正法律で第2項から第4項までが付加された。その当時の第2項以下は，
　次のような文言であった。
「(2)　連邦及びラントは，その財政運営に際して，経済全体の均衡の要請を考慮に入
　れなければならない。
(3)　連邦参議会の同意を必要とする連邦法律によって，景気に対応した財政及び複数
　年にまたがる財政計画のための諸原則を策定することができる。
(4)　「経済全体の均衡を乱すことを防止するために，連邦参議会の同意を必要とする
　連邦法律によって，
　　1．地域団体及び目的組合による起債の最高限度額，条件及び時間的順序，並び
　　に，
　　2．連邦及びラントに対し，ドイツ連邦銀行に無利息の預金をしておくべきことを
　　義務づけること(景気調整準備金)
　についての規程を発布することができる。法規命令を発布する権限は，連邦政府に
　対してのみ，これを与えることができる。この法規命令には連邦参議会の同意を必要
　とする。法規命令は，連邦政府の要求があれば，その限度でこれを廃止するものと
　し，詳細は，連邦法律でこれを規定する。」
　これらのうち，第2項は，2009年7月29日の第57回改正法律で現行のように変更さ
　れた(その前段部分の内容は，この第57回改正までは，2006年8月28日の第52回改正
　法律で新たに追加された当時の第5項第1文にあったものである)。
　また第3項は1969年5月12日の第20回改正法律でいったん変更されたが，この改正
　後の第3項は，2009年7月29日の第57回改正法律によってそのままの文言で現行規定
　の第4項とされ(上記の第15回改正による旧第4項は削除)，代わって，第3項とし
　て，同改正で新たな現行規定が付加された(なお，この第3項の文言，とくに第2文
　との関連では，第104b条及び第115条も参照)。
　また第5項は，2006年8月28日の第52回改正法律で新たに追加されたもので，その
　当時の規定は，「欧州共同体設立条約第104条に基づく欧州共同体の法行為から生じ
　る，財政規律の遵守のために課せられるドイツ連邦共和国の義務は，連邦とラントが
　共同して履行するものとする。欧州共同体の制裁措置は，連邦とラントが65対35の割
　合で負担する。ラントに割り当てられる負担の35％は，ラントの住民数に応じて，ラ
　ント全体が連帯して担い，ラントに割り当てられる負担の65％は，各ラントが負担の
　原因へのラントの寄与度に応じて負担する。詳細は連邦参議会の同意を必要とする一
　の連邦法律でこれを規律する。」という文言であったが，その後，2009年7月29日の
　第57回改正法律で現行規定のように変更された。

トに対して共通に適用される諸原則を策定することができる。

(5)　¹欧州共同体設立条約第104条の規定に関連して，財政規律の遵守のために課せられる欧州共同体の制裁措置は，連邦とラントが65対35の割合で負担する。²ラントに割り当てられる負担の35％は，ラントの住民数に応じて，ラント全体が連帯して担い，ラントに割り当てられる負担の65％は，各ラントが負担の原因へのラントの寄与度に応じて負担する。³詳細は，連邦参議会の同意を必要とする一の連邦法律でこれを規律する。

第109a条〔財政安定化評議会〕[145]　(1)　財政に関わる非常事態を回避するため，連邦参議会の同意を必要とする一の連邦法律により，次の各号について規律する：

1．連邦とラントの財政運営についての，合同委員会（財政安定化評議会）を通じての継続的な監視
2．財政に関わる非常事態の虞れがある場合を確定するための要件及び手続
3．財政に関わる非常事態を回避するための財政立直しプログラムを立案しこれを遂行するための諸原則。

(2)　¹財政安定化評議会は，2020年以降，連邦及びラントによる第109条第3項の準則の遵守を監視する義務を負う。²その監視は，財政規律維持のための欧州連合運営条約に基づいてなされる法行為による準則及び手続に対応させるものとする。

(3)　財政安定化評議会の決議及びその基となる協議資料は，これを公表するものとする。

第110条〔連邦の予算〕[146]　(1)　¹連邦のすべての歳入及び歳出は，これを予算計画に計上するものとし，連邦企業体及び特別財産については，繰入れ又は引出しのみを計上することで足りる。²予算計画は，歳入と歳

---

145)　第109a条は，2009年7月29日の第57回改正法律で追加された。その後，2017年7月13日の第62回改正法律で，第1項第2文にあった「財政安定化評議会の決議及びその基礎となった協議資料は，これを公表するものとする。」の文言が削除され，また新たに第2項及び第3項が追加された。

出とが均等になるものとする。

⑵　¹予算計画は，一又は複数の会計年度について，各年度ごとに，最初の会計年度の始まる前に，予算法律によって確定する。²〔予算法律には〕予算計画が，部分によっては，異なる〔複数の〕期間に，会計年度別に，これを執行する旨を予め定めることができる。

⑶　第2項第1文による〔予算〕法律案，並びに，予算法律の改正案及び予算計画の修正案は，連邦参議会に送付されるのと同時に連邦議会にも提出され，連邦参議会は6週間以内に，〔また〕修正法律案の場合には3週間以内に，その案に対する態度を決定する権限を有する。

⑷　¹予算法律には，連邦の歳入及び歳出に関連する規定，並びに，その議決される予算法律が対象としている期間に関連する規定のみをおくことができる。²予算法律は，その規定が次の予算法律の公布によって初めて失効し，又は，第115条による授権がある場合には，それよりも後の時点で失効する旨を規定することができる。

第111条〔緊急支出〕 ⑴　一の会計年度が終了するまでに次年度の予算が法律で確定されなかったときは，連邦政府は，その〔予算〕法律が効力を生ずるまで，次に掲げる目的に必要な一切の支出をなす権限を有する：

　　a）　法律上存在している施設を維持し，法律によって議決された措置を実施すること

---

146)　第110条は，1969年5月12日の第20回改正法律で変更されたもので，当初の規定は，次のような文言であった。

「⑴　連邦のすべての収入及び支出は，各会計年度ごとにこれを見積もり，かつ，予算計画に組み入れるものとする。

⑵　予算計画は，最初の会計年度の始まる前に，法律によって確定される。予算計画は，収入と支出とが均等になるものとする。支出は，原則として1年について承認されるが，特別な場合には，さらに長い期間についてもこれを承認することができる。その他，連邦予算法律には，会計年度を超え，又は，連邦若しくはその行政〔機関〕の収入及び支出に関わらない規定を設けてはならない。

⑶　資産及び負債は，予算の別表にこれを示すものとする。

⑷　商人的形態をとる連邦企業体の場合には，個々の収入及び支出を予算に計上する必要はなく，単に最終結果を記載すれば足りる。」

b） 法的な根拠を持つ連邦の義務を履行すること

c） 前年度の予算計画によってすでに承認を受けていた金額の限度に
おいて，建築，調達及びその他の給付を継続し，又は，これらの目的
のための補助をさらに認めること。

(2) 特別の法律に基づいて租税，公課その他の財源から得られる収入，又
は，事業経営資金積立金が，第1項の支出を充足できない限りにおい
て，連邦政府は，財政運営を維持するために必要な資金を，前年度の予
算計画の総計の4分の1までを限度として，起債の方法で調達すること
が許される。

第112条〔予算超過支出，予算外支出〕[147]　¹予算超過支出及び予算外支出
は，連邦財務大臣の同意を必要とする。²この同意は，予見することが
できず，かつ，避けることのできない必要がある場合にのみ，これを与
えることが許される。³詳細は，連邦法律でこれを規定することができ
る。

第113条〔支出増加法律，収入減少法律〕[148]　(1)　¹法律が，連邦政府の提
案した予算計画の支出を増加させ，又は，新たな支出を含み若しくは将
来に支出をもたらすものであるときは，その法律は連邦政府の同意を必
要とする。²収入の減少を含み又は将来に減少をもたらす法律について
も，同様とする。³連邦政府は，連邦議会がこのような法律に関する議
決を中止すべきことを要求することができる。⁴この場合には，連邦政
府は，6週間以内に連邦議会に対して態度決定を送付しなければならな
い。

(2) 連邦政府は，連邦議会が法律を議決した後4週間以内に，連邦議会が

---

147) 第112条は，1969年5月12日の第20回改正法律で変更されたもので，当初の規定
では，「予算超過支出及び予算外支出は，連邦財務大臣の同意を必要とする。その同
意は，予見することができず，かつ，避けることのできない必要がある場合にのみ，
これを与えることが許される。」という文言であった。

148) 第113条の当初の規定は，「連邦議会及び連邦参議院の議決が，連邦政府の提案し
た予算計画の支出を増額し，又は，新たな支出を含み若しくは将来に支出をもたらす
ものであるときは，その議決は連邦政府の同意を必要とする。」という文言で，第2
項以下はなかったが，その後1969年5月12日の第20回改正法律で付加・変更された。

改めて議決すべきことを要求することができる。

(3)　¹法律が第78条によって成立したときは，連邦政府は，6週間以内に限り，かつ，前もって第1項第3文及び第4文による手続又は第2項による手続を開始していた場合に限り，その同意を拒否することができる。²この期間の経過後は，同意がなされたものとみなす。

第114条〔会計報告，会計検査〕[149]　(1)　連邦財務大臣は，次の会計年度中に，連邦政府の責任を解除するために，連邦議会及び連邦参議会に対し，すべての歳入及び歳出並びに資産及び債務について，決算書を提出しなければならない。

(2)　¹連邦会計検査院は，その構成員が裁判官的独立性を有し，決算を検査し，並びに，連邦の予算の執行及び経済運営の経済性及び合規性(Ordnungsmäßigkeit)について検査する。²連邦会計検査院は，第1文による検査の目的で，連邦行政の外にある官署においても調査を行うことができ，このことは，連邦がラントに対しラントの任務を履行するために用途の定められた財政資金を配分する場合にも適用される。³連邦会計検査院は，毎年，連邦政府の他，直接に連邦議会及び連邦参議会に対し，〔会計の〕報告をしなければならない。⁴連邦会計検査院のその他の権限については，連邦法律でこれを規律する。

第115条〔起債・担保引受〕[150]　(1)　起債，及び，将来の会計年度に支出を生じさせる可能性のある人的保証及び物的保証又はその他の保証の引

---

149)　第114条は，1969年5月12日の第20回改正法律で変更されたもので，当初の規定は，以下のとおりであった。

「(1)　連邦財務大臣は，連邦議会及び連邦参議会に対し，すべての歳入及び歳出並びに資産及び債務について，会計報告をしなければならない。

(2)　決算は，裁判官的独立性を有する構成員をもつ会計検査院によって検査される。一般決算並びに資産及び債務についての一覧は，次の会計年度中に，会計検査院の所見とともに，連邦政府の責任を解除するために連邦議会及び連邦参議会に提出するものとする。決算の検査は，連邦法律でこれを規律する。」

その後，2017年7月13日の第62回改正法律で，第2項第1文の「予算の執行及び経済運営」の前に「連邦の」の文言が付加され，第1文のあとに新たに第2文が追加された。

受けは，連邦法律によって，その金額を特定し又は特定しうるような授
権を必要とする。

(2) ¹歳入と歳出は，原則として，起債に基づく収入によることなく〔収
支を〕均衡させるものとする。²この原則は，起債に基づく収入が名目
国内総生産の0.35％を超えない場合に妥当する。³このほか，通常の状
況から逸脱した景気の推移に際しては，その予算への影響を好況及び不
況のいずれの場合にも均しく考慮に入れるものとする。⁴事実上の借入
が第1文から第3文までによって許される起債の最高限度を逸脱する場
合には，監視勘定に計上され，名目国内総生産の1.5％の限界価格を超
える負荷は，景気の動向に合わせて還元するものとする。⁵詳細，特に
金融取引をめぐる歳入と歳出の清算，及び景気調整手続の根拠に基づく
景気の推移を考慮に入れた年間の純借入の上限を計算するための手続，
並びに，事実上の借入と規制上の限界との乖離のコントロール及び調整
については，連邦法律でこれを規律する。⁶国の統制能力を超え国の財
政状態を著しく損なうような自然災害又は〔それに準ずる〕異常な緊急
状態の場合には，この借入限度額は，連邦議会議員の多数決に基づい
て，これを超過することができる。⁷この議決は，弁済計画と結びつい

---

150)　第115条は，当初の規定には第2項がなく，その文言は，「資金は，臨時の需要が
　　ある場合においてのみ，かつ，原則として事業目的の支出のために，及び，一の連邦
　　法律の根拠に基づいてのみ，起債の方法で，これを調達することが許される。連邦の
　　負担となる人的及び物的保証の提供は，この効力が一会計年度を超えるものである
　　ときは，一の連邦法律の根拠に基づいてのみ，これを行うことが許される。この法律中
　　には，起債の額，又は連邦が責任を引き受ける義務の範囲が定められていなければな
　　らない。」というものであった。
　　　その後，1969年5月12日の第20回改正法律で付加・変更されて，次のような文言に
　　なった。
　　「(1)　起債，及び，将来の会計年度に支出を生じさせる可能性のある人的保証及び物
　　的保証又はその他の保証の引受けは，連邦法律によって，その金額を特定し又は特
　　定しうるような授権を必要とする。起債による収入は，予算中に見積られている投
　　資のための支出の総額を超えてはならず，例外は経済全体の均衡を乱すことを防止
　　するためにのみ許される。詳細は，連邦法律でこれを規律する。
　　(2)　連邦の特別財産については，連邦法律によって，第1項の例外を認めることがで
　　きる。」
　　　さらに，2009年7月29日の第57回改正法律で，上記の第1項の第2文と第3文が削
　　除され，また第2項は現行の全く新しい規定によって取って代わられた。

たものでなければならない。[8]第6文によってなされた借入の返済は，適切な期間内に行わなければならない。

第Xa章　　防衛緊急事態[151)]

第115a条〔防衛緊急事態の定義及びその確定〕　(1)　[1]連邦領域が武力によって攻撃され，又は，このような攻撃が直前に差し迫っていること（防衛緊急事態）の確定は，連邦参議会の同意を得て，連邦議会がこれを行う。[2]その確定は，連邦政府の申立てに基づいて行い，連邦議会議員の投票数の3分の2の多数で，かつ，少なくともその過半数を必要とする。

(2)　状況からして不可避的に即時に行動することが必要とされ，かつ，克服しえない障害があって連邦議会が適時に集会することが妨げられ，又は，連邦議会が〔定足数に達しないために〕議決することが不可能なときは，合同委員会がその委員の投票数の3分の2の多数で，かつ，少なくともその過半数をもってこの確定を行う。

(3)　[1]この確定は，第82条に従って，連邦大統領によって連邦法律公報に公布される。[2]適時に連邦法律公報に公布することが不可能なときは，公布は他の方法で行い，連邦法律公報への公布ができる事情となったときは，直ちに追加して公布するものとする。

(4)　[1]連邦領域が武力によって攻撃され，所轄の連邦機関が，第1項第1文の確定を即時に行うことができないときは，この確定は行われたものとみなされ，かつ，その攻撃が開始された時点で公布されたものとみなされる。[2]連邦大統領は，事情が許せば直ちにその時期を告知する。

(5)　[1]防衛緊急事態が確定されたことが公布され，連邦領域が武力によって攻撃されたときは，連邦大統領は，連邦議会の同意を得て，防衛緊急事態の存在について国際法上の宣言をすることができる。[2]合同委員会は，第2項を要件として，連邦議会に代わるものとする。

---

151)　第Xa章の標題，及び以下の第115a条から第115l条までの合計11カ条は，すべて，1968年6月24日の第17回改正法律で追加されたものである。それ以降の変更については，個々の条文ごとに注記する。

第115b 条〔連邦首相の命令・司令権〕　防衛緊急事態の公布とともに，軍隊に対する命令権及び司令権は，連邦首相に移行する。

第115c 条〔連邦の立法権限の拡大〕　(1)　¹連邦は，防衛緊急事態に関しては，ラントの立法権限に属する分野の事項についても，競合的立法権を有する。²これらの法律には，連邦参議会の同意を必要とする。

(2)　防衛緊急事態の間，事態が必要とする限度において，連邦法律によって，防衛緊急事態について，次のことをなしうる：

1.　公用収用に際しては，第14条第3項第2文によることなく補償について暫定的に規律すること

2.　自由の剥奪について，裁判官が平時に適用される期間内に活動することができなかった場合のために，第104条第2項第3文及び第3項第1文とは異なる期間を，ただし4日間を上限として，定めること。

(3)　連邦は，現在する，又は，直前に差し迫っている攻撃を防止するのに必要な限度において，防衛緊急事態のために，連邦参議会の同意を得た連邦法律によって，連邦及びラントの行政及び財政制度について，第Ⅷ章，第Ⅷa 章及び第Ⅹ章とは異なる規律をすることができるが，その際には，ラント，市町村及び市町村連合の生存能力を，特に財政的な観点からも，維持するものとする¹⁵²⁾。

(4)　第1項及び第2項第1号による連邦法律は，その実施に備えるために，防衛緊急事態の発生する前の時点ですでに，これを適用することが許される。

第115d 条〔緊急の法律案〕　(1)　連邦の立法に関しては，防衛緊急事態においては，第76条第2項，第77条第1項第2文及び第2項から第4項まで，第78条並びに第82条第1項にかかわらず，第2項及び第3項の規定を適用する。

(2)　¹連邦政府が緊急なものとして表示した法律案は，連邦議会に提出すると同時に連邦参議会にもこれを送付するものとする。²連邦議会及び

---

152)　第115c 条第3項は，1969年5月12日の第21回改正法律で変更されたもので，1968年当時の規定では「第Ⅷ章，第Ⅷa 章及び第Ⅹ章」の部分が「第Ⅷ章及び第Ⅹから第115条まで」となっていた。

連邦参議会は，これらの法律案を遅滞なく合同で審議する。³一の法律
に連邦参議会の同意が必要とされる限度において，その法律の成立には
その投票の過半数の同意を必要とする。⁴詳細は，連邦議会で議決さ
れ，かつ，連邦参議会の同意を必要とする議事規則で，これを規律す
る。

(3)　この法律の公布については，第115a条第3項第2文を準用する。

第115e条〔合同委員会の地位及びその限界〕　(1)　合同委員会が，防衛緊
急事態において，投票の3分の2の多数，かつ，少なくともその委員の
過半数をもって，連邦議会が適時に集会するためには克服しがたい障害
があること，又は，連邦議会が議決することが不可能であることを確定
したときは，合同委員会は，連邦議会及び連邦参議会の地位を有し，か
つ，その諸権利を一致して行使する。

(2)　¹合同委員会の〔議決する〕法律によって基本法を変更し，その全部
若しくは一部を失効させ，又はその適用を停止することは許されない。
²第23条第1項第2文，第24条第1項又は第29条による法律を発布する
権限は，合同委員会の有するところではない¹⁵³⁾。

第115f条〔連邦政府の非常権限〕　(1)　連邦政府は，防衛緊急事態におい
ては，事態が必要とする限度において，次のことをなしうる：
　1．全連邦領域において連邦国境警備隊を出動させること
　2．連邦行政〔官庁〕の他，ラント政府に対しても，また，連邦政府が
　　緊急と認めるときは，ラントの諸官庁に対しても，指図をなし，か
　　つ，この権限を連邦政府によって特定されるラント政府の構成員に委
　　譲すること。

(2)　連邦議会，連邦参議会及び合同委員会は，第1項によってとられた措
置について，遅滞なく，報告を受けるものとする。

第115g条〔連邦憲法裁判所の地位〕　¹連邦憲法裁判所及びその裁判官の

---

153)　第115e条第2項第2文は，マーストリヒト条約に伴う1992年12月21日の第38回
　　改正法律によって変更されたもので，1968年当時の規定には「第23条第1項第2文」
　　の文言がなかった。

憲法上の地位，及びその憲法上の任務の遂行は，これを侵害してはならない。²連邦憲法裁判所法が合同委員会の〔議決する〕法律によって変更されることが許されるのは，連邦憲法裁判所の見解からしても，この変更が裁判所の活動能力を維持するのに必要であるとされる限度においてのみである。³連邦憲法裁判所は，かかる法律が発布されるまで，裁判所の活動能力を保持するのに必要な措置をとることができる。⁴連邦憲法裁判所は，出席した裁判官の過半数をもって，第2文及び第3文による決定を行う。

第115h 条〔議会の被選期間及び連邦憲法裁判所裁判官の在任期間〕　(1) ¹防衛緊急事態の間に満了する，連邦議会又はラントの議会の被選期間は，防衛緊急事態の終了後6ヵ月で終了する。²防衛緊急事態中に満了する連邦大統領の在任期間，及び，その職務が任期満了前に終了した場合の連邦参議会議長による職務の代行は，防衛緊急事態の終了後9ヵ月で終了する。³防衛緊急事態中に終了する連邦憲法裁判所の構成員の任期は，防衛緊急事態の終了後6ヵ月で終了する。

(2)　¹合同委員会が連邦首相を新たに選出する必要があるときは，合同委員会はその委員の過半数をもって新たな連邦首相を選出するが，〔その場合には〕連邦大統領が，合同委員会に〔連邦首相候補者を〕提案する。²合同委員会は，その委員の3分の2の多数をもって連邦首相の後任を選出することによってのみ，連邦首相に対して不信任を表明することができる。

(3)　防衛緊急事態の継続中は，連邦議会の解散は行わない。

第115i 条〔ラント政府の非常権限〕　(1)　管轄を有する連邦機関が，危険を防止するのに必要な措置をとることができず，かつ，状況からして不可避的に連邦領域の個々の部分において即時に独自に行動することが必要とされるときは，ラント政府又はラント政府の特定する官庁若しくは受託者は，その管轄区域について第115f 条第1項の意味での措置をとる権限を有する。

(2)　第1項による措置について，連邦政府は，〔また〕ラントの官庁及び連邦下級官庁との関係においては，ラントの首相も，これをいつでも廃

止することができる。

第115k条〔非常立法の序列及び適用範囲〕　(1)　^{1}第115c条，第115e条及び第115g条による法律，並びに，これらの法律の根拠に基づいて発布される法規命令は，それらを適用しうる間は，これに反する法の適用を停止せしめる。^{2}〔ただし〕このことは，第115c条，第115e条及び第115g条の根拠に基づいて発布されていたそれ以前の法に対しては，認められない。

(2)　合同委員会が議決した法律，及びそれらの法律の根拠に基づいて発布された法規命令は，防衛緊急事態の終了後，遅くとも6ヵ月でその効力を失う。

(3)　^{1}第91a条，第91b条，第104a条，第106条及び第107条と異なる規定を含む法律は，長くとも，防衛緊急事態の終了に続く第二会計年度の終りまでしか適用されない。^{2}これらの法律は，防衛緊急事態の終了後，連邦参議会の同意を得た連邦法律によって変更し，これを第Ⅷa章及び第Ⅹ章による規律に移すことができる[154]。

第115l条〔合同委員会の法律の廃止，防衛緊急事態の終了，講和〕　(1)　^{1}連邦議会は，いつでも，連邦参議会の同意を得て，合同委員会の法律を廃止することができる。^{2}連邦参議会は，連邦議会がこのことについて議決すべきことを要求することができる。^{3}合同委員会又は連邦政府が，危険を防止するためにとったその他の措置は，連邦議会及び連邦参議会がこれを廃止すべきことを議決した場合には，これを廃止しなければならない。

(2)　^{1}連邦議会は，連邦参議会の同意を得て，いつでも，連邦大統領が公布すべき議決によって，防衛緊急事態の終了を宣言することができる。^{2}連邦参議会は，連邦議会がこのことについて議決すべきことを要求することができる。^{3}防衛緊急事態は，それを確定するための要件がもはや存在しないときは，遅滞なく，それが終了したことを宣言しなければ

---

154)　第115k条第3項は，1969年5月12日の第21回改正法律で変更されたもので，1968年当時の規定には，冒頭の「第91a条，第91b条，第104a条」の部分，及び末尾の「第Ⅷa章及び」の文言がなかった。

ならない。

(3) 講和条約の締結については，連邦法律によってこれを決定する。

第 XI 章　経過規定及び終末規定

第116条〔ドイツ人の概念，国籍の回復〕　(1)　この基本法の意味における
ドイツ人とは，法律上これとは別の規律のある場合を除き，ドイツの国
籍を有している者，又は，ドイツ民族に属する引揚者若しくは難民とし
て，あるいはその配偶者若しくは卑属として，1937年12月31日現在のド
イツ国の領土に受け入れられていた者をいう。

(2)　[1]1933年1月30日から1945年5月8日までの間において，政治的・人
種的又は宗教的理由に基づいて国籍を剥奪された旧ドイツ国籍保有者及
びその卑属は，申請に基づいて，再び国籍を回復するものとする。[2]こ
れらの者は，1945年5月8日以降にその住所をドイツ内に置き，かつ，
反対の意思を表明していなかった限りにおいて，国籍を剥奪されなかっ
た者とみなされる。

第117条〔男女同権，移転の自由についての経過規定〕　(1)　第3条第2項
に反する法は，それがこの基本法のこの規定〔＝第3条第2項〕に適合
するに至るまで効力を維持するが，その効力は，長くとも1953年3月31
日までとする。

(2)　現在の住宅難〔その他の場所の不足〕を考慮して移転の自由の権利を
制限する法律は，連邦法律によって廃止されるまでの間は，引き続きそ
の効力を有する。

第118条〔西南ドイツ地方におけるラントの再編成〕　[1]バーデン，ヴュル
テンベルク＝バーデン，及びヴュルテンベルク＝ホーエンツォレルンの諸
ラント[155]を含む領域の再編成は，第29条の定めにかかわらず，関係諸
ラントの協定によって，これをなすことができる。[2]合意が成立しない
ときは，再編成は連邦法律でこれを規律するが，この連邦法律には，住

---

155)　これらのラントの名称については，「前文」の脚注1)も参照。

民投票が予定されていなければならない。

第118a 条〔ベルリーン及びブランデンブルクの新編成の決定〕[156]　ベルリーン及びブランデンブルクの両ラントを包括する領域の新たな編成は，第29条の規定にかかわらず，両ラントの有権者が参加して，両ラントの協定によって，これを決定することができる。

第119条〔引揚者及び難民についての経過措置〕　[1]引揚者及び難民に関する事務においては，特に，これをラントに分担させるためには，連邦法律による規律がなされるまで，連邦政府が，連邦参議会の同意を得て，法律としての効力を有する命令を発布することができる。[2]その際，特別な場合には，連邦政府に対し，個別的指図を与える権限を付与することができる。[3]その指図は，危険が切迫している場合のほかは，ラント最高官庁に向けられるものとする。

第120条〔占領費及び戦争の結果たる負担〕　(1)　[1]連邦は，占領費の支出，及びその他戦争の結果たる内外の負担に対する費用を，詳細な連邦法律の規定によって，負担する。[2]これらの戦争の結果たる負担が，1969年10月 1 日までに連邦法律によって規律されていた場合には，その限度において，連邦及びラントは，その相互の関係においては，これらの連邦法律に準拠して，その費用を負担する。[3]戦争の結果たる負担に対する費用が，連邦法律において〔すでに〕規律されておらず，また規律されもせず，それらの費用が，1965年10月 1 日までに，ラント，市町村（市町村連合）又は，ラント若しくは市町村の任務を担うその他の任務遂行者によって調達されたときは，その限度において，連邦は，この時点以降も，この種の費用を引き受ける義務を課されない。[4]連邦は，失業保険を含む社会保険の負担及び失業者救済の負担に対する補助金を負担する。[5]戦争の結果たる負担を本項の規定によって連邦とラントに配分することは，戦争の結果に対する補償請求権についての法律の規定に影響を及ぼすものではない[157]。

---

156)　第118a 条は，1994年10月27日の第42回改正法律で追加された。

(2)　収入は，連邦が支出を引き受けると同時に連邦に移管する。

第120a条〔負担調整の実施〕[158]　(1)　¹負担調整を実施するための法律は，連邦参議会の同意を得て，これらの法律が，調整給付の分野においては，一部は連邦によって執行され，一部は連邦の委任に基づいてラントによって執行される旨，並びに，第85条の根拠に基づいて，連邦政府及び管轄の連邦最高官庁にその限度において帰属する権限の全部又は一部が連邦調整官庁に委譲される旨を，規定することができる。²連邦調整官庁がこの権限を行使する際には，連邦参議会の同意を必要とせず，その指図は，緊急の場合を除いて，ラント最高官庁（ラント調整官庁）に向けられるものとする。

(2)　第87条第3項第2文は，これにより影響を受けない。

第121条〔基本法の意味における多数の定義〕　この基本法の意味における連邦議会及び連邦会議[159]の構成員の多数とは，法律で定められた構成員数の多数をいう。

第122条〔立法権力の移行及び廃止〕　(1)　連邦議会の集会〔1949年9月7日〕以後は，法律は，もっぱら，この基本法において認められた立法権力によって議決される。

(2)　第1項によって権限が消滅する，立法機関及び立法に際して助言することにより協力する諸機関は，この時点をもって解散されたものとする。

第123条〔旧法及び旧条約の効力の存続〕　(1)　連邦議会の集会〔1949年9

---

157)　第120条第1項は，当初の規定では「連邦は，占領費の支出，及びその他戦争の結果たる内外の負担に対する費用を，詳細な連邦法律の規定によって，負担し，並びに，失業保険を含む社会保険の負担及び失業者救済の負担に対する補助金を負担する」という文言であったが，1965年7月30日の第14回改正法律で変更され，さらに第2文の「1969年」の部分は，その当時の文言では「1965年」であったのが，1969年7月28日の第24回改正法律で変更された。

158)　第120a条は，1952年8月14日の第2回改正法律で追加された。

159)　「連邦会議」(Bundesversammlung)については，第54条をみよ。

月 7 日〕以前の時代の法は，それが基本法に抵触しない限り，引き続き
適用される。
(2)　旧ドイツ国が締結した条約で，この基本法によればラントの立法の管
轄とされている事項に関わるものは，それが一般的法原則によって有効
であり，かつ引き続き効力を有する場合には，新しい条約がこの基本法
によって権限を有する機関によって締結されるか，又は，それらの条約
に含まれている規定に基づいてその他の方法でその失効が生じるまで
は，関係するすべての当事者の権利及び異議を留保して，その効力を引
き続き保有する。

第124条〔連邦の専属的立法権限に属する領域に関する従来の法の効力〕
連邦の専属的立法の対象に関わる法は，その適用範囲内において，連邦
法となる。

第125条〔競合的立法の領域に関する従来の法の効力〕　連邦の競合的立法
の対象に関わる法は，
　1．それが一又は複数の占領地域内において統一的に適用される限度に
　　おいて，
　2．その法によって，1945年 5 月 8 日以降に〔＝ 5 月 9 日から〕旧ドイ
　　ツ国の法が変更されることになった限度において，
その適用範囲内において，連邦法となる。

第125a 条〔連邦法の効力〕[160]　(1)　[1]連邦法として〔過去に〕制定されて
いたが，第74条第 1 項の変更によって，第84条第 1 項第 6 文，第85条第
1 項第 2 文若しくは第105条第 2 a 項第 2 文の付加によって，又は第74a
条，第75条若しくは第98条第 3 項第 2 文の削除によって，もはや〔今後
は〕連邦法としては制定されえなくなる法は，引き続き連邦法として効
力を有する。[2]かかる法は，ラント法によってこれに代えることができ
る。
(2)　[1]1994年11月15日まで効力を有していた文言における第72条第 2 項の
根拠に基づいて制定されていた法であって，第72条第 2 項の変更によっ
てもはや連邦法として制定することができなくなるものは，引き続き連

邦法として効力を有する。²かかる法は，ラント法によってこれに代えることができる旨を，連邦法律によって規定することができる。

(3) ¹ラント法として制定されていたが，第73条の変更によってもはやラント法として制定しえなくなる法は，引き続きラント法として効力を有する。²かかる法は，連邦法によってこれに代えることができる。

第125b 条〔第52回基本法改正に伴う連邦法等の効力〕[161]　(1)　¹2006年9月1日まで効力を有していた文言における第75条の根拠に基づいて制定されていた法で，この時点以降も連邦法として公布することのできるものは，引き続き連邦法として効力を有する。²その限りで，ラントの立法の権限及び義務は，引き続き存する。³第72条第3項第1文に列挙された領域においては，ラントはこの法と異なる規律をすることができるが，ただし，第72条第3項第1文第2号，第5号及び第6号の領域においては，2006年9月1日以降，第2号及び第5号の場合には遅くとも2010年1月1日以降，また第6号の場合には遅くとも2008年8月1日以降に，連邦がその立法権限を行使した後であり，かつその場合に限られる。

(2)　2006年8月31日以前に効力を有していた文言における第84条第1項の根拠に基づいて制定されていた連邦法律上の規律については，ラントは

---

160)　第125a 条は，1994年10月27日の第42回改正法律で追加されたもので，その当時の文言は以下のとおりであった。

「(1)　連邦法として〔過去に〕公布されていたが，第74条第1項又は第75条第1項の変更によって，もはや〔今後は〕連邦法としては公布されえなくなる法は，引き続き連邦法として効力を有する。かかる法は，ラント法によってこれに代えることができる。

(2)　1994年11月15日まで妥当していた文言における第72条第2項の根拠に基づいて公布された法は，引き続き連邦法として効力を有する。かかる法は，ラント法によってこれに代えることができる旨を，連邦法律によって規定することができる。この時点以前に公布されていたが，第75条第2項により，もはや公布されえなくなる連邦法についても，これと同様とする。」

その後，2006年8月28日の第52回改正法律で現行規定のように全面的に変更され，また新たに第3項が追加された。

161)　第125b 条第1項及び第2項は，2006年8月28日の第52回改正法律で新たに追加された。第3項は，2019年11月15日の第64回改正法律で追加された。

これと異なる規律をすることができるが，行政手続に関する規律についてラントがこれをなしうるのは，2008年12月31日までは，2006年9月1日以降にその時々の連邦法律において行政手続に関する規律が変更された場合においてのみである。

⑶　第72条第3項第1文第7号の領域においては，これと異なるラント法に基づいて，早くとも2025年1月1日以降の期間について，土地税の徴収をすることができる。

第125c 条〔第52回基本法改正に伴う経過規定〕[162]　⑴　2006年9月1日まで効力を有していた文言における第91a条第1項第1号に関連して同条第2項の根拠に基づいて制定されていた法は，2006年12月31日まで引き続き効力を有する。

⑵　[1]2006年9月1日まで効力を有していた文言における第104a条第4項により，市町村交通融資及び社会〔福祉〕的住居促進の分野において作られた規律は，2006年12月31日まで引き続き効力を有する。[2]市町村交通融資法 §6第1項による特別の行動計画のための市町村交通融資の分野において作られた規律，並びに，基本法第104a条第4項によるブレーメン，ハンブルク，メークレンブルク=フォーアポメルン，ニーダーザクセン及びシュレースヴィヒ=ホルシュタインの海港に対する連邦の財政援助に関する2001年12月20日の法律により，2006年9月1日まで効力を有していた文言における第104a条第4項によって作られたその他の規律は，それが廃止されるまで，引き続き効力を有する。[3]連邦法律による市町村交通融資法の改正は，これを認める。[4]2006年9月1日まで効力を有していた文言における第104a条第4項によって作られたその他の規律は，2019年12月31日より早い時点に効力を失うことが規定されていない，又は規定されない限り，2019年12月31日まで引き続き効力を有する。[5]第104b条第2項第4文は，これを準用する[163]。

⑶　第104条第2項第5文は，2020年1月1日以降に効力を発する規律に基づいて初めて適用されるものとする。

---

162)　第125c条は，2006年8月28日の第52回改正法律で新たに追加された。

第126条〔従来の法の効力に関する連邦憲法裁判所の規範統制権限〕　法が連邦法としての効力を引き続き有するかどうかについての意見の相違については，連邦憲法裁判所がこれを決定する。

第127条〔統合経済地区の法〕　連邦政府は，統合経済地区[164]の行政法が第124条又は第125条によって連邦法として引き続き効力を有する限度において，関係諸ラントの政府の同意を得て，それをこの基本法の公布後1年以内に，バーデン，大ベルリーン，ラインラント=プファルツ，及びヴュルテンベルク=ホーエンツォレルンの諸ラント[165]において，施行することができる。

第128条〔指示権の効力の存続〕　引き続き効力を有する法が，第84条第5項の意味における指示権を規定している限度において，指示権は，法律による何らかの別の規律がなされるまで，存続する。

第129条〔権限の存続〕　(1)　¹連邦法として引き続き効力を有する法的定めの中に，法規命令又は一般的行政規則を発布する権限，及び行政行為を行う権限が含まれている限度において，この権限は，今後これらの事項について管轄を有する機関に移行する。²疑義のある場合には，連邦政府が連邦参議会の了解を得てこれを決定し，その決定は公開するものとする。

---

163)　第125c条第2項は，2017年7月13日の第62回改正法律で第2文以下が変更された。この改正前の第2項は次のとおりであった。「市町村交通融資法§6第1項による特別の行動計画のための市町村交通融資の分野において作られた規律，並びに2006年9月1日まで効力を有していた文言における第104a条第4項によって作られたその他の規律は，2019年12月31日より早い時点に効力を失うことが規定されていない，又は規定されない限り，2019年12月31日まで引き続き効力を有する。」また，この第62回改正による第2項第3文の「連邦法律による市町村交通融資法の改正は，2025年1月1日以降に，これを認める。」との文言のうち，「2025年1月1日以降に」の部分は，2019年3月28日の第63回改正法律で削除されると同時に，この改正で新たに第5文が追加され，新たに第3項が追加された。

164)　「統合経済地区」というのは，1947年5月29日の合意により，経済的に統合された英米両占領地区（いわゆるBizone）のことをいう。

165)　これらのラントの名称については，「前文」の脚注1）を参照。

⑵　ラント法として引き続き効力を有する法的定めの中に，かかる権限が含まれている限度において，この権限は，ラント法により，管轄を有する機関によって行使される。

⑶　第１項及び第２項の意味における法的定めが，それ自体を変更し若しくは補充する権限，又は法律に代わる〔法律の効力をもつ〕法的定めを発布する権限を〔法規命令等に〕与えている限度において，これらの権限は失効しているものとする。

⑷　第１項及び第２項の定めは，それらの法的定めの中に，もはや適用されない定め又はもはや存在していない設備が指示されている限度において，これを準用する。

第130条〔公法上の団体についての経過規定〕　⑴　¹行政機関及びその他の公の行政又は司法のための施設であって，ラントの法又はラント間の協約に基づいていないもの，並びに，西南ドイツ鉄道の経営連合体及びフランス占領地区の郵便・遠距離通信制度についての管理委員会は，連邦政府の所管とする。²連邦政府は，連邦参議会の同意を得て，それらの施設の移譲，解散又は清算について規律する。

⑵　これらの行政機関及び施設の職員の最高の服務上の上官は，管轄の連邦大臣である。

⑶　ラントの直属でなく，かつラント間の協約に基づいていない公法上の社団及び営造物は，管轄の連邦最高官庁の監督下に置かれる。

第131条〔旧公務員の法律関係の規律〕　¹引揚者及び難民¹⁶⁶⁾を含めて，1945年５月８日の時点で公務に従事していた者であって，公務員法上又は賃率法上以外の理由で退職し，かつ，現在まで使用されず，又は，以前の地位に準じて任用されない者の法律関係は，連邦法律¹⁶⁷⁾によってこれを規律するものとする。²引揚者及び難民を含めて，1945年５月８

---

166)　第74条第１号第６号の脚注66)参照。

167)　この法律は，1951年５月11日の「基本法第131条が適用される者の法律関係の規律に関する法律」(Gesetz zur Regelung der Rechtsverhältnisse der unter Art. 131 des Grundgesetzes fallenden Personen, BGBl. I S. 307)といい，G 131 と略称され，1951年４月１日まで遡及適用される。

日において年金受給権を有していて，公務員法上若しくは賃率法上以外の理由で，もはや何らの年金も受けず，又は，何らの年金相当の扶助も受けていない者についても，同様とする。³この連邦法律が施行されるまでは，ラント法上これとは別の規律がある場合を除き，法律上の請求権を主張することはできない。

第132条〔公務員の諸権利の廃止〕[168]　(1)　¹この基本法の施行の時期に，終身で任用されている公務員及び裁判官であって，その職に対する人格的及び専門的適性を欠いている者は，連邦議会の最初の集会後６ヵ月以内に，これを退職若しくは休職させ，又は俸給のさらに低い職に転任させることができる。²この定めは，解約できない勤務関係にある被用者にも準用する。³勤務関係が解約できる被用者については，賃率についての規律を超える解約告知期間は，これを同一の期間内に廃止することができる。

(2)　この規定は，「ナチズム及び軍国主義からの解放」に関する定めに該当しない公務従事者，又は，ナチズムによる被迫害者と認められる公務従事者については，その者の一身に重大な事由が存しない限り，これを適用しない。

(3)　該当者には，第19条第４項による出訴の途が開かれている。

(4)　詳細は，連邦参議院の同意を必要とする連邦政府の一の命令で，これを規定する。

第133条〔統合経済地区の行政法の主体としての連邦〕　連邦は，統合経済地区[169]の行政の権利及び義務を承継する。

第134条〔旧ドイツ国の財産の権利承継者〕　(1)　旧ドイツ国（Reich）の財産は，原則として連邦財産とする。

(2)　¹旧ドイツ国の財産は，その本来の目的規定からすれば，その大部分が，この基本法上は連邦の行政任務でない行政任務のためのものとされ

---

168)　第132条は，現在ではまったく適用の余地のない規定である。

169)　第127条の脚注164)参照。

ていたものである限度において，無償で，今後管轄を有する任務担当者
にこれを移譲するものとし，また，この財産が，現在の，単に一時的で
ない利用からして，この基本法上は今後はラントによって遂行されるべ
き行政任務のために用いられている限度においては，その財産は，これ
をラントに移譲するものとする。²連邦は，これ以外の財産も，これを
ラントに移譲することができる。

(3)　ラント及び市町村(市町村連合)が無償で旧ドイツ国の利用に供してい
た財産は，連邦が固有の行政任務のために必要としない限り，これを再
びラント及び市町村(市町村連合)の財産とする。

(4)　詳細は，連邦参議会の同意を必要とする一の連邦法律でこれを規律す
る。

**第135条〔ラントへの所属の変更の際の財産の承継者，もはや存在しない
ラント及び社団等の財産の帰属〕** (1)　1945年5月8日以降に〔＝5月
9日から〕この基本法の施行までに，ある地域のラントへの所属に変更
が生じたときは，この地域においては，その地域が〔かつて〕所属して
いたラントの財産は，現在その地域が所属しているラントに帰属する。

(2)　もはや存在していないラント，及びもはや存在していないその他の公
法上の社団及び営造物の財産は，その本来の目的規定からすれば，その
大部分が行政任務のためのものと特定されていたものである限度におい
て，又は，この財産が，現在の，単に一時的でない利用からして，その
大部分が行政任務のために用いられている限度においては，今後これら
の任務を遂行するラント又は公法上の社団若しくは営造物に移転する。

(3)　もはや存在していないラントの基本財産は，それがすでに第1項の意
味における財産に属していない限り，従物を含めて，それが位置してい
るラントに移転する。

(4)　連邦の重要な利益，又はある地域の特別な利益が必要とする限りにお
いて，連邦法律によって，第1項から第3項までとは異なる規律をする
ことができる。

(5)　その他，権利の承継及び財産分割は，1952年1月1日までに関係諸ラ
ント間，又は公法上の社団若しくは営造物間での協定によってなされな
い限り，連邦参議会の同意を必要とする連邦法律でこれを規律する。

(6)　¹旧プロイセン・ラントの私法上の企業への参与関係は，連邦に移行する。²詳細は，一の連邦法律でこれを規律するが，その連邦法律はこれと異なる規定をすることもできる。

(7)　第1項から第3項までの規定によってラント又は公法上の社団若しくは営造物に帰すべき財産について，同各項によって権限を有する者が一のラント法律によって，一のラント法律の根拠に基づいて，又はその他の方法で，基本法の施行の際に〔すでに〕処分してしまっていたときは，その財産の移転は処分前になされたものとみなす。

第135a条〔一定の公的債務の履行の限定〕[170]　(1)　第134条第4項及び第135条第5項において留保された連邦の法律制定によって，次の各号の債務について，それが履行されない旨，又は完全には履行されない旨を規定することもできる：

1．旧ドイツ国の債務，並び旧プロイセン・ラント及びその他の，もはや存在していない公法上の社団及び営造物の債務

2．第89条，第134条及び第135条による財産価格の移転と関連する，連邦又はその他の公法上の社団及び営造物の債務，並びに，これらの権利主体の債務であって第1号に掲げられた権利主体の措置に基づくもの

3．ラント及び市町村(市町村連合)の債務であって，これらの権利主体が，1945年8月1日以前に，占領軍の命令を実施するために，又は，戦争に起因する困窮状態を除去するために，旧ドイツ国に課せられた，又は旧ドイツ国から委譲された行政上の任務の範囲内においてとった措置によって生じたもの。

(2)　第1項は，ドイツ民主共和国又はその権利主体の債務，並びに，連邦，ラント及び市町村へのドイツ民主共和国の財産価格の移転と関連する連邦又はその他の公法上の社団及び営造物の債務，及びドイツ民主共和国又はその権利主体の措置に基づく債務に，これを準用する。

---

170)　第135a条は，1957年10月22日の第9回改正法律で追加されたもので，当初は第1項のみであったが，その後1990年8月31日調印の統一条約第4条による基本法改正で第2項が付加された。

第136条〔連邦参議会の第1回集会，連邦大統領の権限に関する経過規定〕

(1)　連邦参議会は，連邦議会の第1回の集会の日に，第1回の集会をする。

(2)　¹最初の連邦大統領が選挙されるまでは，連邦大統領の権限は，連邦参議会の議長が行使する。²連邦議会を解散する権利は，連邦参議会議長には帰属しない。

第137条〔被選挙権の制限，選挙法及び連邦憲法裁判所の権限についての経過規定〕　(1)　連邦，ラント及び市町村における，公務員，公務の被用者，職業軍人，一時的志願兵及び裁判官の被選挙権は，法律でこれを制限することができる[171]。

(2)　連邦共和国の第1回の連邦議会，第1回の連邦会議及び第1回の連邦大統領の選挙については，議会評議会によって議決される選挙法が適用される。

(3)　第41条第2項により連邦憲法裁判所に帰属する権限は，連邦憲法裁判所が設置されるまでは，統合経済地区のドイツ上級裁判所がこれを行使し，その手続法に準拠して，決定を下す。

第138条〔西南ドイツ地方の公証人制度〕　バーデン，バイエルン，ヴュルテンベルク＝バーデン及びヴュルテンベルク＝ホーエンツォレルンの諸ラント[172]における現行の公証人制度の変更には，これらのラントの政府の同意を必要とする。

第139条〔ドイツ国民解放法の規定の効力〕　「ドイツ国民をナチズム及び軍国主義から解放する」ために発布された法的定めは，この基本法の諸規定によって影響を受けない。

第140条〔国家と宗教に関するヴァイマル憲法の規定の効力〕　1919年8月11日のドイツ国憲法〔＝ヴァイマル憲法〕の第136条，第137条，第138

---

171)　第137条第1項は，1956年3月19日の第7回改正法律で変更されたもので，当初の規定には「職業軍人，一時的志願兵」の部分の文言はなかった。

172)　これらのラントの名称については，「前文」の注1)参照。

条，第139条及び第141条の各規定[173]は，この基本法の構成部分である。

*第136条〔信教の自由の効果，沈黙の自由，宗教的行事等の強制の禁止〕①
市民及び公民の権利および義務が，宗教の自由の行使によって条件づけ
られたり制限されたりすることはない。

②　市民及び公民としての権利の享受並びに公職への就任は，宗教上の信
仰告白に係らしめられない。

③　[1]何人も，自己の宗教上の信念を明らかにすることを義務づけられな
い。[2]官庁は，〔ある者の〕権利及び義務がある宗教団体への所属に係り，
又は，法律の命じる統計上の調査のために宗教団体への所属を問うこと
が必要とされる限りにおいてのみ，それについて問う権利を有する。

④　何人も，教会の定める行為若しくは儀式，宗教の実践への参加，又は
宗教上の宣誓方式の使用を強制されない。

*第137条〔国教の禁止，宗教団体〕①　国の教会は，存在しない。

②　[1]宗教団体を結成する自由は，保障する。[2]ライヒ領域内における宗教
団体の連合は，いかなる制限にも服さない。

③　[1]宗教団体は各々，すべてのものに適用される法律の範囲内で，その事
務を独立して処理し管理する。[2]宗教団体は各々，国又は市町村の関与を
受けることなく，その役職を付与する。

④　宗教団体は，民事法の一般的規定により権利能力を取得する。

⑤　[1]宗教団体は，従来公法上の社団であった限りにおいて，今後も公法上
の社団とする。[2]その他の宗教団体は，その根本規則及びその構成員数か
らして存続することが確実である場合には，その申請に基づいて，〔公法
上の社団と〕同一の権利が与えられるものとする。[3]二以上のこのような
公法上の社団が，一の連合をなす場合には，この連合もまた公法上の社
団とする。

⑥　公法上の社団たる宗教団体は，市民租税台帳に基づき，ラントの法の
規定に準拠して，租税を徴収する権利を有する。

---

173)　これらの規定は，以下の＊のとおり（ただし，○囲み数字の項番号は原典にはな
い）。

⑦ 一の世界観を共同で振興することを任務とする結社は，宗教団体と同
等に取り扱う。

⑧ これらの規定を実施するためにさらに規律が必要となる限りにおいて，
その規律は，ラント立法の責務である。

*第138条〔宗教団体への給付，宗教団体等の財産権〕① ¹法律，条約又は特
別の権原に基づいて宗教団体に対してなされる国の給付は，ラントの法
律制定によって有償で廃止する。²これについての諸原則は，ライヒが定
める。

② 宗教団体及び宗教的結社が，礼拝，教化及び慈善の目的のために用途
を指定した自己の営造物，財団その他の財産に対して有する所有権その
他の権利は，保障する。

*第139条〔日曜日・祝日の法的保障〕 日曜日及び国が承認した祝日は，労
働の安息日及び魂の向上の日として，引き続き法律により保護する。

*第141条〔軍隊その他の公の営造物における宗教的行事〕 軍，病院，刑事
施設又はその他の公の営造物において礼拝及び司牧の要望が存する限り
において，宗教団体は，宗教的行事を行うことが許されるものとし，そ
の際にはいかなる強制も避けなければならない。

第141条〔宗教の授業に関する特例〕[174] 第7条第3項第1文は，1949年
1月1日時点でラントの法上に何らか別の規律が存在していたラントに
おいては，これを適用しない。

第142条〔ラント憲法の基本権保障の効力〕 第31条の規定にかかわらず，
ラントの憲法の諸規定も，この基本法の第1条から第18条までに合致し

---

[174] 1947年10月21日のブレーメン憲法第32条は，「普通教育を施す公立学校は，宗派
に拘束されることなく，一般的なキリスト教に基礎を置いた聖書の歴史を教える授業
を実施する共同学校である」(第1項)等々と規定しており，本条によって，基本法第
7条第3項第1文の規定はブレーメン州には適用されないので，本条は従来《ブレー
メン条項》と呼ばれてきた。

て基本権を保障している限りにおいて，その効力を保持する。

第142a条〔ボン条約及びパリ条約〕〔削除〕[175)]

第143条〔旧東ドイツ領域における法の効力〕[176)]　(1)　¹統一条約第3条に掲げられた領域[177)]における法は，〔そこにおける〕諸般の事情が異なるために，これを基本法秩序に完全に適合させることが，なお達成しえない場合，及びその限度において，遅くとも1992年12月31日までは，この基本法の諸規定と相違することができる。²〔ただしそれらの〕相違は，第19条第2項に違反するものであってはならず，かつ，第79条第3項に掲げられた基本秩序と一致するものでなければならない。

(2)　第Ⅱ章，第Ⅷ章，第Ⅷa章，第Ⅸ章，第Ⅹ章及び第Ⅺ章との相違は，遅くとも1995年12月31日までは許容される。

(3)　第1項及び第2項とは別に，統一条約第41条[178)]及びその施行規則も，この条約第3条に掲げられた領域における財産への介入がもはや原状に回復されない旨を規定している限度において，その効力を維持する。

第143a条〔鉄道交通行政についての連邦の専属的立法権〕[179)]　(1)　¹連邦は，連邦固有行政として行われた連邦鉄道を経済的企業に変更することによって生じるすべての事務について，専属的立法権を有する。²第87e条第5項は，これを準用する。³連邦鉄道の公務員は，法律により，その法的地位を維持しつつ，かつ，雇用当局の責任の下に，私法的に組織される連邦の鉄道に服務すべくこれを配属することができる。

(2)　第1項による法律は，連邦がこれを実施する。

(3)　¹従来の連邦鉄道の近距離鉄道旅客運輸の分野における任務の遂行は，1995年12月31日までは，連邦の事務である。²このことは，鉄道交

---

175)　第142a条は，1954年3月26日の第4回改正法律で追加された規定で，当初の規定では，「この基本法の規定は，1952年5月26日及び27日にボン及びパリで署名された条約(ドイツ連邦共和国と三国の関係に関する条約，及び欧州防衛共同体の設立に関する条約)及び，それらの追加協定及び附属協定，特に，1952年7月26日の議定書の締結及び発効を妨げるものではない。」と規定されていた。しかしこの規定はその後1968年6月24日の第17回改正法律で削除された。

通行政の任務についても同様とする。³詳細は，連邦参議会の同意を必要とする連邦法律でこれを規律する。

第143b条〔郵便・遠距離通信事業の民営化〕¹⁸⁰⁾　(1)　¹特別財産たるドイ

---

176)　第143条は，基本法制定当初は，現行規定とはまったく別の「内乱罪」についての規定であり，次のような規定であった。

「(1)　暴力を用い，若しくは暴力による威嚇によって，連邦若しくはラントの憲法的秩序を変更し，この基本法によって連邦大統領に帰属している権限を連邦大統領から奪い，又は，暴力を用い若しくは危険な脅迫によって，それらの権限の行使そのもの若しくは特定の意味での行使を強要し若しくはこれを妨げ，又は，連邦若しくはあるラントに属している領域を引き離す者は，無期懲役又は10年以上の懲役に処す。

(2)　第1項の意味における行為を公然と教唆し，又は他人と共謀し，又はその他の方法でこれを準備した者は，10年以下の懲役に処す。

(3)　情状により，第1項の場合には2年以上の懲役，第2項の場合には，1年以上の禁錮の判決を下すことができる。

(4)　自発的にその行為を中止し，又は，複数人の参加の場合に共謀による行為を妨げた者は，第1項ないし第3項の規定によって，これを罰することはできない。

(5)　行為がもっぱらあるラントの憲法的秩序に対して向けられている場合においては，これと異なるラント法上の別段の定めのある場合を除き，判決を下す権限は，刑事について管轄を有するラントの最高裁判所がこれを有する。その他の場合には，最初の連邦政府が住所を有している地区のラント上級裁判所が管轄を有する。

(6)　以上の定めは，連邦法律によって何らかのこれと異なる規律がなされるまで，これを適用する。」

この旧規定は早くも1951年8月30日の第1回改正法律(刑法変更法)でいったん削除されたあと，1956年3月19日の第7回改正法律で「国内的緊急事態」における軍隊の出動に関する規定が置かれた。その文言は「国内的緊急事態の場合に，軍隊〔の出動〕を請求することが許される諸条件は，第79条の要件を満たす法律によってのみ，これを規律することができる。」というものであった。ところがこの規定も，1968年6月24日の第17回改正法律で再び削除されて空白になっていた。そこへ，1990年8月31日調印の統一条約第4条により，現行のようなまったく新しい規定が挿入された。

177)　「統一条約第3条に掲げられた領域」というのは，ブランデンブルク，メークレンブルク＝フォーアポメルン，ザクセン，ザクセン＝アンハルト，テューリンゲン及び旧東ベルリーンのことである。

178)　統一条約第41条には，両ドイツ政府が1990年6月15日に発表した「懸案の財産問題の規律に関する共同宣言」(これが条約の「附属文書3」となっている)を条約の構成部分とする旨などが規定されている。

179)　第143a条は，1993年12月20日の第40回改正法律で新たに追加された。

ツ連邦郵便は，一の連邦法律に準拠して，私法形式の企業に変更される。²連邦は，この企業から生じるすべての事務について，専属的立法権を有する。

(2)　¹この変更以前に存在していた連邦の専属的諸権利は，連邦法律によって，過渡的に，ドイツ連邦郵便たる郵便事業(POSTDIENST)及びドイツ連邦郵便たる遠距離通信事業(TELEKOM)に由来する企業に，これを付与することができる。²ドイツ連邦郵便たる郵便事業を承継する企業の資本のうち2分の1を超える資本は，連邦が，早くとも〔郵便民営化〕法律の施行ののち5年後に，これを放棄することが許される。³このためには，連邦参議会の同意を得た一の連邦法律を必要とする。

(3)　¹ドイツ連邦郵便に勤務する連邦公務員は，その法的地位を維持しつつ，かつ，雇用当局の責任の下に，私的企業に勤務する。²その企業は雇用当局の権限を行使する。³詳細は，一の連邦法律でこれを規定する。

第143c条〔共同任務の廃止に伴う補償措置〕[181]　(1)　¹大学附属病院を含む大学の拡充及び新設〔第91a条第1項旧第1号〕並びに教育計画〔第91b条〕という共同任務の廃止，並びに，市町村の交通事情の改善及び社会〔福祉〕的住居促進のための財政援助の廃止の結果，連邦の財政負担分がなくなったことに対して，ラントは，2007年1月1日から2019年12月31日までは，毎年，連邦の予算から一定額が与えられる。²2013年12月31日までは，この金額は2000年から2008年の調査期間における連邦の財政負担分の平均値に基づいて与えられる。

(2)　第1項による金額は，2013年12月31日までは，以下の各号に従ってラントに分配される：

　　1．2000年から2003年までの期間における各ラントの平均負担分によって算出される額を，毎年の固定金額として，

　　2．従来の重複財政措置の任務分野におけるその時々の目的に限定して。

(3)　¹連邦及びラントは，2013年末までは，第1項によってラントに配分

---

180)　第143b条は，1994年8月30日の第41回改正法律で新たに追加された。

181)　第143c条は，2006年8月28日の第52回改正法律で新たに追加された。

されるラントの任務遂行のための財政資金が, どの程度さらに適切かつ
必要であるかを審査する。²2014年 1 月 1 日以降は, 第 2 項第 2 号によ
り定められている, 第 1 項によって与えられる財政資金の目的拘束は行
われないが, 資金量の投資的目的拘束は存続する。³連帯協定 II (Solidar-
pakt II)に基づいて生じる合意は, 影響を受けない。

(4)　詳細は, 連邦参議会の同意を必要とする一の連邦法律でこれを規律す
る。

第143d 条〔強化支援金〕[182]　(1)　¹2009年 7 月31日まで効力を有する第
109条及び第115条の適用は, 2010年の会計年度が最後となる。²2009年
8 月 1 日以降に効力を有することとなる第109条及び第115条の適用は,
2011年の会計年度が最初となるが, すでに設立された特別財産のために
2010年12月31日時点で存在している起債の授権については影響を受けな
い。³ラントは, 2011年 1 月 1 日から2019年12月31日までの期間内は,
現行のラント法上の規律に準拠して, 第109条第 3 項の準則から逸脱す
ることができる。⁴ラントの予算は, 2020年の会計年度において第109条
第 3 項第 5 文の準則が履行されるよう, 作成されなければならない。
⁵連邦は, 2011年 1 月 1 日から2015年12月31日までの期間内は, 第115条
第 2 項第 2 文の準則から逸脱することができる。⁶現存の赤字削減につ
いては, 2011年の会計年度において開始されるべきである。⁷毎年の予
算は, 2016年の会計年度において第115条第 2 項第 2 文による準則が履
行されるよう, 作成されなければならず, 詳細は, 一の連邦法律でこれ
を規律する。

(2)　¹2020年 1 月 1 日以降に第109条第 3 項の準則が遵守されるための援助
として, ベルリーン, ブレーメン, ザールラント, ザクセン=アンハル
ト及びシュレースヴィヒ=ホルシュタインの各ラントに対し, 2011年か
ら2019年までの期間について, 連邦の予算から, 毎年, 合計 8 億ユーロ
の強化支援金(Konsolidierungshilfen)を与えることができる。²このうち,
ブレーメンには 3 億ユーロ, ザールラントには2.6億ユーロを, ベル
リーン, ザクセン=アンハルト及びシュレースヴィヒ=ホルシュタインに

はそれぞれ8,000万ユーロを割り当てる。[3]この援助は，連邦参議会の同意を得た一の連邦法律に準拠した一の行政協定に基づいてこれを行う。[4]かかる援助を与えることは，2020年末までに財政赤字が完全に解消されることを前提とする。[5]詳細について，とくに財政赤字の毎年ごとの削減幅，財政安定化評議会による財政赤字の削減の監視，及び削減幅が遵守できない場合の帰結については，連邦参議会の同意を得た連邦法律により，及び行政協定によって規律する。[6]極度の財政逼迫を理由として強化支援金と財政立直し支援金とを同時に交付することはできない。

(3)　[1]強化支援金を交付することから生じる財政負担は，連邦とラントが半分ずつ負うものとし，ラントはその売上税のラント取得分からこれを負担する。[2]詳細は，連邦参議会の同意を得た連邦法律でこれを規律する。

(4)　[1]第109条第3項の準則を将来において自立的に遵守できるための援助として，ブレーメン及びザールラントの両ラントに対して，2020年1月以降，年間総額で8億ユーロの財政健全化支援金(Sanierungshilfen)を，連邦の予算から与えることができる。[2]これら両ラントは，これによって，過剰な債務を縮減するための措置並びに経済力及び財政力を強化するための措置を講ずる。[3]詳細は，連邦参議会の同意を必要とする連邦法律で，これを規律する。[4]この財政健全化支援金と，極度の財政逼迫を理由とする財政健全化支援金とを同時に交付することはできない[183]。

第143e 条〔連邦高速自動車道路行政〕[184]　(1)　[1]連邦高速自動車道路は，第90条第2項にかかわらず，遅くとも2020年12月31日までは，ラント又はラント法によって権限を有する自治行政団体による委任行政においてこれを行う。[2]連邦は，連邦参議会の同意を必要とする連邦法律により，第90条第2項及び第4項による委任行政から連邦行政への変更を規律する。

(2)　ラントによる委任は，2018年12月31日までになされるものとし，この

---

183)　第143d 条第4項は，2017年7月13日の第62回改正法律で新たに付加された。

184)　第143e 条第1項・第2項は，2017年7月13日の第62回改正法律で新たに追加されたものであるが，その後，2019年3月28日の第63回改正法律で第3項が追加された。

委任があれば，連邦は，第90条第 4 項にかかわらず，当該ラントの領域内にあるその他の遠距離交通用連邦道路を，2021年 1 月 1 日をもって連邦行政に移管する。

⑶　連邦参議会の同意を得た連邦法律により，一のラントが，申請に基づいて，連邦高速自動車道路，並びに連邦が第90条第 4 項又は第143e 条第 2 項により連邦行政に移管されたその他の遠距離交通用連邦道路の敷設並びにその変更に関わる計画確定及び計画認可の任務を，連邦の委任として引き受け，そのことを前提として〔連邦への〕戻し譲渡をすることができる旨を規律することができる。

第143f 条〔財政調整法の効力〕[185]　¹第143d 条，連邦とラントの財政調整に関する法律及び2020年 1 月 1 日以降に効力を有する文言における第107条第 2 項に基づいて公布されるその他の法律は，2030年12月31日の翌日以降に，連邦政府，連邦議会，又は，少なくとも 3 つのラントが共同で，連邦国家的財政関係の新秩序に関する交渉を要求し，連邦政府，連邦議会又はラントが連邦大統領に交渉要求を通告した後 5 年が経過しても法律による連邦国家的財政関係に関する新秩序が発効しなかったときは，失効する。²失効の期日は，連邦法律公報においてこれを公表する。

第143g 条〔第107条の継続的適用〕[186]　2019年12月31日までの税収配分，ラント財政調整及び連邦財政補充配分に関する規律については，2017年 7 月13日の基本法改正法律が効力を発するまでの文言における第107条が引き続き適用されるものとする。

第143h 条〔失効〕[187]

第144条〔基本法の採択の方式，ベルリーン条項〕　⑴　この基本法は，これをさしあたって適用すべきドイツのラントのうち 3 分の 2 のラントの

---

185)　第143f 条は，2017年 7 月13日の第62回改正法律で新たに追加された。
186)　第143g 条は，2017年 7 月13日の第62回改正法律で新たに追加された。

議会によって採択されることを要する。

⑵　第23条に挙げられたラントの一において，又はこれらのラントの一の一部において，この基本法の適用が制限を受ける限度において，このラント又はこのラントの一部は，第38条に従って代表者を連邦議会に，また，第50条に従って代表者を連邦参議会に派遣する権利を有する。

第145条〔**基本法の認証，公布，発効**〕　⑴　議会評議会は，大ベルリーンの議員の協力の下に，公開の会議において，この基本法の採択を確定し，これを認証し，かつ，これを公布する。

⑵　この基本法は，公布の日の経過とともに〔＝1949年5月24日に〕効力を生ずる。

⑶　この基本法は，連邦法律公報にこれを登載するものとする。

第146条〔**基本法の失効**〕[188]　この基本法は，ドイツの統一と自由の達成後は，全ドイツ国民に適用されるが，ドイツ国民が自由な決断で議決した憲法が施行される日に，その効力を失う。

---

187)　第143h 条は，2020年9月29日の第65回改正法律の第1条でいったんは追加されたが，同改正の第2条で「2020年12月31日に失効する」とされた。廃棄されたこの条文の文言は，以下のとおり。「2020年の新型コロナヴィルスの世界的大流行（COVID-19-Pandemie）による影響として，連邦は一回限りで，市町村のために，かつそれぞれのラントと同一の部分について，営業税から生じる収入減に対する総合調整を保証する。この調整は，予測される収入減を基礎として，ラントから市町村にこれを転送する。ラントの中に市町村がないときは，この調整は連邦を通じてラントに帰属する。連邦からラントに調整のために給付される額は，補充的に，本条第1文に従った収入減が割増分及び割引分並びに第107条第2項に従った交付金（Zuweisungen）に及ぼす影響を考慮する。詳細は，連邦参議会の同意を必要とする一の連邦法律でこれを規律する。この調整には，第107条第2項による財政力の査定に際しては，今後も考慮されない。第106条第6項第6文は，これを準用する。」

188)　第146条は，1990年8月31日調印の統一条約第4条により変更されたもので，当初の規定は，単に「この基本法は，ドイツ国民が自由な決断で議決した憲法が施行される日に，その効力を失う」という文言であった。

基本法改正経過一覧表

＊右欄の算用数字は「条」，ローマ数字は「項」，Nr. は「号」番号を示す

回	改正法律の名称	改正年月日	改正された条文
1	刑法改正法律	1951. 8.30.	143 削除
2	基本法に第120a条を追加する法律	1952. 8.14.	120a 追加
3	基本法第107条を変更する法律	1953. 4.20.	107 第1文変更
4	基本法を補充する法律	1954. 3.26.	79 I 第2文, 142a 追加；73 Nr. 1 変更
5	基本法第107条を変更する第二法律	1954.12.25.	107 第1文変更
6	財政憲法を変更し補充する法律	1955.12.23.	106, 107 変更
7	基本法を補充する法律	1956. 3.19.	17a, 36 II, 45a, 45b, 59a, 65a, 87a, 87b, 96a, 143 追加；1 III, 12, 49, 60 I, 96 III, 137 I 変更
8	基本法第106条を変更し補充する法律	1956.12.24.	106 変更
9	基本法に第135a条を追加する法律	1957.10.22.	135a 追加
10	基本法を補充する法律	1959.12.23.	74 Nr. 11a, 87c 追加
11	航空交通行政に関する条項を基本法に導入する法律(基本法の第11回改正法律)	1961. 2. 6.	87d 追加
12	基本法を改正する第12回法律	1961. 3. 6.	96a 変更；96 III 削除
13	基本法を改正する第13回法律	1965. 6.16.	74 Nr. 10a 追加；74 Nr. 10 変更
14	基本法を改正する第14回法律	1965. 7.30.	120 I 変更
15	基本法を改正する第15回法律	1967. 6. 8.	109 II~IV 追加
16	基本法を改正する第16回法律	1968. 6.18.	92, 95, 96a(後にこれが96となる), 99, 100 III 変更；96 削除
17	基本法を改正する第17回法律	1968. 6.24.	9 III 第3文, 12a, 19 IV 第3文, 20 IV, 35 II・III, 第IVa章(53a), 80a, 第Xa章(115a~115l) 追加；10, 11 II, 12 I 第2文, 73 第1号, 87a, 91 変更；12 II 第2〜4文, 12 III, 59a, 65a, 142a, 143 削除
18	基本法を改正する第18回法律(第76条及び第77条)	1968.11.15.	76 II 第3文追加；76 II 第2文, 77 II 第1文, III 変更
19	基本法を改正する第19回法律	1969. 1.29.	93 I 第4a号・第4b号, 94 II 第2文追加
20	基本法を改正する第20回法律	1969. 5.12.	109 III, 110, 112, 113, 114, 115 変更
21	基本法を改正する第21回法律(財政改革法律)	1969. 5.12.	第VIIIa章(91a, 91b), 104a, 105 IIa 追加；105 II, 106, 107, 108, 115c III, 115k III 変更

22	基本法を改正する第22回法律	1969. 5.12.	74 Nr. 19a, 75 I Nr. 1 a, 75 II・III 追加；74 Nr. 13, Nr. 22, 96 IV 変更
23	基本法を改正する第23回法律	1969. 7.17.	76 III 第 1 文変更
24	基本法を改正する第24回法律	1969. 7.28.	120 I 第 2 文変更
25	基本法を改正する第25回法律	1969. 8.19.	29 変更
26	基本法を改正する第26回法律（第96条）	1969. 8.26.	96 V 追加
27	基本法を改正する第27回法律	1970. 7.31.	38 II, 91a I Nr. 1 変更
28	基本法を改正する第28回法律（第74a 条）	1971. 3.18.	74a 追加；75 Nr. 1, 98 III 第 2 文変更；75 II・III 削除
29	基本法を改正する第29回法律	1971. 3.18.	74 Nr. 20変更
30	基本法を改正する第30回法律（第74条－環境保護）	1972. 4.12.	74 Nr. 24追加；74 Nr. 23変更[189]
31	基本法を改正する第31回法律	1972. 7.28.	74 Nr. 4 a 追加；35 II, 73 Nr. 10, 87 I 第 2 文変更
32	基本法を改正する第32回法律（第45c 条）	1975. 7.15.	45c 追加
33	基本法を改正する第33回法律（第29条及び第39条）	1976. 8.23.	29, 39 I・II 変更；45, 45a I 第 2 文, 49 削除
34	基本法を改正する第34回法律（第74条第 4 a 号）	1976. 8.23.	74 Nr. 4 a 変更
35	基本法を改正する第35回法律（第21条第 1 項）	1983.12.21.	21 I 第 4 文変更
36	統一条約 統一条約同意法律	1990. 8.31. 1990. 9.23	135a II, 143 追加；前文, 51 II, 146 変更；23 削除
37	基本法を改正する法律	1992. 7.14.	87d I 第 2 文追加
38	基本法を改正する法律	1992.12.21.	23, 24 Ia, 28 I 第 3 文, 45, 52 IIIa, 88 第 2 文追加；50, 115e II 第 2 文変更
39	基本法を改正する法律（第16条及び第18条）	1993. 6.28.	16a 追加；18第 1 文変更；16 II 第 2 文削除
40	基本法を改正する法律	1993.12.20.	73 Nr. 6 a, 87e, 106a, 143a 追加；73 Nr. 6, 74 Nr. 23, 80 II, 87 I 第 1 文変更

---

189) この改正による第74条第23号の変更は，第24号が追加されたことによるもので，それまでは第23号までであったために末尾が原典では „. "（ピリオド）であったものが „; "（セミコロン）に変更されただけの改正である。そのため，本書ではこの改正は脚注では考慮に入れていない。

41	基本法を改正する法律	1994. 8.30.	87f, 143b 追加；73 Nr. 7, 80 II, 87 I 第 1 文変更
42	基本法を改正する法律（第3条，第20a 条，第28条，第29条，第72条，第74条，第75条，第76条，第77条，第80条，第87条，第93条，第118a 条及び第125a 条）	1994.10.27.	3 II・III 第 2 文, 20a, 28 II 第 3 文, 29 VIII, 74 I Nr. 25, Nr. 26, 74 II, 75 I 第 1 文 Nr. 6, 75 I 第 2 文, 75 II・III, 77 IIa, 80 III・IV, 87 I 第 2 文, 93 I Nr. 2 a, 118a, 125a 追加；29 VII 第 1 文, 72, 74 I Nr. 18, Nr. 24, 75 I 第 1 文（柱書, Nr. 2, Nr. 5）, 76 II・III 変更；74 I Nr. 5, Nr. 8 削除
43	基本法を改正する法律	1995.11. 3.	106 III, IV 第 1 文変更
44	基本法を改正する法律（第28条及び第106条）	1997.10.20.	106 Va 追加, 28 II 第 3 文, 106 III 第 1 文, VI 第 1～第 3 文, 第 6 文変更
45	基本法を改正する法律（第13条）	1998. 3.26.	13 III~VI 追加；13 III を13VII とする
46	基本法を改正する法律（第39条）	1998. 7.16.	39 I 第 1 文・第 3 文変更
47	基本法を改正する法律（第16条）	2000.11.29.	16 II 第 2 文追加
48	基本法を改正する法律（第12a 条）	2001.12.19.	12a IV 第 2 文変更
49	基本法を改正する法律（第108条）	2001.11.26	108 I 第 3 文, II 第 3 文変更
50	基本法を改正する法律（国家目標としての動物の保護）	2002. 7.26	20a 変更
51	基本法を改正する法律（第96条）	2002. 7.26	96 V 変更
52	基本法を改正する法律（第22条，第23条，第33条，第52条，第72条，第73条，第74条，第74a 条，第75条，第84条，第85条，第87c 条，第91a 条，第91b 条，第93条，第98条，第104a 条，第104b 条，第105条，第107条，第109条，第125a, 第125b 条，第125c 条，第143c 条）	2006. 8.28	22 I, 72 III, 73 I Nr. 5 a, Nr. 9 a, Nr. 12~14, 73 II, 74 I Nr. 27~33, 93 II, 104a VI, 104b, 105 IIa 第 2 文, 109 V, 125b, 125c, 143c 追加；23 VI 第 1 文, 33 V, 52 IIIa, 72 II, 73 I Nr. 3, Nr. 11, 74 I Nr. 1, Nr. 3, Nr. 7, Nr. 11, Nr. 17~20, Nr. 22, Nr. 24, Nr. 26, 74 II, 84 I, 85 I, 87c, 91a IV 第 1 文・第 2 文, 91b I~III, 98 III, 104a IV, 107 I 第 4 文, 125a I~III 変更；74 I Nr. 4 a, Nr. 10, Nr. 11a, 74a, 75, 91a I Nr. 1, 91a III, V, 104a III 削除；72 III は72 IV とし, 74 I Nr. 10a は Nr. 10 とする, 91a I Nr. 2, Nr. 3 は Nr. 1, Nr. 2 とし, 91a IV は 91a III とし, 93 II は 93 III とする
53	基本法を改正する法律（第23条，第45条及び第93条）	2008.10. 8	23 Ia, 45第 3 文追加；93 I Nr. 2 変更
54	基本法を改正する法律（第106条，第106b 条，第107条，第108条）	2009. 3.19	106b 追加；106 I Nr. 3, 107 I 第 4 文, 108 I 第 1 文変更；106 II Nr. 3 削除；106 II Nr. 4～6 は106 II Nr. 3～5 とする
55	基本法を改正する法律（第45d 条）	2009. 7.17	45d 追加
56	基本法を改正する法律（第87d 条）	2009. 7.29	87d I 変更

57	基本法を改正する法律(第91c条,第91d 条, 第104b 条, 第109条, 第109a条, 第115条, 第143d条)	2006. 7.29	91c, 91d, 104b I 第 2 文, 109 III, 109a, 143d 追加；109 II, V, 115 I, II 変更；109 IV 削除；109 III は109 IV とする
58	基本法を改正する法律(第91e条)	2010. 7.21	91e 追加
59	基本法を改正する法律(第93条)	2012. 7.11	93 I Nr. 4 c 追加
60	基本法を改正する法律(第91b条)	2014.12.23	91b I 変更
61	基本法を改正する法律(第21条)	2017. 7.13	21 II 第 2 文削除；新 III, IV 追加, 旧 III を V とする
62	基本法を改正する法律(第90条, 第91c 条, 第104b 条, 第104c 条, 第107条, 第108条, 第109a 条, 第114条, 第125c 条, 第143d 条, 第143e条, 第143f条, 第143g 条)	2017. 7.13	90 I 変更, 新 II 追加, 旧 II は III とし変更, 旧 III は IV とし変更；91c V 追加；104b II 第 2 ～ 4 文追加；104c 追加；107 I 第 4 文, II 変更, 108 IV 第 3 文追加；108 IVa 追加；109a I 第 2 文削除, 新 II-III 追加；114 II 第 1 文変更, 第 2 文追加；125c 第 2 文変更, 第 3-4 文追加；143d IV 追加；143e, 143f, 143g 追加
63	基本法を改正する法律(第104b 条, 第104c 条, 第104d 条, 第125c 条, 第143e 条)	2019. 3.28	104b II 第 5 文追加；104c 変更；104d 追加；125c II 第 3 文一部削除, 第 5 文及び III 追加；143e III 追加
64	基本法を改正する法律(第72条, 第105条 ,125b	2019.11.15	72 III Nr. 7 追加；105 II 第 1 文追加；125b III 追加
65	基本法を改正する法律(第104a条及び第143h条)	2020. 9.29	104a III 第 3 文追加；143h 追加(この規定は2020年12月31日をもって失効)
66	基本法を改正する法律(第87a条)	2022. 6.28	87a Ia 挿入
67	基本法を改正する法律(第82条)	2022.12.19	82I 変更

(2024年 2 月末現在)

（注）　*Horst Dreier und Fabian Wittreck*（Hrsg.）, GG. Textausgabe mit sämtlichen Änderungen und weitere Texte zum deutschen und europäischen Verfassungsrecht, 11. Auflage 2017, Mohr & Siebeck, は, S. 1 ff. に2017年 7 月13日の改正までの一覧表を付しているが, この一覧表には, 第91b 条第 1 項に関する2014年12月23日の第60回改正法律（BGBl. I S. 2438）の記載が脱落しており（ただし A. a. O., S. 87 の第91b 条に関する脚注では正しく第60回改正と表記されている）, 上記の2017年 7 月13日の通算して61回目の改正法律（BGBl. I S. 2346）が第60回改正と, また同日の通算して62回目の改正法律（BGBl. I S. 2347）が第61回改正と表記されていて, 同書の脚注に反映されている第62回改正法律までの通算の改正回数にも誤記がある。本訳書の改正一覧表に記載のとおり, 2023年末までになされた改正は通算して67回になるはずである。

事項索引（Sachverzeichnis）

(1)　この索引は，主として，*Horst Dreier* u. *Fabian Wittreck*（Hrsg.），Grundgesetz, 11. akutualisierte Auflage, Mohr Siebeck Tübingen 2017 に依って，基本法の主たる事項を50音順に配列したものであるが，2022年12月19日の直近改正（第67回改正）による変更も反映させて追加した。

(2)　原典との対照の便宜のために，各事項の後に上記文献末尾の索引を主に参考にして原語を付したが，日本語での表記は必ずしもドイツ語原文の訳と一致せず，条文自体にはそのままの形では出てこない用語もある。また一部はそもそも基本法上の用語でなく（例えば Nulla poena sine lege のごとく），また学問上・講学上のもの（例えば Bepackungsverbot のごとく）もある。また，ドイツ語では別の語であるが日本語では同じ訳になる場合（例えば Fürsorge と Schutz）と，逆に，ドイツ語では同じ語でも日本語としては別の訳を当てている場合（例えば Verfassung）もある。

(3)　各事項の原語のあとの算用数字（1, 2, 3...）は「条」（Artikel），そのあとのローマ数字（I, II, III...）は「項」，Nr. は「号」を示す。条数のあとに * を付けた事項は，改正によって現行条文中にはなくなっている事項のうち，現行憲法の理解のためになお必要であると考えられるものとして，原則として上記(1)で拾われている事項に限って拾った。これらの事項については当該条文の脚注を見よ。

(4)　事項は，利用の便宜のため，複数の項目として拾ってあり，例えば，個々の「基本権」の規定は，それぞれの項目のだけでなく「基本権」の項の内分類にも挙げてある。「連邦議会」「連邦政府」「立法」「予算」等々についても同様。

(5)　ドイツ語の正書法（Rechtschreibung）については，原典に依っており，現在の新正書法とは異なっている箇所がある（例えば Schifffahrt）。

(6)　主な略号は以下のとおり。

　　*　Bek.: 前文の前の「布告文」（Bekanntmachung）

　　*　Prä.:「前文」（Präambel）

　　*　BVerfG:「連邦憲法裁判所」（Bundesverfassungsgericht）

　　*　EU:「欧州連合」（Europäische Union）

　　*　Nr.:「号」（Nummer）

　　*　ff.:「〜以下」＝当該条項以下の三以上の条項にわたっていることを示す。

　　*　WRV: 基本法第140条によって基本法の構成部分とされている1919年8月11日のいわゆるヴァイマル憲法（Weimarer Reichsverfassung）の条文（これらの条文の訳は基本法第140条のうしろに，少し小さいフォントで示している）。

あ

アウトバーン　⇒連邦高速自動車道路（Bundesautobahnen）

安全な第三国（Sichere Drittstaaten）　16a II, III

い

委員会（Ausschüsse）

－欧州連合〜（Ausschuß für die Angelegenheiten der EU）　45

－外務〜（Ausschuß für auswärtige Angelegenheiten）　45a I

－国防委員会（Verteidigungsausschuß）　45a

－合同委員会（Gemeinsamer Ausschuß）　53a, 115a II, V, 115e, 115f II, 115g, 115h II, 115k II, 115l I

－裁判官選出〜（Richterwahlausschuß）　95 II, 98 IV

－出席・参加要求権（Zitierrecht）　43 I, 53, 53a II

－請願〜（Petitionsausschuß）　45c

－調査委員会（Untersuchungsausschüsse）　44, 45a II

－法案審議合同協議会（Ermittlungsausschuß）　77 II-III, 78

－連邦議会の〜（~ des Bundestages）　42 III

－連邦参議会の〜（~ des Bundesrates）　42 III

－〜における発言の刑事免責（Indemnität für Äußerungen in den ~）　46 I

家柄（Herkunft）　3 III

医学的に裏付けのある生命の発生〔生殖補助医療〕（Medizinisch unterstützte Erzeugung menschlichen Lebens）　74 I Nr. 26

異議法律（Einspruchsgesetze）　77 IIa-IV, 78

違憲審査（Prüfungsrecht der Verfassungsmäßigkeit）　⇒連邦憲法裁判所（Bundesverfassungsgericht）を見よ

意見表明の自由（Meinungsäußerungsfreiheit, Freiheit der Meinungsäußerung）　5 I, 17a I, 18

移住（Auswanderung）　73 I Nr. 3

移送（Richtervorlage）　100 I

一時的な逮捕（Vorläufige Festnahme）　104 III

一部の自治体（Optionskommunen）　91e II

一般的な行政規則（Allgemeine Verwaltungsvorschriften）　84 II, 85 II, 86, 87b II, 108 VII, 129 I

一般的行為自由（Allgemeine Handlungsfreiheit）　2 I

一般的法原則（Allgemeine Rechtsgrundsätze）　123 II

遺伝子技術（Gentechnik）　74 I Nr. 26

遺伝情報（Erbinformationen）　74 I Nr. 26

遺伝情報の研究及びその人工的変更（Untersuchung und künstliche Veränderung von Erbinformationen）　74 I Nr. 26

移転の自由（Freizügigkeit）　11, 17a II, 73 I Nr. 3, 117 II
　－商品取引の自由（des Warenverkehrs）　73 I Nr. 5

委任行政（Auftragsverwaltung）　⇒行政（Verwaltung），連邦委任行政（Bundesauf-tragsverwaltung），ラントの委任行政（Auftragsverwaltung der Länder）を見よ

医薬品（Medizinprodukte）　74 I Nr. 19

飲食店に関する法（Gaststättenrecht）　74 I Nr. 11

う

ヴァイマル憲法（Weimarer Reichsverfassung）　140
　－～の宗教条項の編入（Inkorporation der Weimarer Kirchenartikel）　140

生まれ〔＝家系，血筋〕（Abstammung）　3 III

ヴュルテンベルク＝バーデン（Württemberg-Baden）　118, 138

ヴュルテンベルク＝ホーエンツォレルン（Württemberg-Hohenzollern）　118, 127, 138

売上税（Umsatzsteuer）　106 III, IV, Va, 107 I, II
　－～に対するラントの取得分（Länderanteil am Aufkommen der Umsatzsteuer）　107 I, II
　－～の取り分の税率の確定（Feststellung von Hebesätzen für den Umsatzsteueran-teil）　106 Va
　－～の配分に関する原則（Grundsätze zur Verteilung der Umsatzsteuer）　106 III, 107 I
　－～の補充取得分（Ergänzungsanteile an der Umsatzsteuer）　107 I
　－～の割増し分の供与と割引き分の徴収（Gewährung von Zuschläge und Erhe-bung von Abschläge）　107 II

え

営業（Gewerbe）　74 I Nr. 11
　－営業税（Gewerbesteuer）　106 VI

営業上の権利保護（Gewerblicher Rechtsschutz）　73 I Nr. 9, 96 I
　－～の事務のための連邦裁判所（Bundesgericht für Angelegenheiten des gewerbli-

chen Rechtsschutzes） 96 I

役務給付義務（Dienstleistungspflichten） 12 II, 12a
- 女性の役務給付（Dienstpflicht der Frauen） 12a IV
- 防衛緊急事態における役務義務（Dienstpflichten im Verteidigungsfall） 12a III
  -VI

エネルギー管理（Energiewirtschaft） 74 I Nr. 11

沿岸漁業（Küstenfischerei） 74 I Nr. 17

沿岸航海（Küstenschiffahrt） 74 I Nr. 21

沿岸保護（Küstenschutz） 74 I Nr. 17, 91a I Nr. 1

遠距離交通（Fernverkehr） 74 I Nr. 22, 90 I, III, IV

遠距離交通用連邦道路（Bundesstraßen des Fernverkehrs） 90 I, III, IV, 143e I

遠距離通信（Telekommunikation） 10, 73 I Nr. 7, 87f, 143b
- 遠距離通信事業（Telekom） 143b II
- フランス占領地域の郵便・遠距離通信制度のための管理委員会（Verwaltungs-rat für das Post- und Fernmeldewesen für das französischen Besatzungsgebiet） 130 I
- 民営化（Privatisierung） 87f II, 143b
- 命令発布（Verordnungserlaß） 80 II
- 連邦直属の公法上の営造物（Bundesunmittelbare Anstalt des öffentlichen Rechts） 87f III

遠洋漁業（Hochseefischerei） 74 I Nr. 17

お

押収（Beschlagnahme） 40 II, 47

欧州共同体（Europäische Gemeinschaft = EG） 87d I, 106 I Nr. 7, 108 I
- 欧州共同体内の課税（Abgaben） 106 I Nr. 7, 108 I
- 航空の安全確保の許可（Zulassung von Flugsicherungsorganisationen） 87d I

欧州人権条約（Europäische Menschenrechtskonvention） 16a II, V

欧州中央銀行（Europäische Zentralbank） 88

欧州防衛共同体（Europäische Verteidigungsgemeinschaft） 142a*

欧州連合（Europäische Union = EU） 23, 28, 45, 50, 52, 88
- 欧州連合委員会（Ausschuß für Angelegenheiten der 〜） 45
- 欧州連合裁判所（Gerichtshof der Europäischen Union） 23
- 欧州連合市民（Unionsbürger） 28 I
- 欧州連合市民の選挙権（Wahlrecht der Unionsbürger） 28 I

－欧州連合専門部会（Europakammer des Bundsrates）　52 IIIa

－欧州連合の作業方法に関する条約（Verträge über die Arbeitsweise der Europäischen Union）　109a II

－高権的諸権利の委譲（Übertragung von Hoheitsrechten）　23 I, 115e II

－財政規律に関する義務（Verpflichtung zur Haushaltsdisziplin）　109 II, V

－財政修正（Finanzkorrekturen）　104a VI

－市民権（Unionsbürgerschaft）　28 I

－制裁措置（Sanktionsmaßnahmen）　109 V

－難民問題に関する協定（Abkommen über Asylfragen）　16a V

－庇護留保（Asylvorbehalt）　16a

－負担の国内的分担（Innerstaatliche Verteilung der Haftungsrisiken）　104a VI, 109 II, V

－補完性原理（Subsidiaritätsprinzip）　23 I, Ia

－ラントの代表（Vertreter der Länder）　23 VI

－連邦議会の協力（Mitwirkung des Bundestages）　23 II-VII, 45

－連邦参議会の協力（Mitwirkung des Bundesrates）　23 II-VII, 50, 52 IIIa

欧州連合司法裁判所（Gerichtshof der Europäischen Union）　23

－補完性原理を理由とする連邦議会及び連邦参議会の提訴（Subsidiaritätsprinzip von Bundestag und Bundesrat）　23 Ia

欧州連合市民（Unionsbürger）　28 I

欧州連合専門部会（Europakammer des Bundsrates）　52 IIIa

親の教育権（Elternrecht）　6 II

恩赦（Gnade）　60 II

か

会計検査（Rechnungsprüfung）　114

会計検査院（Rechnungshof）　⇒連邦会計検査院（Bundesrechnungshof）

会計年度（Rechnungsjahre）　110 II

外交（Diplomatie）　⇒外交権限（Auswärtige Gewalt）

外交関係（Auswärtige Beziehungen）　32, 45a I, 59, 73 I Nr. 1, 10

外交権限（Auswärtige Gewalt）　32, 73 I Nr. 1, 10, 87 I

－外交事務（Auswärtiger Dienst）　87 I

－外国との商品取引・支払流通（Waren- und Zahlungsverkehr mit dem Ausland）　73 I Nr. 5

－外国の使節（Gesandte）　59 I

－外務委員会（Ausschuß für auswärtige Angelegenheiten）　45a I,
－境界を接している諸組織（Grenznachbarschaftliche Einrichtungen）　24 Ia
－国際仲裁裁判（Internationale Schiedsgerichtsbarkeit）　24 III
－条約（Verträge）　59 I, II
－連邦大統領による連邦の代表（Vertretung des Bundes durch den Bundespräsiden-
ten）　59 I
外交事務（Auswärtiger Dienst）　87 I
外国（Ausland, Auswärtige Staaten）　32 I, III, 59 I
－～との商品取引・支払流通（Waren und Zahlungsverkehr mit dem ~）　73 I Nr. 5
－文化財の国外流出に対する保護（Schutz deutschen Kulturgutes gegen Abwande-
lung）　73 I Nr. 5a
外国人（Ausländer）　16a III
－～の居住権（Niederlassungsrecht der Ausländer）　74 I Nr. 4
－～の滞在（Aufenthaltsrecht der Ausländer）　74 I Nr. 4
解散（Auflösung）/ 連邦議会（Bundestag）の～　39 I, 58, 63 IV, 68 I, 81 I, 115h III, 136
II
害虫（Schädlinge）　74 I Nr. 20
会派（Fraktion）　53a I
－合同委員会の議員構成に際しての考慮（Berücksichtigung bei der Besetzung des
Gemeinsamen Ausschusses）　53a I
開発事業分担金（Erschließungsbeiträge）　74 I Nr. 18
外務（Auswärtige Angelegenheiten）　45a I, 73 I Nr. 1
解約告知の制限（Kündigungsschutz）　48 II
海洋航行（Seeschiffahrt）　89 II
海洋航路（Seewasserstraßen）　74 I Nr. 21
海洋自然保護（Meeresnaturschutz）　74 III Nr. 2, 125b I
核エネルギー（Kernenergie）　73 i Nr. 14, 87c
学問研究の助成（Wissenschaftsförderung）　74 I Nr. 13, 91b I Nr. 2
学問の自由（Freiheit der Wissenschaft）　5 III
瑕疵確認手続（Mängelrügeverfahren）　84 IV
家族（Familie）　⇒婚姻及び家族の自由（Ehe und Familie）
学校教育（Schulische Bildung）　23 VI
学校制度（Schulwesen）　7　⇒教育制度（Bildungswesen），宗教の授業（Religions-
unterricht）も見よ
－宗派学校（Bekenntnisschule）　7 V

－宗派共同学校（Gemeinschaftsschule）　7 V
－私立学校（Privatschule）　7 IV, V
－世界観学校（Weltanschauungsschule）　7 V
－無宗派学校（Bekenntnisfreie Schulen）　7 III
－予備学校（Vorschule）　7 VI
加入領域（Beitrittsgebiet）　143 I
貨幣制度（Geldwesen, Münzwesen）　73 I Nr. 4
神（Gott）　Prä., 56, 64 II
仮の命令（Einstweilige Anordnung）　61 II
環境汚染防止（Immissionsschutz）　74 I Nr. 24
環境保護（Umweltschutz）　20a, 74 I Nr. 29
関税（Zoll）　73 I Nr. 5, 105 I, 106 I Nr. 1, 108 I
関税・通商区域の統一（Einheit des Zoll- und Handelsgebietes）　73 I Nr. 5
官庁（Behörden）／行政経費の負担（Verwaltungsausgabentragung durch den Träger）
　104a V
　－～の設置（Einrichtung der ～）　84 I, 85 I, 86
　－～の長の任命（Bestellung der Behördenleiter）　85 II, 108 II
　－水路行政のための連邦～（Bundebehörden zur Wasserstraßenverwaltung）　89 II
　－税財務～（Finanzbehörden）　107, I, 108 II−V, VII
　－税財務官庁の構成（Aufbau der Finanzbehörden）　108 II
　－中級～（Mittelbehörden）　85 II, 108 I, II
　－連邦固有の中級・下級～（Bundeseigene Mittel- und Unterbehörden）　87 III
　－連邦国境警備～（Bundesgrenzschutzbehörden）　87 I
　－連邦上級～（Bundesoberbehörden）　86, 87b II
　－連邦税財務～（Bundesfinanzbehörden）　108 I, IV, V
　－～によって適用される手続（Verfahren der ～）　84 I, 108 V
　－ラントの下級～（Nachgeordnete Landesbehörden）　84 III
　－ラントの最高～（Oberste Landesbehörden）　84 III, V, 85 III, 91e II
　－司法〔法律〕共助・職務共助（Rechts- und Amtshilfe）　35 I, 44 III
　－独立の連邦上級～（Selbständige Bundesoberbehörden）　87 III
　－連邦最高～（Oberste Bundesbehörden）　36 I, 85 III
監督（Aufsicht）／連邦監督の遂行の審査（Prüfung der Ausübung der Bundesaufsicht）
　93 I Nr. 3
　－学校制度（Schulwesen）　7 I
　－監査役会（Aufsichtsrat）　55 II, 66

－連邦法律の執行に対する～（Ausführung der Bundesgesetze）　84 III, 85 III, IV

－管轄の連邦最高官庁の～（～ der zuständigen obersten Bundesbehörde）　130 III

－社会保険の保険者に対するラントの～（Aufsichtsführendes Land für soziale Versicherungsträger）　87 II

管理（Verwaltung）／宗教団体の事務の自己管理（Eigene Verwaltung der Religionsgesellschaften）　WRV 137 III

官吏（Beamte）　33, 34, 36, 60, 131, 132, 137

－以前の地位に準じた任用（Verwendung entsprechend der früheren Stellung）　131

－恩赦権（Begnadigungsrecht）　60

－求償（Rückgriff nach Staatshaftung）　34

－経歴（Laufbahnen）　74 I Nr. 27, II

－高権的権限行使の官吏への留保（Beamtenvorbehalt hoheitlicher Befugnisse）　33 IV

－高権的権限の行使（Ausübung hoheitlicher Befugnisse）　33 IV

－公務（Öffentlicher Dienst）　33 III−V

－公務関係法の継続的発展（Fortentwicklung des öffentlichen Dienstsrechts）　33 V

－公職就任の平等（Gleicher Zugang zu öffentlichen Ämtern）　33 II, III, WRV136 II

－公務において得た権利（im öffentlichen Dienst erworbene Rechte）　33 II

－国営企業の民営化に伴う～の配属（Zuweisung an privat-rechtlich organisierte Unternehmen）　143a I, 143b III

－宗教上の信仰告白からの自由（Unabhängigkeit öffentlicher Ämter vom Bekenntnis）　WRV 136 II

－出訴の途の保障（Rechtsweggarantie）　132 III

－職業官吏制度（Berufsbeamtentum）　33 V

－職業官吏制度の伝統的諸原則（Hergebrachte Grundsätze des Berufsbeamtentums）　33 V

－職務関係の終了（Beendigung von Beamtenverhältnissen）　132 I

－人格的・専門的適性（Persönliche und fachliche Eignung）　132 I

－制度（Beamtentum）　⇒職業官吏制度（Berufsbeamtentum）

－責任（Haftung）　34

－転任（Versetzung）　132 I

－ナチズムによる被迫害者と認められた者（Anerkannte Verfolgte des Nationalsozialismus）　132 II

－年金（Versorgung）　74 I Nr. 27, II, 131

－～の兼職制限（Inkompatibilität）　137 I

－〜の資格（Qualifikation）　33 II, 132 I

－〜の職務上の義務違反（Beamte）　34

－〜の懲戒・苦情処理手続（Disziplinar- und Beschwerdeverfahren für Bundesbe-
amte）　96 IV

－〜の適性・資格及び専門的能力（Eignung, Befähigung und fachliche Leistung）
33 II

－〜の統一的養成（Einheitliche Ausbildung）　85 II, 108 II

－〜の非ナチ化（Entnazifizierung）　131, 132

－〜の俸給（Besoldung）　74 I Nr. 27, II

－身分に関する権利義務（Statusrecht und -pflichten）　74 I Nr. 27, II

－連邦最高官庁におけるラントの〜任用（Länderproporz bei den Obersten Bundes-
behörden）　36 I

－連邦の〜の任命（Ernennung der Bundesbeamten）　60 I

－連邦の〜の法関係（Rechtsverhältnisse der 〜 des Bundes）　73 I Nr. 8

－連邦郵便企業に対する雇用当局の権限（Dienstherrenbefugnisse von Unterneh-
men）　143b III

関連する・境界の区切られた住宅・経済地域（Zusammenhängender, abgegrenzter
Siedlungs- und Wirtschaftsraum）　29 IV

き

議員（Abgeordnete）

－委任及び指図への非拘束（Keine Bindung an Aufträge und Weisungen）　38 I

－解約告知からの保護（Kündigungsschutz）　48 II

－刑事訴追（Strafverfolgung）　46 II–IV

－交通手段無料利用権（Benutzung der Verkehrsmittel）　48 III

－歳費（Entschädigung）　48 III

－資格審査（Mandatsprüfung）　41, 137 III

－資格喪失（Verlust des Mandats）　41

－自由委任（Freies Mandat）　38 I

－証言拒否権（Zeugnisverweigerungsrecht）　47

－〜職務の引受け・行使の妨害・不利益取扱い禁止（Behinderungs- und Benach-
teiligungsverbot）　48 II

－書類の押収の禁止（Beschlagnahmeverbot）　47 I

－人身の自由の制限（Beschränkungen der persönlichen Freiheit）　46 III, IV

－選挙（Wahl）　38

－選挙準備の休暇（Wahlvorbereitungsurlaub）　48 I

－全国民の代表（Vertreter des ganzen Volkes）　38 I

－大統領等との兼職禁止（Unvereinbarkeit von Amt und Mandat）　55 I

－大ベルリーンの議員（～ Groß-Berlins）　145 I

－逮捕等に対する連邦議会の許諾（Genehmigung der Strafverfolgung）　46 II, III

－～に対する懲戒手続（Disziplinarverfahren gegen Abgeordnete）　46 I

－～の職務の就任等への妨害禁止（Behinderungsverbot für Abgeordnete）　48 II

－被選挙権（Wählbarkeit）　38 II, 137 I

－不逮捕特権（Immunität）　46 I

－免責特権（Indemnität）　46 I

－良心の自由（Gewissensfreiheit）　38 I

－連邦議会における～の発言（Äußerungen im Bundestag）　46 I

議員団による議案提出（Vorlagen aus der Mitte des Bundestages）　76 I

議会（Parlament）　⇒連邦議会（Bundestag），ラントの議会（Volksvertretungen der Länder），連邦参議会（Bundesrat）も見よ

議会統制（Parlamentarische Kontrolle）　13 VI, 45b, 45d

議会統制委員会（Parlamentarisches Kontrollgremium）　45d

議会評議会（Parlamentarischer Rat）＝ 基本法制定会議　Bek., 137 II, 145 I

機関訴訟（Organstreitverfahren）　93 I Nr. 1

企業（Betriebe）　⇒所有権（Eigentum）も見よ

－ドイツ連邦郵便の後継企業（Nachfolgeunternehmen der Deutschen Bundespost）　87f II

－雇用当局の権限（Diestherrenbefugnisse）　143b III

－郵便制度及び遠距離通信の私的提供者（Private Anbieter in Postwesen und Telekommunikation）　87f II, 143b II

－連邦の鉄道企業（Eisenbahnunternehmen des Bundes）　87e V, 143a I

危険（Gefahr）/ 急迫の～（～ im Verzuge / dringende ～）　13 II–V, 119　⇒危険の防止（Gefahrenabwehr）も見よ

－共同の～（Gemeine Gefahr）　13 VII

－公共の秩序（～ für die öffentliche Ordnung）　13 VII

－自由で民主的な基本秩序に対する～（～ für die freiheitliche demokratische Grundordnung）　87a IV, 91 I

－生命の危険（Lebensgefahr）　13 IV, VII

－伝染病の～（Seufengefahr）　11 II

－連邦又はラントの存立に対する～（～ für den Bestand des Bundes oder eines

Landes）　10 II, 11 II, 21 II, III, 87a IV, 91 I

危険の防止（Gefahrenabwehr）　13 IV, VII

- 沿岸保護（Küstenschutz）　74 I Nr. 17, 91a I Nr. 1
- 核エネルギー（Kernenergie）　73 I Nr. 14
- 環境汚染防止（Immissionsschutz）　74 I Nr. 24
- 経済上の権力的地位の濫用（Verhütung des Mißbrauchs wirtschaftlicher Machtstellung）　74 I Nr. 16
- 経済全体の均衡の乱れ（Störung des gesamtwirtschaftlichen Gleichgewichts）　104b I
- 公共の危険を伴う又は伝染性の病気に対する措置（Maßnahmen gegen gemein-gefährliche und übertragbare Krankheiten）　74 I Nr. 19
- 国際テロリズム（Internationaler Terrorismus）　73 I Nr. 9a, II
- 国家の保護（Staatsschutz）　96 V Nr. 5
- 植物保護（Pflanzenschutz）　74 I Nr. 20
- 電離放射線（Ionisierende Strahlen）　73 I Nr. 14
- 防衛緊急事態における連邦機関の～（Unfähigkeit der Bundesorgane im Verteidigungsfall）　115i I
- 民間人の保護（Zivilschutz）　80a I, 87b II
- 連邦共和国の対外的利益に対する企図（Bestrebungen gegen auswärtige Belange der Bundesrepublik）　73 I Nr. 10, 87 I

期限（Frist）/ 異なる規律をしたラントの規律後の連邦法律の効力発生時（Inkraft-treten von Bundesgesetzen nach abweichender Landesregelung）　84 I

- 法律案に対する態度決定（Stellungnahme zu Gesetzesvorlagen）　76 II, III
- 法律の議決に対する異議の期限（Einspruchsfrist gegen Gesetzesbeschlüsse）　77 III, 78
- ラントの再編成のための住民投票の期限（Abstimmungsfristen für die Neugliederung）　29 IV, V
- 立法上の緊急状態の再度の宣言の禁止（Keine weitere Erklärung des Gesetzgebungsnotstandes）　81 III

起債（Kredite）　87a Ia, 109 III, 111 IV, 115 II 143d

議事規則（Geschäftsordnung）　⇒執務規則（Geschäftsordnung）も見よ

- 合同委員会（Gemeinsamer Ausschuß）　53a I
- 法案審議合同協議会（Vermittlungsausschuß）　77 II
- 防衛緊急事態のための～（～ für den Verteidigungsfall）　115d II
- 連邦議会（Bundestag）　40 I, 42 II

－連邦参議会（Bundesrat）　52 III

議事堂管理権（Hausrecht）　40 II

気象業務（Wetterdienst）　74 I Nr. 21

規則制定権（Verordnungsgewalt）　⇒法規命令（Rechtsverordnung），一般的行政規則（Allgemeine Verwaltungsvorschriften）を見よ

北大西洋条約機構（NATO）　24 II, 80a III

規範統制（Normenkontrolle）　⇒抽象的規範統制，具体的規範統制，移送（Richtervorlage）も見よ

　　－具体的規範統制（Konkrete Normenkontrolle）

　　－裁判官による移送（Richtervorlage）

　　－抽象的規範統制（Abstrakte Normenkontrolle）

基本義務（Grundpflichten）

　　－市民及び公民としての義務（Bürgerliche und staatsbürgerliche Pflichten）　WRV 136 I

　　－所有権には義務が伴う（Eigentum verpflichtet）　14 II

　　－専門教育訓練への参加（Teilnahme an Ausbildungsveranstaltungen）　12a V

　　－兵役義務（Wehrpflicht）　12a I, III, 17a I

　　－防衛緊急事態における役務義務（Dienstpflichten im Verteidigungsfall）　12a III－VI

基本権（Grundrechte）　1-19, 73 I Nr. 3, 102, 103 I, 142

　　－意見表明の自由（Meinungsäußerungsfreiheit）　5 I, 17a I, 18

　　－一般的行為自由（Allgemeine Handlungsfreiheit）　2 I

　　－移転の自由（Freizügigkeit）　11, 17a II, 73 I Nr. 3, 117 II

　　－役務給付義務（Dienstleistungspflicht）　12 II, 12a

　　－欧州共同体による同等の～保障（Vergleichbarer Grundrechtsschutz durch die EU）　23 I

　　－親の権利（Elternrecht）　6 II

　　－外国への引渡しの禁止（Verbot der Auslieferung）　16 II

　　－学問の自由（Freiheit der Wissenschaft）　5 III

　　－基本権と同等の権利（Grundrechtsgleiche Rechte）　93 I Nr. 4a

　　－虐待の禁止（Mißhandlungsverbot）　104 I

　　－教授の自由（Freiheit der Lehre）　5 III, 18

　　－強制労働・義務的労働の禁止（Verbot des Zwangs- oder Pflichtarbeit）　12 III

　　－芸術の自由（Freiheit der Kunst）　5 III

　　－結社の自由（Vereinigungsfreiheit）　9, 18, 74 I Nr. 3, WRV 137 II

－検閲の禁止（Zensurverbot）　5 I

－憲法訴願（Verfassungsbeschwerde）　93 I Nr. 4a

－権利保護（Rechtsschutz）　19 IV

－拘束力（Bindungswirkung）　1 III

－公用収用（Enteignung）　14 III, 74 I Nr. 14, 115c II, 143 III

－国籍剥奪の禁止（Verbot der Ausbürgerung）　16 I

－個別的法律の禁止（Verbot der Einzelfallgesetzes）　19 I

－婚姻及び家族（Ehe und Familie）　6

－裁判で争う方途の保障（Rechtsweggarantie）　10 II, 14 III, 16a II, IV

－裁判に関する権利（Justizgrundrechte）　101, 103, 104

－裁判を受ける権利（Recht auf den gesetzlichen Richter）　101 I

－差別の禁止（Diskriminierungsverbot）　3 III

－妨げられない宗教的活動（Ungestörte Religionsausübung）　4 II

－死刑の廃止（Abschaffung der Todesstrafe）　102

－市民及び公民としての権利（Bürgerliche und staatsbürgerliche Rechte）　33 I, III, WRV 136 I, II

－社会化（Vergesellschaftung）　15

－集会の自由（Versammlungsfreiheit）　8, 17a I, 18

－宗教上の信念を表明しない自由（Freiheit von der Pflicht, die religiöse Überzeugung zu offenbaren）　WRV 136 III

－宗教上の自由（Religionsfreiheit）　4 I, II, 33 III, WRV 136 ff.

－宗教団体の自由（Kollektive Religionsfreiheit）　WRV 137 II, III

－宗教の授業（Religionsunterricht）　7 II, III

－住居の不可侵（Unverletzlichkeit der Wohnung）　13, 17a II

－消極的な宗教的自由（Negative Religionsfreiheit）　56, 64 II, WRV 136 IV, WRV 141

－情報受領権（Informationsfreiheit）　5 I

－職業の自由（Berufsfreiheit）　12, 12a

－所有権（Eigentum）　14, 18, 143 III, WRV 138 II

－所有権の保護（Schutz des Eigentums）　14, 15

－私立学校（Privatschulen）　7 IV, V

－人格の自由な発展を求める権利（Recht auf freie Entfaltung der Persönlichkeit）　2 I

－人権（Menschenrechte）　1 II

－信仰告白の自由（Bekenntnisfreiheit）　4 I

－信仰の自由（Glaubensfreiheit）　4 I, II

－信書の秘密（Briefsgeheimnis）　10, 18, 44 II

－人身の自由（Freiheit der Person）　2 II, 104

－人身保護（Habeas Corpus）　104

－身体を侵されない権利（Körperliche Unversehrtheit）　2 II, 104 I

－請願権（Petitionsrecht）　17, 17a I, 45c I

－選挙権（Wahlrecht）　38 I

－争議権（Streikrecht）　9 III

－喪失（Verwirkung）　⇒基本権の喪失（Grundrechtsverwirkung）

－相続権（Erbrecht）　14 I

－遡及処罰の禁止（nulla poena sine lege, Rückwirkungsverbot）　103 II

－第三者への直接効力（Unmittelbare Drittwirkung）　9 III

－他人の権利（Recht anderer）　2 I

－団結権（Koalitionsfreiheit）　9 III, 18

－嫡出でない子（Uneheliche Kinder）　6 V

－直接に適用される法（Unmittelbar geltendes Recht）　1 III

－通信の秘密（Fernmeldegeheimnis）　10, 18, 44 II

－抵抗権（Widerstandsrecht）　20 IV

－二重処罰の禁止（ne bis in dem, Verbot der Mehrfachbestrafung）　103 III

－人間の尊厳（Menschenwürde）　1 I

－～の制限（Schranken, Beschränkungen）　2 I, 5 II, 9 II, 10 I, 11 II, 12 I, 12a, 13, 14 II, 16a II, 17a, 18, 19 I

－犯罪人引渡し（Auslieferung）　73 I Nr. 3

－庇護権（Asylrecht）　16a I, 18

－平等（Gleichheit）　3

－フィルムの自由（Filmfreiheit）　5 I

－プレス〔出版〕の自由（Pressefreiheit）　5 I, 18

－兵役拒否（Kriegsdienstverweigerung）　4 III, 12a II

－兵役拒否権（Recht auf Wehrdienstverweigerung）　4 III

－防衛緊急事態における制限（Einschränkungen im Verteidigungsfall）　115c II

－法人の享有主体性（Geltung für juristische Personen）　19 III

－放送の自由（Rundfunkfreiheit）　5 I

－法律なくして刑罰なし（Keine Strafe ohne Gesetz）　103 II

－保護義務（Schutzpflichten）　1 I, 6 I, IV

－本質的内容保障（Wesensgehalt）　19 II, 143 I

– 郵便の秘密（Postgeheimnis）　10, 18, 44 II
– ラント憲法上の基本権保障の効力（Landesgrundrechte）　142
– ラント憲法における〜（〜 in den Landesverfassungen）　142
– 濫用（Mißbrauch）　18
– 良心の自由（Gewissensfreiheit）　4 I, 12a II
– 例外裁判所の禁止（Verbot der Ausnahmegerichte）　101 I
– 連邦議会の国防受託者による保護（Schutz durch den Wehrbeauftragten des
　Bundestages）　45b
– 連邦による〜の保障（Gewährleistung durch den Bund）　28 III
基本権の喪失（Verwirkung von Grundrechten）　18, 46 III, IV, 60 IV
基本権の本質的内容（Wesensgehalt der Grundrechte）　19 II, 143 I
基本法（Grundgesetz）
– 新たな憲法による廃止（Ablösung durch eine Verfassung）　146
– ヴァイマル憲法の宗教条項の〜への編入（Inkorporation der Weimarer Kirchen-
　artikel）　140
– 解釈の相違（Abweichungen bei der Auslegung）　100 III
– 改正（Änderung）　76 II, III, 79
– 改正禁止条項（Änderungsfeste Bestandteile）　79 III, 143 I
– 議会評議会による認証（Annahme durch den Parlamentarischen Rat）　145 I
– 合同委員会の法律による改正の禁止（Keine Änderung durch Gesetz des Gemein-
　samen Ausschusses）　115e II
– 公布（Verkündung）　127, 145 I, II
– 失効（Außerkrafttreten, Verlust der Gültigkeit）　146
– 成立（Zustandekommen）　Prä., 144 f.
– 適用制限（Beschränkungen in der Anwendung）　144 II
– 統一時の事情による〜との相違（Beitrittsbedingte Abweichungen）　143 I, II
– 認証（Ausfertigung）　145 I
– 〜の規定との相違（Abweichung von den Bestimmung des 〜）　143 I, II
– 〜の基本原理（Grundsätze des 〜）　79 III, 98 II, 143 I
– 〜の構成部分（Bestandteile）　140
– 発効（Inkrafttreten）　135 I, 145 II
– 非ナチ化のために発布された定めの継続的効力（Unberührtbleiben der Entnazi-
　fizierungsvorschriften）　139
– 紛争時における〜の解釈（Auslegung im Streitfall）　93 I Nr. 1
– 法律による〜の失効の禁止（Außerkraftsetzung）　81 IV

- 文言の変更の要請（Textänderungsgebot）　79 I
- 文言の補充（Ergänzung des Wortlauts）　79 I
- ラントの代表議会による採択（Annahme durch die Volksvertretungen der Länder）　144 I, 145 I
- 立法上の緊急事態の規律による～変更の禁止（Keine Änderung nach den Regeln des Gesetzgebungsnotstandes）　81 IV
- 連邦法律公報への登載（Veröffentlichung im Bundesgesetzblatt）　145 III

基本法制定以前の法（Vorkonstitutionelles Recht）　123

基本法制定会議　⇒議会評議会（Parlamentarischer Rat）を見よ

基本法第131条の適用がある者の法律関係の規律に関する法律（G 131）　131

基本法秩序（Grundgesetzliche Ordnung）　143 I

基本法の基本原則（Grundsätze des Grundgesetzes）　79 III, 98 II, 143 I

虐待の禁止（Mißhandlungsverbot）　104 I

旧債務の拘束性（Verbindlichkeiten）　135a

旧債務補助法（Altschuldenhilferecht）　74 I Nr. 18

求職者（Arbeitsuchende）　74 I Nr. 12, 91e
- ～のための基礎保障（Grundsicherung für Arbeitsuchende）　91e

旧ドイツ国（Deutsches Reich）／～から委譲された行政上の任務（Verwaltungsaufgaben）　135a I Nr. 3
- 宗教団体に対する国の給付に関する原則立法権限（Grundsatzgesetzgebungskompetenz）　WRV 138 I
- 1937年時点現在でのドイツ国の領土（Gebiet nach dem Stand von 1937）　116 I
- ～の財産の連邦による所有（Übergang des Reichsvermögens auf den Bund）　134 I
- ～の債務等の拘束性（Verbindlichkeiten）　135a I Nr. 1
- ～の締結した条約（Reichsstaatsverträge）　123 II
- ～の締結した条約の効力の存続（Fortgeltung der Staatsverträge）　123 II
- ～の法（Reichsrecht）　125

給付能力の弱いラント（Leistungsschwache Länder）　107 II

給与所得税（Lohnsteuer）　107 I

旧来のドイツ国（bisheriges Reich）／～の水路（Reichswasserstraßen）　89 I
- ～の高速自動車道路（Reichsautobahnen）　90 I*　⇒連邦高速自動車道路（Bundesautobahnen）　90 I, II
- の道路（Reichsstraßen）　90 I*　⇒遠距離交通用の連邦道路（Bundesstraßen des Fernverkehrs）　90 I, III

急を要する法律案（Eilbedürftige Gesetzesvorlagen）　76 II, III, 115d II

教育インフラ（Bildungsinfrastruktur）　104c

教育計画（Bildungsplanung）　G91b

教育権（Erziehungsrecht）　6 II

教育制度（Bildungswesen）　⇒基本権（Grundrechte），学校制度（Schulwesen）も見よ
- 国際比較における業績能率（Leistungsfähigkeit im internationalen Vergleich）　91b II
- 宗教団体の設立（Einrichtungen der Religionsgesellschaften）　WRV 138 II

教育補助（Ausbildungsbeihilfen）　74 I Nr. 13

教員（Lehrer）／宗教の授業（Religionsunterricht）　7 III
- ～の学問上の養成（Wissenschaftliche Ausbildung）　7 IV
- ～の経済的状況（Wirtschaftliche Verhältnisse）　7 IV

教会（Kirchen）　⇒宗教団体（Religionsgesellschaften）も見よ
- 教会税（Kirchensteuer）　WRV 137 VI
- 国教会の禁止（Keine Staatskirche）　WTV 137 I
- ～と国家の分離（Trennung von Kirche und Staat）　33 III, 140, WRV 137 I
- ～の行為・儀式等への参加の自由（Kirchliche Handlung oder Feierlichkeit）　WRV 136 IV
- ～の法的地位（Rechtstellung der Kirche）　14

境界を接する組織（Grenznachbarschaftliche Einrichtungen）　24 Ia

強化支援金（Konsolidierungshilfen）　143d II, III

競合的立法（Konkurrierende Gesetzgebung）　70 II, 72, 74, 105 II, IIa, 115c I, 125, 125a I, II

行政（Verwaltung）　⇒税財務行政（Finanzverwaltung）も見よ
- 一般的行政規則（Allgemeine Verwaltungsvorschriften）　84 II, 85 II, 86, 87b II, 108 VII, 129 I
- 委任行政（Auftragsverwaltung）　80 II, 85, 87b II, 87d II, 89 II, 90 III, 108 III, 120a I
- 旧ドイツ国の行政任務（Verwaltungsaufgaben des Reiches）　135a I Nr. 3
- 行政協定（Verwaltungsabkommen）　59 II
- 行政経費（Verwaltungsausgaben）　91e II, 104a V
- 行政裁判（Verwaltungsgerichtsbarkeit）　95 I
- 行政的任務のための財産の規定（Bestimmung von Vermögen für Verwaltungsaufgaben）　134 II, 135 II
- 行政手続（Verwaltungsverfahren）　84 I, 125b II

－行政手続に関する連邦法律と異なる規律（Abweichende Regelung des Verwaltungsverfahrens）　125b II

－権限（Kompetenzen）　83 ff.

－航空行政の組織形態に関する決定（Entscheidung über die Organisationsform）　87d I

－航空交通行政（Luftverkehrverwaltung）　87d

－私法上の組織形態（Privatrechtliche Organisationsform）　87e III

－税財務（~ der Steuern）　108 I-V, VII

－秩序ある行政に対する責任（Haftung für eine ordnungsgemäße ~）　104a V

－統合経済地区（Vereinigtes Wirtschaftsgebiet）　127, 133

－ベンチマークテストによる比較（Vergleichsstudien）　91d

－防衛緊急事態における異なる規律（Abweichende Regelung im Verteidigungsfall）　115c III

－ラントによる委任行政（Auftragsverwaltung der Länder）　⇒連邦委任行政（Bundesauftragsverwaltung）

－ラントの権限推定（Zuständigkeitsvermutung für die Gliedstaaten）　30, 83

－ラントの固有事務としての連邦法律の執行（Ausführung der Bundesgesetze als eigene Angelegenheit）　80 II, 83, 84 I

－ラント法に基づかない機関（Nicht-landrechtliche Organe）　130 I

－連邦委任行政（Bundesauftragsverwaltung）　80 II, 85 I, II, 87b II, 87d II, 89 II, 90 III, 104a II-IV, 108 III, 120a I, 143e I, II

－連邦行政（Bundesverwaltung）　87d I, 90 II, IV, 114 II, 115f I, 143e I, II

－連邦国防行政（Bundeswehrverwaltung）　87b

－連邦固有行政（Bundeseigene Verwaltung）　86, 87, 87b, 87e I, 87f II, 88, 89 II, 120a I, 143a II

－連邦水路（Bundeswasserstraßen）　89 II

－連邦とラントの税財務官庁の協働（Zusammenwirken von Bundes- und Landesfinanzbehörden）　108 IV

－連邦参議会を通しての協力（Mitwirkung der Länder durch den Bundesrat）　50

行政行為（Verwaltungsakte）　129 I

行政裁判権（Verwaltungsgerichtsbarkeit）　95

強制労働（Zwangsarbeit）　12 III

協定（Vereinbarungen）

－行政協定（Verwaltungsabkommen）　59 II

－権利承継に関する~（Vereinbarungen über die Rechtsnachfolge）　135 V

－国際仲裁裁判に関する～（Vereinbarungen über internationale Schiedsgerichtsbarkeit）　24 III

－情報技術システムに関する～（Vereinbarungen über informationstechnische Systeme）　91c II

－ラントの再編成に関する～（Vereinbarungen zur Neugliederung von Ländern）　118, 118a

－連邦とラントの行政協定（Verwaltungsvereinbarung）　104b II

共同経済（Gemeinwirtschaft）　15, 74 I Nr. 15

共同租税（Gemeinschaftssteuern）　106 III, VI

協働的連邦主義（Kooperativer Föderalismus）　91a, 91b

共同任務（Gemeinschaftsaufgaben）　91a, 143c I

－沿岸保護（Küstenschutz）　91a I

－求職者のための基礎保障（Grundsicherung für Arbeitsuchende）　91e

－規律の効力の継続（Fortgelten der Regeln）　125c I

－地域的経済構造（Regionale Wirtschaftsstruktur）　91a I

－農業構造（Agrarstruktur）　91a I

－～の廃止（Abschaffung der ～）　143c I

－負担分担（Kostenteilung）　91a III

共同任務・行政協力（Gemeinschaftsaufgaben, Verwaltungszusammenarbeit）　91a ff.

郷土（Heimat）　3 III

協約（Verträge）/ 宗教団体への国の給付（Staatsleistungen an die Religionsgesellschaften）　WRV 138 I

－ラント間の～（Staatsverträge zwischen Ländern）　130 I, III

－ラント領域の現状変更についての～（Staatsverträge zur Änderung des Gebietsbestandes）　29 VII

－ラント領域の新編成に関する～（Staatsverträge über eine Neugliederung）　29 VIII

共有経済（Gemeinwirtschaft）　15, 74 I Nr. 15

共和国（Republik）　20 I, 28 I

漁業（Fischerei）　74 I Nr. 17

緊急支出（Nothaushalt）　111

緊急事態（Notstand）　91　⇒緊迫事態（Spannungsfall），防衛緊急事態（Verteidigungsfall）も見よ

－緊急状態（Notsituation）　104b I, 109 III, 115 II

－立法上の緊急状態（Gesetzgebungsnotstand）　81

近距離鉄道旅客運輸（Schienenpersonennahverkehr）　87e IV, V, 106a

近距離旅客運輸（Personennahverkehr）　106a

銀行制度（Bankwesen）　74 I Nr. 11, 88

禁止（Verbot）/ 外国への引渡しの〜（〜 der Auslieferung）　16 II

　－国籍剥奪の〜（〜 der Ausbürgerung）　16 I

　－個別的法律の〜（〜 des Einzelfallgesezes）　19 I

　－侵略戦争の〜（〜 des Angriffskriegs）　26 I

　－二重処罰の〜（〜 der Mehrfachbestrafung）　103 III

　－例外裁判所の〜（〜 der Ausnahmegerichte）　101 I

金銭給付法（Geldleistungsgesetze）　104a III, IV

緊迫事態（Spannungsfall）　80a, 87a III

く

具体的規範統制（Konkrete Normenkontrolle）　100 I

　－移送権限（Vorlageberechtigung / Vorlagen im Verfahren der konkreten Normenkontrolle）　100 I

国の教会（Staatskirche）　WRV 137 I

黒・赤・金色（Schwarz-Rot-Gold）　22 II

郡（Kreise）　28 I, 29 VII. VIII

　－議会（Volksvertretungen）　28 I

　－ラントの再編成の際の聴聞権（Anhörungsrecht in der Neugliederung）　29 VII. VIII 28 I

軍刑事裁判所（Wehrstrafgerichte）　96 II

軍国主義（Militarismus）　132 II, 139

軍事裁判（Militärgerichtsbarkeit）　⇒軍刑事裁判所（Wehrstrafgerichte）を見よ

軍隊（Heer）　WRV 141　⇒連邦軍（Bundeswehr），軍隊（Streitkräfte）を見よ

軍隊（Streitkräfte）/ 一のラントを超える領域での災害への〜の出動（Einsatz im länderübergreifenden Katastrophenfall）　35 III

　－北大西洋条約機構（NATO）　24 II

　－緊迫事態及び防衛緊急事態における権限（Befugnisse im Spannungs- und Verteidigungsfall）　87a III

　－軍刑事裁判所（Wehrstrafgerichte）　96 II

　－軍事的に武装した反乱者（Militärisch bewaffnete Aufständische）　87a IV

　－軍需品の直接補給（Unmittelbare Deckung des Sachbedarfs）　87b I

　－警察による措置の支援（Unterstützung polizeilicher Maßnahmen）　87a III, IV

- 交通規制（Aufgaben der Verkehrsregelung）　87a III
- 国防代役制度（Wehrersatzwesen）　87b II
- 自然災害又は災厄事故における出動要請（Anforderung im Katastrophen- oder Unglücksfall）　35 II
- 司牧（Seelsorge）　WRV 141
- 傷害を負った者の扶助（Beschädigtenversorgung）　87b I
- 将校及び下士官の任命（Ernennung der Offiziere und Unteroffiziere）　60 I
- 人員組織（Personalwesen）　87b I
- 侵略戦争の禁止（Verbot des Angriffskriegs）　26 I
- 相互的集団安全保障制度（System gegenseitiger kollektiver Sicherheit）　24 II
- 第三者の諸権利への介入の授権（Ermächtigung zu Eingriffen in Rechte Dritter）　87b I
- 同郷的諸関係の考慮（Berücksichtigung landsmannschaftlicher Verhältnisse）　36 II
- 土木建築（Bauwesen）　87b I
- ～の出動の中止の要求（Verlangen nach Einstellung des Einsatzes）　87a IV
- 武器（Kriegswaffen）　26 II
- 武装した反乱者の鎮圧（Bekämpfung bewaffneter Aufständischer）　87a IV
- 兵役拒否（Wehrdienstverweigerung）　4 III
- 防衛のため以外の場合への出動（Einsatz außer zur Verteidigung）　87a II
- 民間の物件（Schutz ziviler Objekte）　87a III, IV
- 命令指揮権（Befehls- und Kommandogewalt）　65a I, 115b
- 予算計画による確定（Festlegung durch den Haushaltsplan）　87a I
- 連邦国防行政（Bundeswehrverwaltung）　87b

け

経営体規則（Betriebsverfassung）　74 I Nr. 12
経過規定及び終末規定（Übergangs- und Schlußbestimmungen）　116 ff.
景観保護（Landschaftspflege）　72 III Nr. 2, 74 I Nr. 29, 125b I
景気（Konjunktur）　109 III, 115 II
- ～に対応した財政運営（Konjunkturgerechte Haushaltswirtschaft）　109 IV
景気循環調整手続（Konjunkturbereinigungsverfahren）　115 II
経済（Wirtschaft）／経済成長の促進（Förderung des Wachstums）　104b I
- 経済全体の均衡（Gesamtwirtschaftliches Gleichgewicht）　104b I, 109 II
- 経済全体の均衡の乱れ（Störung des gesamtwirtschaftlichen Gleichgewichts）　104b I

　　－連邦領域における経済力の相違の調整（Ausgleich unterschiedlicher Wirtschafts-
　　　kraft im Bundesgebiet）　104b I Nr. 2
　　－地域的経済構造の改善（Verbesserung der regionalen Wirtschaftsstruktur）　91a I
経済上の権力的地位の濫用（Mißbrauch wirtschaftlicher Machtstellung）　74 I Nr. 16
経済成長の促進（Förderung des wirtschaftlichen Wachstums）　104b I
経済全体の均衡（Gesamtwirtschaftliches Gleichgewicht）　104b I, 109 II
経済力の相違の調整（Ausgleich unterschiedlicher Wirtschaftskraft）　104b I
警察（Polizei）/ 一時的逮捕（Vorläufige Festnahme）　104 III
　　－緊急事態における連邦政府の指示（Weisungen der Bundesregierung im Not-
　　　standsfall）　91 II
　　－緊迫状態における警察による措置の支援（Unterstützung polizeilicher Maßnah-
　　　men im Spannungsfall）　87a III
　　－警察情報・通報制度のための中央官庁（Zentralstellen für das polizeiliche
　　　Auskunfts- und Nachrichtenwesen）　87 I
　　－警察的任務の履行の義務（Verpflichtung zur Wahrnehmung polizeilicher Aufga-
　　　ben）　12a III
　　－警察力出動の指示（Weisung zur Bereitstellung von Polizeikräften）　35 III
　　－警察力の不十分（Nichtausreichen der Polizeikräfte）　87a IV
　　－警察力の要請（Anforderung von Polizeikräften）　35 II, 91 I, II
　　－刑事警察における連邦とラントの協働（Zusammenarbeit des Bundes und der
　　　Länder in der Kriminalpolizei）　73 I Nr. 10
　　－刑事警察のための中央官庁（Zentralstellen für die Kriminalpolizei）　87 I
　　－国際的犯罪予防（Internationale Verbrechensbekämpfung）　73 I Nr. 10
　　－自由剥奪（Freiheitsentziehung）　104 II
　　－他のラントの警察力（Polizeikräfte anderer Länder）　35 II
　　－ラント警察官庁（Landespolizeibehörde）　73 I Nr. 9a, II
　　－連邦議会の警察権（Polizeigewalt im Bundestag）　40 II
　　－連邦刑事警察（Bundeskriminalamt）　73 I Nr. 9a, II
　　－連邦刑事警察庁（Bundeskriminalpolizeiamt）　73 I Nr. 10
　　－連邦国境警備隊（Bundesgrenzschutz）　12a I, 35 II, 87 I, 91 I, II, 115f I, 115i I
刑事警察（Kriminalpolizei）　73 i Nr. 10
刑事施設（Strafanstalten）　WRV 141
刑事訴追（Strafverfolgung）/ 議員（Abgeordnete）　46 II-IV
　　－連邦大統領（Bundespräsident）　46 II-IV, 60 IV
芸術（Kunst）　5 III

刑の執行（Strafvollzug）　74 I Nr. 1*, WRV 141

刑罰（Strafe）

　－国際刑法（Völkerstrafrecht）　96 V Nr. 2

　－死刑（Todesstrafe）　102

　－侵略戦争遂行の準備（Vorbereitung der Führung eines Angriffskrieges）　26 I

　－遡及処罰の禁止（Rückwirkungsverbot）　103 II

　－二重処罰の禁止（ne bis in dem, Verbot der Mehrfachbestrafung）　103 III

刑法（Strafrecht）　74 I Nr. 1

結合ネットワーク（Verbindungsnetz）　91c IV

結社・集会の自由（Vereinigungs-, Versammlungsfreiheit）　8, 9, 17a I, 18

結社の自由（Koalitionsfreiheit）　9 III, 18

検閲の禁止（Zensurverbot）　5 I

研究（Forschung）　5 III

　－研究助成（Forschungsförderung）　74 I Nr. 13, 91b I Nr. 1, 2*

　－研究用建物（Forschungsbauten）　91b I

　－大学以外での～（Außeruniversitäre～）　91b I Nr. 1*

　－大学での～（Universitäre～）　91b I Nr. 2*

　－大規模設備（Großgeräte）　91b I

権原（Rechtstitel）　WRV 138 I

権限（Kompetenzen）　⇒権限（Zuständigkeiten）を見よ

権限（Zuständigkeiten）/ 競合的立法権限（Konkurrierende Gesetzgebungskompetenzen）
70 II, 72, 74, 105 II, 115c I, 125, 125a I, II

　－行政権限（Verwaltungskompetenzen）　83 ff.

　－原則立法権限（Grundsatzgesetzgebungskompetenz）　WRV 138 I

　－財政援助の基礎となる立法権限（Gesetzgebungskompetenz als Grundlage für Finanzhilfen）　104b I

　－条約締結権（Vertragsschlußkompetenzen）　32, 59 I

　－命令で委任された立法権限（Gesetzgebungskompetenz kraft Verordnungsermächtigung）　80 IV

　－ラントの立法権限（Gesetzgebungskompetenz der Länder）　23 VI, 24 Ia, 32 III, 74 I Nr. 1, 7, 11, 17, 18, 24, 109 III, WRV 137 VIII, WRV 138 I

　－立法権限（Gesetzgebungskompetenzen）　70 ff., 105

　－連邦とラントの～分配（Verteilung zwischen Bund und Ländern）　30, 70 ff., 84 ff.

　－連邦の専属的立法権限（Ausschließliche Gesetzgebungskompetenzen des Bundes）
16a II, III, 21 V, 22 I, 23 VII, 26 II, 29 II, IV–VIII, 38 III, 41 III, 45b, 45c II, 45d II,

48 III, 54 VII, 70 II, 71, 72 IV, 73, 80 II, 84 V, 87 I, III, 87b I, II, 87d I, II, 87e I–IV, 87f I, III, 89 II, 91a II, 91c IV, 91e III, 93 III, 94 II, 95 III, 96 II, V, 98 I, 104a V, VI, 104b II, 105 I, 106 III–VI, 106a, 107 I, 108 I, II, IV–VI, 109 IV, V, 109a, 112, 114 II, 115 I, II, 115c II, III, 115k III, 118, 120, 124, 125a II, 131, 134 IV, 135 IV–VI, 135a I, 143a I, III, 143b I–III, 143c IV, 143d I–III

言語（Sprache）　3 III

兼職禁止（Inkompatibilitäten, Unvereinbarkeit, Berufsverbot）　55 II, 66
　−合同委員会の〜（Gemeinsamer Ausschuß）　53a I
　−公務員等（Angehörige des öffentlichen Dienstes）　137 I
　−連邦憲法裁判所の裁判官の〜（Richter des BVerfG）　94 I
　−連邦政府の（Bundesregierung）　66
　−連邦大統領の〜（Bundespräsident）　55

建設的不信任投票（Konstruktives Mißtrauensvotum）　67

憲法（Verfassung）/ **憲法制定権力**（Verfassunggebende Gewalt）　Prä., 146
　−宗教団体の根本規則（~ der Religionsgesellschaften）　WRV 137 V
　−〜の採択（Annahme）　144 I, 145 I
　−〜の優位性（Vorrang der Verfassung）　20 III
　−〜への忠誠（Treue zur ~）　5 III

憲法異議（Verfassungsbeschwerde）　⇒憲法訴願

憲法改正（Verfassungsänderung）　23 I, 76 II, III, 79, 81 IV, 115e II
　−合同委員会の法律による〜の禁止（Verbot der ~ durch Gesetze des Gemeinsamen Ausschusses）　115e II

憲法改正禁止規定（Ewigkeitsklausel）　79 III, 143 I

憲法制定権力（Verfassunggebende Gewalt）　G-Prä, 146

憲法争訟（Verfassungsstreitigkeiten）
　−一のラント内の〜（~ innerhalb eines Landes）　93 I Nr.
　−機関争訟（Organstreitigkeit）　93 I Nr. 1
　−具体的規範統制（Konkrete Normenkontrolle）　100
　−選挙審査（Wahlprüfungsverfahren）　41 II
　−抽象的規範統制（Abstrakte Normenkontrolle）　93 I Nr. 2
　−ラント間の憲法争訟（Streitigkeiten unter Gliedstaaten）　93 I Nr. 4
　−連邦とラントの間の争訟（Bund-Länder-Streitigkeiten）　93 I Nr.

憲法訴願（Verfassungsbeschwerde）　93 I Nr. 4a, 4b
　−受理（Annahme zur Entscheidung）　94
　−基本権侵害の主張（Behauptung der Verletzung von Grundrechten）　93 I Nr. 4a

　　－訴願適格（Beschwerdeberechtigung）　93 I Nr. 4a, 4b

　　－前提条件（Erschöpfung des Rechtswegs）　94 II

　　－市町村等による～（Kommunale ～）　93 I Nr. 4b

憲法忠誠（Verfassungstreue）　5 III

憲法適合的秩序（Verfassungsmäßige Ordnung）　2 I, 9 II, 20 III, 20a, 28 I, III, 98 II

憲法の基本原則（Verfassungsprinzipien）　20, 20a, 23 I, 28 I, 79 III

　　－改正禁止条項（Ewigkeitsgarantie）　79 III

　　－共和制（Republik）　20 I, 28 I

　　－社会国家（Sozialstaat）　20 I, 23 I, 28 I

　　－法治国家性（Rechtsstaatlichkeit）　20 III, 23 I, 28 I

　　－民主制（Demokratieprinzip）　20 I, II, 23 I, 28 I

　　－連邦国家（Bundesstaat）　20 I, 23 I, 28 I

憲法擁護（Verfassungsschutz）　73 I Nr. 20, 87 I

権利（Recht）　⇒基本権（Grundrechte）も見よ

　　－人格を自由に発展させる～（～ auf freie Entfaltung der Persönlichkeit）　2 I

　　－人格的名誉権（～ der persönlichen Ehre）　5 II

　　－生命への権利（～ auf Leben）　2 II, 102

　　－法律の定める裁判官の〔裁判を受ける〕～（～ auf den gesetzlichen Richter）
　　101 I

権利保護（Rechtsschutz）/ 異議申立ての機会（Gelegenheit zu Einwendungen）　104
　III

　　－営業上の～（Gewerblicher ～）　73 I Nr. 9. 96 I

　　－議員資格についての連邦憲法裁判所への異議申立（Beschwerde an das BVerfG）
　　41 II

　　－国家賠償請求に関して通常裁判で争う途（Ordentlicher Rechtsweg für Staatshaf-
　　tungsansprüche）　34

　　－裁判で争う方途を尽くすべきこと（Erschöpfung des Rechtswegs）　94 II

　　－政党としての適格性に関する決定（Entscheidung über Parteieigenschaft）　93 I
　　Nr. 4c

　　－遡及処罰の禁止（Rückwirkungsverbot）　103 II

　　－逮捕の理由の告知（Mitteilung der Gründe der Festnahme）　104 III

　　－調査委員会の決議（Beschlüsse von Untersuchungsausschüssen）　44 IV

　　－法的聴聞の請求（Anspruch auf eine rechtliches Gehör）　103 I

　　－法律なくして刑罰なし（Keine Strafe ohne Gesetz）　103 II

権力分立（Gewaltenteilung）　1 III, 20 II

言論の自由（Freiheit der Meinung）　⇒意見表明の自由（Freiheit der Meinung）

こ

公課（Abgaben）　⇒関税（Zölle）　⇒租税（Steuern）も見よ
- 欧州共同体の～（Europäische Gemeinschaften）　106 I Nr. 7, 108 I
- 財産課税（Vermögensabgaben）　106 I Nr. 5
- 所得税付加税（Ergänzungsabgabe zur Einkommensteuer）　106 I
- ～特別の法律から得られる収入（Einnahmen aus besonderen Gesetzen）　111 II
- 賭博場の課税（Spielbanken）　106 II Nr. 5
- 負担調整（Lastenausgleich）　106 I Nr. 5

公開（Öffentlichkeit）/ 議会評議会（Parlamentarischer Rat）　145 I
- 基本法の採択（Annahme des Grundgesetzes）　145 I
- 調査委員会（Untersuchungsausschüsse）　44 I
- 非公開の決定（Ausschluß der ～）　42 I, 44 I, 52 III
- 防衛委員会（Verteidigungsausschuß）　44 I, 45a III
- 連邦議会の会議（Sitzung des Bundestages）　42 I
- 連邦参議会の議事（Verhandlung des Bundesrates）　52 III

鉱業法上の採掘料（Bergrechtliche Förderabgabe）　107 II

公共の安全（Öffentliche Sicherheit）　35 II

公共の秩序（Öffentliche Ordnung）　13 VII, 35 II

公共の福祉（Gemeinwohl, Wohl der Allgemeinheit）　14 II, III, 87e IV

工業（Industrie）　74 I Nr. 11

興行（Schaustellung von Personen）　74 I Nr. 11

航空交通（Luftverkehr）　73 I Nr. 6, 87d

航空の安全（Flugsicherung）　87d I

高権的諸権利の委譲（Übertragung der Hoheitsrechten）　23 I, 24 I, Ia, II, 76 II, III, 88, 115e II

高権的権限の行使（Ausübung hoheitlicher Befugnisse）　33 IV

公権力（Öffentliche Gewalt）　19 IV, 93 I Nr. 4a

航行（Schiffahrt）/ 沿岸航海（Küstenschiffahrt）　74 I Nr. 21
- 遠洋・沿岸漁業（Hochsee- und Küsenfischerei）　74 I Nr. 17
- 遠洋航海（Hochseeschiffahrt）　74 I Nr. 21
- 海洋航行（Seeschiffahrt）　89 II
- 軍艦（Kriegsschiffe）　96 II
- 航行行政（Verwaltung der ～）　87 I

－航行条約（Schiffahrtsverträge）　73 I Nr. 5

－商船隊（Handelsflotte）　27

－水路（Wasserstraßen）　74 I Nr. 21

－内水航行（Binnenschiffahrt）　74 I Nr. 21, 89 II

－連邦水路行政（Bundeswasserstraßenverwaltung）　89 II

鉱山労働者住宅建設法（Bergarbeiterwohnungsbaurecht）　74 I Nr. 18

公証人制度（Notariat）　74 I Nr. 1, 138

公職（Öffentliche Ämter）　33 III

交通（Verkehr）/ 遠距離交通に供する陸路の建設及び維持（Bau und Unterhaltung von Landstraßen für den Fernverkehr）　74 I Nr. 22

－遠距離交通用連邦道路（Bundesstraßen des Fernverkehrs）　90 I, III

－海洋航路（Seewasserstraßen）　74 I Nr. 21

－近距離鉄道旅客運輸（Schienenpersonennahverkehr）　87e IV, V, 143a III

－近距離旅客運輸（Personennahverkehr）　106a

－国の交通機関の利用請求権（Anspruch der Abgeordneten auf Nutzung staatlicher Verkehrsmittel）　48 III

－軍隊による交通規制（Verkehrsregelung durch die Streitkräfte）　87a III

－航空交通（Luftverkehr）　73 I Nr. 6, 87d

－交通の需要（Verkehrsbedürfnisse）　87e IV

－市町村交通融資（Gemeindeverkehrsfinanzierung）　125c II

－市町村の交通事情（Verkehrverhältnisse der Gemeinden）　143c I

－水路の管理・改修・新設（Verwaltung, Aus- und Neubau von Wasserstraßen）　89 III

－鉄道（Eisenbahnen）　73 I Nr. 6a, 87e, 143a

－道路貨物運送税（Straßengüterverkehrsteuer）　106 I Nr.

－道路交通（Straßenverkehr）　74 I Nr. 22

－連邦高速自動車道路（Bundesautobahnen）　90 I, II

－連邦水路（Bundeswasserstraßen）　87 I, 89

－路線（Schienenwege）　73 I Nr. 6a, 87e III, V

－路線の廃止（Stillegung von Schienenwegen）　87e V

－路線網の拡充と維持（Ausbau und Erhalt des Schienennetzes）　87e IV

公的扶助（Öffentliche Fürsorge）　74 I Nr. 7

合同委員会（Gemeinsamer Ausschuß）　53a

－防衛緊急事態における国際法上の宣言についての同意（Zustimmung zur Abgabe völkerrechtlicher Erklärungen zum Verteidigungsfall）　115a V

－防衛緊急事態における措置についての報告(Unterrichtung von Maßnahmen im Verteidigungsfall)　115f II

－防衛緊急事態の確定(Feststellung des Verteidigungsfalls)　115a II

－立法権限の制限(Einschränkung der Gesetzgebungskompetenz)　115e II, 115g

－連邦議会及び連邦参議会の諸権利の行使(Wahrnehmung der Rechte von Bundestag und Bundesrat)　115e I

－連邦憲法裁判所法の変更(Änderung des BVerfGG)　115g

－連邦首相に対する不信任(Mißtrauen gegenüber dem Bundeskanzler)　115h II

－連邦首相の新たな選出(Neuwahl des Bundeskanzlers)　115h II

公道の利用に対する手数料又は料金(Gebühren oder Entgelte für die Benutzung öffentlicher Straßen)　74 I Nr. 22

合同法廷(Gemeinsamer Senat der obersten Bundesgerichte)　95 III

公布(Verkündung) / 基本法(Grundgesetz)　127, 145 I II

－法律(Gesetze)　72 III, 82 I, 84 I, 115d III

－防衛緊急事態の確定(Feststellung des Verteidigungsfalls)　115a III, V

－命令(Verordnungen)　82 I

－予算法律(Haushaltsgesetz)　110 IV

後法優先原則(Lex posterior-Grundsatz)　72 III, 84 I

公務(Öffentlicher Dienst)　33 III–V, 131, 132

公務員の所属長(Dienstherr)　143a I, 143b III　⇒官吏(Beamte)も見よ

公務関係法の継続的規律(Fortschreibung des öffentlichen Dienstrechts)　33 V

合目的性(Zweckmäßigkeit)　85 IV

公有(Gemeineigentum)　15, 74 I Nr. 15

公用収用(Enteignung)　14 III, 74 I Nr. 14, 115c II, 143 III

公立学校(Öffentliche Schulen)　⇒学校制度

航路標識(Seezeichen)　74 I Nr. 21

講和条約締結についての決定(Entscheidung über den Friedenschluß)　115l III

講和の規律に関する条約(Verträge über eine Friedensregelung)　79 I

国際機関(Zwischenstaatliche Einrichtungen)　24 I

国際的機関(Internationale Organe) / 緊迫状態における決定(Bündnisentscheidungen zum Spannungsfall)　80a III

国際裁判所(Internationale Gerichtshöfe)　16 II

国際仲裁裁判(Internationale Schiedsgerichtsbarkeit)　24 III

国際的犯罪予防(Internationale Verbrechensnsbekämpfung)　73 I Nr. 10

国際テロリズム(Internationaler Terrorismus)　73 I Nr. 9a, II

国際比較における業績能率（Leistungsfähigkeit im internationalen Vergleich）　91b II

国際法（Völkerrecht）　25, 59 II, 100 II

　－義務違反の負担の国内的分担（Innerstaatliche Verteilung der Haftungsrisiken）
　　104a VI

　－講和の規律に関する条約（Verträge über eine Friedensregelung）　79 I

　－国際刑法（Völkerstrafrecht）　96 V Nr. 2

　－国際法上の原則の規範性審査手続（Normqualifikationsverfahren）　100 II

　－国際法上の条約（Völkerrechtliche Verträge）　59 II

　－～の一般的諸原則（Allgemeine Regeln des Völkerrechts）　25

　－～の効力（Geltung des Völkerrechts）　25

　－庇護権に関する条約（Verträge zum Asylrecht）　16a V

　－防衛緊急事態についての～上の宣言（Erklärung zum Verteidigungsfall）　115a V

　－連邦大統領による連邦代表（Vertretung des Bundes durch den Bundespräsiden-
　　ten）　59 I

　－連邦法の構成部分（Bestandteil des Bundesrechts）　25, 100 II

国籍（Staatsangehörigkeit, Indigenat）　16 I, 73 I Nr. 2, 116 I, II

　－～の剥奪（Ausbürgerung）　16 I

国籍回復擬制（Fiktion der Nichtausbürgerung）　116 II

国土計画（Landesplanung）　29 I

国土整備（Raumordnung）　29 I, 72 III Nr. 4, 74 I Nr. 31

国内総生産（Bruttoinlandsprodukt＝BIP）　109 III, 115 II

国内の非常事態（Innerer Notstand）　91

告白の自由（Bekenntnisfreiheit）　4 I, 33 III, WRV 136 II

国防委員会（Verteidigungsausschuß）　45a

国防代役制度（Wehrersatzwesen）　12a, 87b II

国防法（Wehrgesetze）　36 II

国民（Volk）／基本法の全ドイツ国民への適用（Geltung des Grundgesetzes für das
　gesamte deutsche ～）　146

　－憲法制定権力（Verfassunggebende Gewalt）　Prä., 146

　－国家権力の担い手（Inhaber der Staatsgewalt）　20 II

　－個別の機関を通しての国家権力の行使（Ausübung der Staatsgewalt durch
　　besondere Organe）　20 II

　－住民による決定（Bevölkerungsentscheide）　29 II, III, V, VI, VIII, 118, 118a

　－人権への信奉（Bekenntnis zu den Menschenrechte）　1 II

　－政治的意思形成（Politische Willensbildung）　21 I

　－ドイツ国民（Deutsches ~）　Prä., 1 II, 56, 64 II, 146
　－ドイツ国民たる要件（Deutsche Volkszugehörigkeit）　116 I
　－ナチズム及び軍国主義からのドイツ国民の解放（Befreiung des deutschen
　　Volkes von Nationalsozialismus und Militarismus）　139
　－ラント，郡及び市町村における代表（Vertretung in Ländern, Kreisen und
　　Gemeinden）　28 I
　－連邦議会議員による代表（Vertretung durch die Abgeordneten）　38 I
国民学校（Volksschulen）　7 V
国民主権（Volkssouveränität）　20 II
戸籍制度（Personenstandswesen）　74 I Nr. 2
国家教会法（Staatskirchenrecht）　140, WRV 136 ff.
国家権力（Staatsgewalt）　20 II
国家元首（Staatsoberhaupt）　⇒連邦大統領（Bundespräsident）を見よ
国家全体の利益（Gesamtstaatliches Interesse）　72 II
国家の基本的性格（Definition des Staates; Verfassungsgrundlagen）　Prä, 20 I
国家の中立性（Neutralität des Staates）　33 III, WRV 136 I, WRV 137 I
国家の保護（Staatsschutz）　96 V Nr. 5
国家賠償（Staatshaftung）　34, 74 I Nr. 25, II
国家予算の健全化（Sanierung der Staatshaushalte）　115 II, 143d I, II
国旗（Flagge）　⇒連邦の国旗（Bundesflagge）
国境警備（Grenzschutz）　73 I Nr. 5　⇒連邦国境警備隊（Bundesgrenzschutz），税関
　（Zoll）も見よ
子ども（Kinder）/ 教育（Erziehung）　6 II, III
　－国家共同体による監視（Staatliches Wächteramt）　6 II, III
　－宗教教育（Religiöse Erziehung）　7 II, III
　－宗教の授業への参加（Teilnahme am Religionsunterricht）　7 II, III
　－所得税法における～の考慮（Berücksichtigung im Einkommensteuerrecht）　106 III
　－嫡出でない子（Uneheliche ~）　6 V
個別的法律（Einzelfallgesetze）　19 I
婚姻及び家族の自由（Ehe und Familie）　6 I
混成的財政援助（Mischfinanzierungen）　143c II

さ

サーヴィス（Dienstleistungen）　87f I, II
災害救助（Katastrophenschutz）　35 II

災害事故（Unglücksfall）　11 II, 35 II, III

罪刑法定主義（nulla poena sine lege, Gesetzliche Bestimmung der Strafbarkeit）　103 II

財産（Vermögen）　⇒財産（Eigentum）も見よ
- 基本財産（Grundvermögen）　135 III
- 旧ドイツ国の財産の連邦への移転（Übergang des Reichsvermögens auf den Bund）　134 I
- 財産移転のみなし規定（Fiktion des Vermögensübergangs）　135 VII
- 財産分割（Auseinandersetzung）　135 V
- 宗教団体の〜（〜 der Religionsgesellschafen）　WRV 138 II
- もはや存在しないラントの〜（〜 nicht mehr bestehender Länder）　135 II, III

財産税（Vermögensteuer）　106 II Nr. 1

宰相（Kanzler）　⇒連邦首相（Bundeskanzler）

財政（Finanzen）　⇒支出（Ausgaben），予算（Haushalt）も見よ
- 共同任務のための財政援助保障（Finanzierungsgarantie für Gemeinschaftsaufgaben）　143c I
- 〜計画（Finanzplanung）　106 III, 109 IV
- 財政援助（Finanzhilfe）　104b II, 107 II, 143c I
- 財政専売（Finanzmonopol）　105 I, 106 I, 108 I
- 連邦国家的財政関係に関する新秩序（Neuordnung der bundesstaatlichen Finanzbeziehungen）　143f
- 助成金のための調査期間（Referenzzeitraum für Kompensationsleistungen）　143c I
- 助成金の適切性・必要性審査（Überprüfung der Kompensationsleistungen）　143c III
- 助成金の配分規準（Verteilungsschlüssel für Kompensationsleistungen）　143 II
- 助成金の目的拘束性（Zweckbindung der Kompensationsleistungen）　143c III
- 税財務行政（Finanzverwaltung）　107 I, 108 I–V, 115c III
- 税財務裁判（Finanzgerichtsbarkeit）　95, 108 VI
- 〜制度（Finanzwesen）　104a ff.
- 重複財政措置（Mischfinanzierungen）　143c II
- 必要経費の補填（Deckungsbedürfnisse）　106 III
- 複数年にわたる財政計画（Mehrjährige Finanzplanung）　106 III, 109 IV
- 防衛緊急事態におけるラントの生存能力の維持（Wahrung der Lebensfähigkeit der Länder im Verteidigungsfall）　115c III
- 補充交付金（Ergänzungszuweisungen）　107 II, 143g

－ラント間の財政調整（Finanzausgleich unter den Gliedstaaten）　107 II, 143f, 143g

財政安定化評議会（Stabilitätsrat）　109a, 143d II

　－法行為（Rechtsakten）　109a II

　－決議等の公表（Veröffentlichung der Beschlüsse）　109a III

財政援助（Finanzhilfe）　104b I, II, 104c, 104d, 107 II, 125c II, 143c I

財政規律（Haushaltsdisziplin）　109 II, V, 109a II

財政健全化支援金（Sanierungshilfen）　143d IV

財政交付金（Finanzzuweisungen）　106 IV

財政制度（Finanzwesen）　104a ff.　⇒財政（Finanzen），予算（Haushalt），費用（Kosten）も見よ

財政専売（Finanzmonopol）　105 I, 106 I, 108 I

財政調整（Finanzausgleich）　107 II, 143f, 143g

財団（Stiftungen）　WRV 138 II

歳入及び歳出（Einnahmen und Ausgaben）　114 I, 115 II　⇒収入（Einnahmen），支出（Ausgaben）

裁判（Rechtsprechung）　20 II, III, 20a, 92 ff. 101, 103, 104　⇒裁判所（Gerichte），裁判官（Richter）も見よ

　－基本権への拘束（Grundrechtsbindung）　1 III

　－刑事～（Strafgerichtsbarkeit）　74 I Nr. 1

　－憲法～（Verfassungsgerichtsbarkeit）　93, 100

　－国際仲裁裁判（Internationale Schiedsgerichtsbarkeit）　24 III

　－～で争う途（Rechtsweg）　19 IV

　－～の統一（Einheitlichkeit der ～）　95 III

　－ラントによる行使（Ausübung durch die Länder）　96 V

　－～を受ける権利（Gesetzlicher Richter）　101 I

裁判官（Richter）/ 軍刑事裁判所の～（～ der Wehrstrafgerichte）　96 II

　－兼職禁止（Inkompatibilität）　137 I

　－裁判（Rechtsprechung）　92 ff.

　－自由剥奪についての決定（Entscheidung über die Freiheitsentziehung）　104 II, III

　－人格的・専門的適性（Persönliche und fachliche Eignung）　132 I

　－～訴追（Anklage gegen ～）　⇒裁判官訴追（Richteranklage）を見よ

　－退職（Ruhestand）　97 II, 98 II, 132 I

　－定年（Altersgrenze）　97 II

　－転職・退職（Versetzung）　97 II, 98 II, 132 I

　－特別の法律による法的地位の規律（Regelung der Rechtsstellung durch besondere

　　　Gesetze）　98 I, III

　－年金（Versorgung）　74 I Nr. 27, II

　－～の選任（Wahl der Richter）　94 I

　－～の独立（Persönliche und sachliche Unabhängigkeit）　97

　－～の罷免（Abberufung, Amtsenthebung, Entlassung）　97 II, 98 II, 132 I

　－俸給（Besoldung）　74 I Nr. 27, II

　－法律の定める～（Gesetzlicher ～）　101 I

　－法律への拘束（Bindung an das Gesetz）　97 I

　－身分に関する権利・義務（Statusrechte und -pflichten）　74 I Nr. 27, II

　－身分保障（Inamovibilität）　97 II

　－ラントの裁判官（Landesrichter）　98 III, V

　－ラントの裁判官の任用（Anstellung der Richter in den Ländern）　98 IV

　－令状主義（Richtervorbehalt）　13 II-V, 104 II, III

　－連邦憲法裁判所の～（～ des BVerfG）　94 I

　－連邦最高裁判所の裁判官の任命（Berufung der Richter der obersten Bundesge-
　　richte）　95 II

　－連邦裁判官（Bundesrichter）　94 I, 98

裁判官選出委員会（Richterwahlausschuß）　95 II, 98 IV

裁判官訴追（Richteranklage）　98 II, V

　－ラント憲法による規律（Landesverfassungsrechtliche Regelung）　98 V

　－ラントの裁判官（Landesrichter）　98 V

　－連邦議会による申立て（Antragsberechtigung）　98 II

　－連邦裁判官（Bundesrichter）　98 II, V

裁判官の独立（Persönliche Unabhängigkeit）　97 II

　－～の転職・退職（Versetzung von Richtern）　97 II, 98 II, 132 I

裁判所（Gerichte）　92 ff.

　－営業上の権利保護の事務のための連邦裁判所（Bundesgericht für Angelegenhei-
　　ten des gewerblichen Rechtsschutzes）　96 I

　－行政裁判権（Verwaltungsgerichtsbarkeit）　95 I

　－軍刑事裁判所（Wehrstrafgerichte）　96 II

　－憲法裁判所への移送（Vorlage an Verfassungsgerichte）　100 I-III

　－国際裁判所（Internationale Gerichtshöfe）　16 II

　－国際仲裁裁判所（Internationale Schiedsgerichtsbarkeit）　24 III

　－裁判所組織の変更（Veränderung der Einrichtung）　97 II

　－裁判所構成法（Gerichtsverfassung）　74 I Nr. 1, 92

- 裁判手続（Gerichtliches Verfahren） 74 I Nr. 1
- 司法のための施設（Einrichtung der Rechtspflege） 130 I
- 社会裁判権（Sozialgerichtsbarkeit） 95
- 出訴の途（Rechtsweggarantie） 19 IV
- 税財務裁判権（Finanzgerichtsbarkeit） 95
- 懲戒手続・苦情処理手続のための連邦裁判所（Bundesgericht für Disziplinar- und Beschwerdeverfahren） 96 IV
- 調査委員会に対する司法共助〔法律扶助〕・職務共助（Rechts- und Amtshilfe gegenüber Untersuchungsausschüssen） 44 III
- 調査委員会の決議の裁判への非拘束性（Keine Bindung an Beschlüsse von Untersuchungsausschüssen） 44 IV
- 通常裁判所（Ordentliche Gerichte） 14 III, 19 IV, 34, 95
- 統合経済地区についてのドイツ上級裁判所（Deutsches Obergericht für das Vereinigte Wirtschaftsgebiet） 137 III
- 特別の専門分野についての〜（〜 für besondere Sachgebiete） 101 II
- 法的聴聞の請求（Anspruch auf rechtliches Gehör） 103 I
- ラントの憲法裁判所（Landesverfassungsgerichte） 99, 100 I, III
- ラントの裁判所（Gerichte der Länder） 92, 96 V
- 例外裁判所（Ausnahmegericht） 101 I
- 連邦行政裁判所（Bundesverwaltungsgericht） 95 I
- 連邦憲法裁判所（Bundesverfassungsgericht） 18, 21 III, 41 II, 61, 84 IV, 92, 93, 94, 98 II, V, 99, 100, 115g, 115h, 126, 137 III
- 連邦最高裁判所（Oberste Gerichtshöfe des Bundes） 95, 99
- 連邦最高裁判所の合同法廷（Gemeinsamer Senat der obersten Bundesgerichte） 95 III
- 連邦裁判所（Bundesgerichte） 92, 93 ff. 96
- 連邦社会裁判所（Bundessozialgericht） 95 I
- 連邦税財務裁判所（Bundesfinanzhof） 95 I
- 連邦通常裁判所（Bundesgerichtshof） 95 I, 96 III
- 連邦労働裁判所（Bundesarbeitsgericht） 95 I
- 労働裁判権（Arbeitsgerichtsbarkeit） 95 I

裁判で争う方途 ／ 〜の保障（Rechtsweggarantie） 10 II, 14 III, 16a II, IV, 10 IV, 132 III

   – 〜を尽くすべきこと（Rechtswegerschöpfung） 94 II

裁判に関する基本権（Justizgrundrechte） 101, 103, 104

裁判の統一（Einheitlichkeit der Rechtsprechung）　95 III

細胞移植（Zelltransplantation）　74 I Nr. 26

債務ブレーキ（Schuldenbremse）　109 III, 115 II, 143d I

ザクセン゠アンハルト（Sachsen-Anhalt）　143d II

差別禁止（Diskriminierungsverbot）　3 III

妨げられない宗教的活動（Ungestörte Religionsausübung）　4 II

ザールラント（Saarland）　143d II, IV

し

資格（Qualifikation）／軍刑事裁判所の裁判官（Richter der Wehrstrafgerichte）　96 III

　－公務員（Amtsträger）　33 II, III, 132 I

　－裁判官（Richter）　132 I

　－連邦大統領（Bundespräsident）　54 I

資格審査（Mandatsprüfung）　41, 137 III

事業経営資金積立金（Betriebsmittelrücklage）　111 II

死刑（Todesstrafe）　102

嗜好品（Genußmittel）　74 I Nr. 20

事後法の禁止（Ex-post-facto-Verbot）　103 II

指示（Weisungen）／一のラント領域を超える緊急事態（Länderübergreifender Not-standsfall）　91 II

　－指示権の効力の存続（Fortbestehen von Weisungsrechten）　128

　－防衛緊急事態における連邦政府の〜（〜 der Bundesregierung im Verteidigungs-fall）　115f I

　－ラント最高官庁への連邦政府の〜（〜 der Bundesregierung an oberste Landesbe-hörden）84 V

　－ラントに対する連邦の指示権（Weisungsrecht des Bundes gegenüber Landesbe-hörden）　37 II

　－連邦最高官庁の〜（〜 der obersten Bundesbehörden）　85 III

　－連邦政府の個別的指示（Einzelweisungen der Bundesregierung）　119

　－連邦政府の〜への警察の服務義務（Unterstellung der Polizei unter die 〜 der Bundesregierung）　91 II

自治（Selbstverwaltung）　28 II, 90 III, 93 I Nr. 4b, WRV 137 III

　－自治行政団体（Selbstverwaltungskörperschaften）　90 III

　－宗教団体（Religionsgesellschaften）　WRV 137 III

　－地方自治（Kommunale 〜）　28 II, 93 I Nr. 4b

指示権の効力の存続（Fortbestehen von Weisungsrechten）　128

支出（Ausgaben）

　－委任行政の場合の経費負担（Übernahme im Falle der Auftragsverwaltung）　104a
　　II

　－会計報告（Rechnungslegung）　114 I

　－求職者に対する基礎保障（Grundsicherung für Arbeitssuchende）　91e II

　－緊急支出の場合の補塡（Deckung im Falle der Nothaushalts）　111 II

　－支出の（連邦とラントによる）別々の負担の原則（Grundsatz der gesonderten
　　Tragung der Ausgaben）　104a I

　－支出を増加させる法律又は措置（Ausgabenerhöhende Gesetze oder Maßnahmen）
　　23 V, 113 I

　－市町村等の特別負担（Sonderbelastung der Gemeinden）　106 VIII

　－人的・物的保証（Bürgschafen und Garantien）　115 I

　－特別負担の場合の調整（Ausgleich für Sonderbelastungen）　106 VIII

　－必要経費の補塡を求める請求権（Anspruch auf Deckung der notwendigen ～）
　　106 III

　－予算計画への編入（Einstellung in den Haushaltsplan）　110 I, IV

　－予算超過支出及び予算外支出（Überplanmäßige und außerplanmäßige ～）　112

　－ラントの支出となる市町村の支出（Zurechnung der Gemeinden zu Ländern　106
　　IX

市場（Märkte）　74 I Nr. 11

使節（Gesandte）　59 I

自然災害（Naturkatastrophe）　11 II, 35 II, III, 104b I, 109 III, 115 II

自然的生存基盤（Natürliche Lebensgrundlagen）　G20a

自然保護（Naturschutz）　20a, 72 III Nr. 2, 74 I Nr. 29, 125b I　⇒動物保護（Tier-
　schutz），環境保護（Umweltschutz）も見よ

市町村交通融資（Gemeindeverkehrsfinanzierung）　125c II

市町村集会（Gemeindeversammlung）　28 I

市町村税（Gemeindesteuern）　106 VI

市町村連合（Gemeindeverbände）　28 II, 84 I, 85 I, 93 I Nr. 4b, 104b I, 104c, 105 III,
　106 VI–IX, 107 II, 108 IV, V, VII, 115c III, 120 I, 134 III, 135a I Nr. 3 ⇒市町村
　（Gemeinden）を見よ

市町村（Gemeinden）　28

　－売上税収入の取り分の税率の確定（Feststellung von Hebesätzen für den Umsatz-
　　steueranteil）　106 Va

－欧州共同体市民としての選挙権（Kommunalwahlrecht der Unionsbürger）　28 I

－基礎保障における連邦との協働（Zusammenwirken mit dem Bund in der Grundsicherung）　91e I

－基礎保障の事務の一部の～による独自執行（Optionskommunen）　91e II

－基礎保障の任務の～による独自の遂行（Alleinige Wahrnehmung der Aufgaben der Grundsicherung）　91e II

－教育インフラ（Bildungsinfrastruktur）　104c

－共同租税の収入のラント取得分の百分率（Hundertsatz von Länderanteil der Gemeinschaftssteuern）　106 VII

－憲法訴願（Kommunalverfassungsbeschwerde）　93 I Nr. 4b

－憲法的秩序（Verfassungsmäßige Ordnung）　28 I

－交通事情（Verkehrsverhältnisse）　143c I

－公務員の被選挙権の制限（Beschränkung der Wählbarkeit der Beamten）　137 I

－公務員法制（Beamtenrecht）　74 I Nr. 27, II

－財産の～への返還（Rückgabe von Vermögen）　134 III

－財政高権（Ertragshoheit）　106 I Nr. 2, V, Va, VI

－財政上の自己責任（Finanzielle Eigenverantwortung）　28 II

－財政的に脆弱な～への財政援助（Finanzschwache Gemeinden）　104c

－債務の拘束性（Verbindlichkeiten）　135a I Nr. 3

－自治（Selbstverwaltung）　28 II

－市町村交通融資（Gemeindverkehrsfinanzierung）　125c II

－宗教団体の職位の付与への～の不関与（Keine Mitwirkung an der Verleihung von Ämtern der Religionsgesellschaften）　WRV 137 III

－税財務行政の手続についての規律（Regelung des Verfahrens der Finanzverwaltung）　108 V

－税収の取り分（Anteil am Steueraufkommen）　106 Va, VI, VII

－税率決定権（Hebesatzrecht）　28 II, 106 VI

－戦争の結果の負担（Tragung der Kriegsfolgelasten）　120 I

－代表（Volksvertretungen）　28 I

－担税力及び財政需要（Finanzkraft und Finanzbedarf）　107 II

－地域的な消費税及び奢侈税（Örtliche Verbrauch- und Aufwandsteuern）　105 IIa, 106 VI

－特別負担（Sonderbelastungen）　106 VIII

－特別負担についての連邦の調整（Ausgleich des Bundes für Sonderbelastungen）　106 VIII

－〜に入る租税に関する連邦法律（Bundesgesetze über Steuern zugunsten der 〜）　105 III

－防衛緊急事態における生存能力の維持（Wahrung der Lebensfähigkeit im Verteidigungsfall）　115c III

－ラント間の財政調整の際の考慮（Berücksichtigung im Länderfinanzausgleich）　107 II

－ラント自身の収入・支出となる〜の収入・支出（Einnahmen und Ausgaben der 〜 als solche der Länder）　106 IX

－ラント税財務官庁の任務の委譲（Übertragung der Aufgaben der Landesfinanzbehörden）　108 IV, V, VII

－連邦による自治の保障（Gewährleistung der Selbstverwaltung durch den Bund）　28 III

－連邦の財政援助（Finanzhilfen des Bundes）　104b I

－連邦法律による〜への任務の委譲（Keine Übertragung von Aufgaben durch Bundesgesetz）　84 I, 85 I

－連邦領域再編成における意見聴取権（Anhörungsrecht in der Neugliederung）　29 VII, VII

市町村担税力対応交付金（Gemeindesteuerkraftzuweisungen）　107 II

失効（Außerkrafttreten）/ 基本法（Grundgesetz）の〜　146

－合同委員会の制定する法律の〜（Gesetze des Gemeinsamen Ausschusses）　115k II, 115l I

執行権（Vollziehende Gewalt）　1 III, 20 II, III, 20a

室内ゲーム場（Spielhalle）　74 I Nr. 11

執務規則（Geschäftsordnung）/ 連邦政府（Bundesregierung）　65

－固有の権利を付与する〜（Ausstattung mit eigenen Rechten）　93 I Nr. 1

自動車（Kraftfahrzeuge）　74 I Nr. 22

自動車税（Kraftfahrzeugsteuer）　106 I Nr. 3, 106b, 108 I

支払流通（Zahlungsverkehr）　73 I Nr. 5

司法（Justiz）　⇒裁判（Rechtsprechung）

司法〔法律〕共助及び職務共助（Rechts- und Amtshilfe）　35 I, 44 III

私法上の保険制度（Privatrechtliches Versicherungswesen）　74 I Nr. 11

私法上の会社（Gesellschaft privaten Rechts）　90 II

－〜の所有権（Eigentum des Bundes）　90 II

私法的形態における企業（Unternehmen in Privatrechtsform）　87e III, 87f II, 143a I, 143b I, III

司牧（Seelsorge） WRV 141

資本流通（Kapitalverkehr） 106 I Nr. 4

市民及び公民の権利義務（Bürgerliche und staatsbürgerliche Rechte und Pflichten）
WRV 136 I, II

市民租税台帳（Bürgerliche Steuerlisten） WRV 137 VI

社会化（Vergesellschaftung） 15

社会国家（Sozialstaat） 20 I, 23 I, 28 I

社会的住居促進（Soziale Wohnraumförderung） 143c I

社会的連邦国家（Sozialer Bundesstaat） 20 I

社会裁判権（Sozialgerichtsbarkeit） 95

社会保険（Sozialversicherung） 74 I Nr. 12, 87 II, 120
　－〜の保険者（Soziale Versicherungsträger） 87 I

社団（Vereine）/ 結社の自由（Vereinigungsfreiheit） 9, 18, WRV 137 II
　－社団法（Vereinsrecht） 74 I Nr. 3
　－宗教的（Religiöse 〜） WRV 138 II
　－世界観共同振興社団（Vereinigungen zur gemeinschaftlichen Pflege einer Weltan-
　　schauung） WRV 137 VII

自由（Freiheit）/ 学問の〜（〜 der Wissenschaft） 5 III
　－教授の〜（〜 der Lehre） 5 III
　－芸術の〜（〜 der Kunst） 5 III
　－自由委任（Feies Mandat） 38 I
　－宗教上の信念の表明の義務からの〜（von der Pflicht, die religiöse Überzeugung
　　zu offenbaren） WRV 136 III
　－宗教団体結成の〜（〜 der Vereinigung zu Religionsgesellschaften） WRV 137 II
　－人格の発展（Entfaltung der Persönlichkeit） 2 I
　－人身の〜（〜 der Person） 2 II, 104, 115c II
　－人身の〜の制限（Beschränkung der persönlichen 〜） 46 III, IV, 60 IV
　－選挙の〜（〜 der Wahl） 28 I, 38 I
　－ドイツの（Deutschlands） Prä., 146
　－ナチズム及び軍国主義からの解放（Befreiung von Nationalsozialismus und
　　Militarismus） 132 II, 139

自由委任（Freies Mandat） 38 I

集会の自由（Versammlungsfreiheit） 8, 17a I, 18

住居（Wohnung） 13
　－〜の不可侵（Unverletzlichkeit der Wohnung） 13, 17a II

宗教(Religion) / 宗教上の信仰〔告白〕に係らしめられない権利(Unabhängigkeit der Rechten vom religiösen Bekenntnis)　33 III
　－妨げられることのない宗教的活動(Ungestörte Religionsausübung)　4 II
　－宗教の授業(Religionsunterricht)　7 II, III
　－宗教的理由による国籍の剥奪(Entzug der Staatsangehörigkeit aus religiösen Gründen)　116 II
　－信仰の自由(Glaubensfreiheit)　4 I, II, WRV 136, WRV 137
　－不利益取扱いの禁止(Benachteiligungsverbot)　3 III
宗教共同体(Religionsgemeinschaften)　7 III
宗教上の信念(Religiöse Überzeugung)　WRV 136 III
宗教上の自由(Religionsfreiheit, Freiheit der Religionsausübung)　4 I, II, 33 III, WRV 136 ff.　⇒信仰の自由(Glaubensfreiheit)も見よ
　－ヴァイマル憲法の宗教条項(Weimarer Kirchenartikel)　140
　－公の営造物での司牧(Anstaltsseelsorge)　WRV 141
　－国教会の禁止(Keine Staatskirche)　WRV 137 I
　－宗教団体の自由(Kollektive ～)　WRV 137 II, III
　－宗教的誓言なしの職務宣誓(Amtseid ohne religiöse Beteuerung)　56, 64 II, WRV 136 IV
　－ブレーメン条項(Bremer Klausel)　141
　－礼拝等の強制の禁止(Negative ～)　56, 64 II, WRV 136 IV, WRV141
宗教団体(Religionsgesellschaften)　⇒教会(Kirchen)も見よ
　－営造物での司牧(Zulassung zur Anstaltsseelsorge)　WRV 141
　－教会税徴収権(Steuererhebungsrecht)　WRV 137 V
　－国等の関与を受けずに職位を付与する権利(Verleihung eigener Ämter ohne staatliche Mitwirkung)　WRV 137 III
　－国の教会の禁止(Keine Staatskirche)　WRV 137 I
　－結成の自由(Freiheit der Vereinigung zu ～)　WRV 137 II
　－権利能力の取得(Erwerb der Rechtsfähigkeit)　WRV 137 IV
　－構成員数(Mitgliederzahl)　WRV 137 V
　－根本規則(Verfassung)　WRV 137 V
　－財産(Vermögen)　WRV 138 II
　－事務の独立での処理・管理(Ordnung und Verwaltung eigener Angelegenheiten)　WRV 137 III
　－授業の目的のための施設(Einrichtungen zu Unterrichtszwecken)　WRV 138 II
　－所有権の保障(Gewährleistung des Eigentums)　WRV 138 II

－世界観団体の同視（Gleichstellung weltanschaulicher Vereinigungen）　WRV 137 VII

－存続の確実性（Gewähr der Dauer）　WRV 137 V

－〜の地位（Körperschaftsstatus）　WRV 137 V, VI

－複数の〜の連合（Zusammenschluß mehrerer 〜）　WRV 137 II, V

－〜への所属（Frage nach der Zugehörigkeit）　WRV 136 III

－〜への国の給付（Staatsleistungen）　WRV 138 I

宗教団体の存続の確実性（Gewähr der Dauer）　WRV 137 V

宗教団体の連合体（Verbände von Religionsgesellschaften）　WRV 137 V

宗教団体の自由（Kollektive Religionsfreiheit）　WRV 137 II, III

宗教団体への国の給付（Staatsleistungen an die Religionsgesellschaften）　WRV 138 I

－〜の償却（Ablösung der Staatsleistungen an die Religionsgesellschaften）　140, W138 I

－〜の諸原則についての立法権限（Grundsatzgesetzgebungskompetenzen）　WRV 138 I

宗教的中立性（Religiöse Neutralität）　33 III, WRV 137 I

宗教の授業（Religionsunterricht）　7 II, III, 141

－宗教共同体の〜への協働（Mitwirkung der Religionsgemeinschaften am 〜）　7 III

宗教法制（Religionsverfassungsrecht）　140, WRV 136 ff.

住居促進（Wohnraumförderung）　125c II, 143c I

住所（Wohnsitz）　116 II

重大な盗聴措置（Großer Lauschangriff）　13 III, IV

住宅建設促進奨励金法（Wohnungsbauprämienrecht）　74 I Nr. 18

住宅手当（Wohngeld）　74 I Nr. 18

－〜に関する法（Wohngeldrecht）　74 I Nr. 18

住宅難（Raumnot）　117 II

自由で民主的な基本秩序（Freiheitliche demokratische Grundordnung）　10 II, 11 II, 18, 21 II, III, 73 I Nr. 10, 87a IV, 91 I

収入（Einnahmen）　24 V, 105-107, 108 III, IV, 109 III, 111 II, 113 I

宗派学校（Bekenntnisschule）　7 V

宗派共同学校（Gemeinschaftsschule）　7 V

自由剥奪（Freiheitsentziehung）　12 III, 104

－異議申立の機会（Gelegenheit zu Einwendungen）　104 III

－一時的な逮捕（Vorläufige Festnahme）　104 III

－議員（Abgeordnete）　46 II

- －勾留命令（Haftbefehl）　104 III
- －裁判官留保（Richtervorbehalt）　104 II
- －親族又は信頼する者への通知（Benachrichtigung Angehöriger oder Vertrauenspersonen）　104 IV
- －肉体的又は精神的な虐待の禁止（Verbot der körperlichen oder seelischen Mißhandlung）　104 I
- －〜の理由の告知（Mitteilung der Gründe für die 〜）　104 III
- －防衛緊急事態における期限の延長（Fristverlängerung im Verteidigungsfall）　115c II
- －未決拘禁の執行に関する法（Untersuchungshaftvollzug）　74 I Nr. 1

従物（Zubehör）　135 III

住民（Einwohner）　51 II

住民投票（Volksbefragung）　29 IV–VI, 118

住民登録制度及び身分証明制度（Melde- und Ausweiswesen）　73 I Nr. 3

住民発案（Volksbegehren）　29 IV, VI

住民表決（Volksentscheid）　29 II, III, V, VI, VIII, 118, 118a

祝日（Feiertage）　WRV 139

授権（Ermächtigung）　110, 111, 115, 129
- －起債（Kreditaufnahme）　110 IV, 111 II, 115 I, II
- －必要な支出（Nötige Ausgaben）　111 I
- －法規命令発布権限の存続（Fortbestand von Verordnungsermächtigungen）　129 I

手工業（Handwerk）　74 I Nr. 11

首相（Kanzler）　⇒連邦首相（Bundeskanzler）

出席・参加要求権（Zitierrecht）　43, 53, 53a II

出入国（Ein- und Auswanderung）　73 I Nr. 3

出版権（Verlagsrecht）　73 I Nr. 9

出版の自由（Pressefreiheit）　⇒プレスの自由（Pressefreiheit）を見よ

首都（Hauptstadt）　22 I

種の保存（Artenschutz）　72 III Nr. 2, 125b I

種苗（Saat- und Pfanzgut）　74 I Nr. 20

狩猟（Jagtwesen）　72 III Nr. 1, 74 I Nr. 28

シュレースヴィヒ＝ホルシュタイン（Schleswig-Holstein）　125c II, 143d II

障害者（Behinderte）　3 III

消極的な宗教上の自由（Negative Religionsfreiheit）　56, 64 II, WRV 136 IV, WRV 141

将校（Soldaten）/ 〜及び下士官の任命（Ernennung der Offiziere und Unteroffiziere） 60 I

　− 兼職禁止（Inkompatibilität）　137 I

証拠調べ（Beweiserhebung）　44 II

商船（Kauffahrteischiffe）　27

商船隊（Handelsflotte）　27

少年保護（Jugendschutz）　5 II, 6 III, 11 II, 13 VII

消費税（Verbrauchssteuern）　106 I Nr. 2, 108 I

情報技術システム（Informationstechnische Systeme）　91c

　− 〜に関する協定（Vereinbarungen über informationstechnische Systeme）　91c II

　− 情報技術による地域を超えたアクセス（Übergreifende informationstechnische Zugang）　91c V

情報自己決定権（Informationelle Selbstbestimmung）　1 I, 2 I

情報受領の自由（Informationsfreiheit）　5 I

条約（Verträge）/ 英米仏三国との関係に関する条約（Vertrag über die Beziehung zu den drei Mächten）　142a*

　− 欧州防衛共同体設立条約（Vertrag über die Gründung der Europäischen Verteidigungsgemeinschaft）　142a*

　− 欧州連合の作業方法に関する条約（Verträge über die Arbeitsweise der Europäischen Union）　109a II

　− 外国との〜（~ mit auswärtigen Staaten）　32 II, III

　− 旧ドイツ国の条約の効力の継続（Fortgeltung der Staatsverträge des Deutschen Reiches）　123 II

　− 国際法上の〜（Völkerrechtliche ~）　59 II, 79 I

　− 通商・航行条約（Handels- und Schiffahrtsverträge）　73 I Nr. 5

　− 統一条約（Einigungsvertrag）　143 I, III

　− 同盟条約（Bündnisverträge）　80a III

　− パリ条約（Pariser ~）　142a*

　− 批准（Ratifikation）　59 II

　− ラントと外国との〜（~ der Länder mit auswärtigen Staaten）　32 III

　− ラントの利害に関わる〜（Berührung von Länderinteressen）　32 II

　− 連邦大統領の条約締結権（Vertragsschlußkompetenz des Bundespräsidenten）　59 I

使用料（Abgaben）　⇒公課（Abgaben）

書記役議員（Schriftführer）　40 I

職業官吏制度（Berufsbeamtentum）　33

－～の伝統的諸原則(Hergebrachte Grundsätze des Berufsbeamtentums)　33 V

職業教育補助(Ausbildungsbeihilfen)　74 I Nr. 13

職業選択・遂行の自由(Berufsfreiheit, Freiheit der Berufsausübung)　12, 12a, 74 I Nr. 19

植物保護(Pflanzenschutz)　74 I Nr. 20

職務(Amt)　⇒官吏(Beamte)も見よ

－教会の職位の付与への国の不参加(Keine staatliche Mitwirkung an der Verleihung kirchlicher Amt)　140, WRV137 III

－公職就任の平等(Gleicher Zugang zu öffentlichen Amt)　33 II, III, WRV 136 II

－宗教上の信仰〔告白〕(Unabhängigkeit vom religiösen Bekenntnis)　33 III, WRV136 II

－職務共助(Amtshilfe)　35 I, 44 III

－職務上の義務違反の責任(Amtspflichtverletzung der Beamten)　34

－大統領の職務就任禁止(Verbot der Ausübung durch den Bundespräsidenten)　55 II

－～の被選期間依存性(Abhängigkeit des Amtes von der Legislativperiode)　69 II

職務共助(Amtshilfe)　35 I, 44 III

職務執行政府(Geschäftsführende Bundesregierung)　69 III

職務就任の宣誓(Amtseid) / 宗教上の誓言(Religiöse Beteuerung)　56, 64 II, WRV136 IV

－連邦首相・閣僚の～(～ der Bundesregierung)　64 II

－連邦大統領の～(～ des Bundespräsidenten)　56

食糧の確保(Sicherung der Ernährung)　74 I Nr. 17

食料品法制(Lebensmittelrecht)　74 I Nr. 20

諸国民(Völker) / 世界の～間の平和で永続的な秩序(Friedliche und dauerhafte Ordnung zwischen den Völkern der Welt)　24 II

－～の間の協調の思想(Gedanken der Völkerverständigung)　9 II

－平和的共存(Friedliches Zusammenleben)　26 I, 96 V Nr. 4

女性(Frauen)　3 II, III, 12a IV, 117 II

－衛生施設への徴用(Heranziehung zu Sanitätsdiensten)　12a IV

－参政権(Wahlrecht)　38

－同権(Gleichberechtigung)　3 II, III, 117 II

－武器を持ってする役務(Dienst mit der Waffe)　12a IV

－母性保護(Mutterschutz)　6 IV

所得税(Einkommensteuer)　106 I Nr. 6, III, V, 107 I

所有権(Eigentum)　14, 18, 143 III, WRV 138 II

　　－旧ドイツ国の水路に対する連邦の～（～ des Bundes an den bisherigen Reichs-
　　　wasserstraßen）　89 I

　　－私有財産権（Privates Eigentum）　14

　　－鉄道経営に対する連邦の～（～ des Bundes an Eisenbahnunternehmen）　87e III

　　－連邦高速自動車道路等に対する連邦の～（～ der Bundesautobahnen und sonsti-
　　　gen Bundesstraßen des Fernverkehrs）　90 I

私立学校（Privatschulen）　7 IV, V

飼料（Futtermittel）　74 I Nr. 20

人格の自由な発展（Freie Entfaltung der Persönlichkeit）　2 I

親権（Elternrecht）　6 II

親権者（Erziehungsberechtigte）　6 III

人権（Menschenrechte）/ ドイツ国民の～への信奉（Bekenntnis des deutschen Volkes
　　zu den）　1 II

　　－～の不可譲性（Unveräußerlichkeit）　1 II

　　－～の不可侵性（Unverletzlichkeit）　1 II

信仰（Glauben）　3 III, 4 I, II, WRV 136 ff.

人口（Bevölkerung）　⇒住民（Einwohner）

信仰及び良心の自由（Glaubens- und Gewissensfreiheit）　4 I

信仰の自由（Glaubensfreiheit）　4, I, II, 12a, WRV 136 ff.　⇒宗教上の自由（Religi-
　　onsfreiheit）も見よ

真実に即した報告（Wahrheitsgetreue Berichte über Sitzungen des Bundestages）　42 III

人種（Rasse）　3 III, 116 II

親書・郵便等の秘密（Brief-, Post- und Fernmeldegeheimnis）　10, 18, 44 II

人身の自由（Freiheit der Person）　2 II, 104, 115c II

人身保護（Habeas Corpus）　104

身体の自由（Freiheit der Person）　⇒人身の自由（Freiheit der Person）

人体の組織の移植（Gewebetransplantation）　74 I Nr. 26

身体を害されない権利（Körperliche Unversehrtheit）　2 II, 104 I

人的保証（Bürgschaften）　115 I

信任問題（Vertrauensfrage）　68 I, 81 I

人類に対する罪（Verbrechen gegen die Menschlichkeit）　96 V Nr. 2

す

水質保全（Wasserhaushalt）　72 III Nr. 5, 74 I Nr. 32, 125b I

水路（Wasserstraßen）　⇒連邦水路（Bundeswasserstraßen）を見よ

ストライキ権（Streikrecht）　9 III

せ

性（Geschlecht）　3 II, III, 117 II

税（Steuern）　⇒公課（Abgaben），租税（Steuren）を見よ

生活必需品（Bedarfsgegenstände）　74 I Nr. 20

生活保護（Fürsorge）/ かつての捕虜の生活保護（Ehemalige Kriegsgefangene）　73 I
　　Nr. 13

　　– 公的扶助（Öffentliche ~）　74 I Nr. 7

　　– 母性の保護（Mütter）　6 IV

請願権（Petitionsrecht）　17, 17a I, 45c I

正義（Gerechtigkeit）　1 II, 56, 64 II

政教分離（Trennung von Kirchen und Staat）　⇒国教会の禁止（Keine Staatskirche）

税財政行政（Finanzverwaltung）　107 I, 108 I–V, 115c III

税財務裁判権（Finanzgerichtsbarkeit）　95, 108 VI

清算（Abwicklung）　130 I

生産手段（Produktionsmittel）　15, 74 I Nr. 15

政治的迫害（Politische Verfolgung）　16a I

政治の基本方針（Richtlinien der Politik）　65

政党（Parteien, Politische Parteien）　21

　　– 禁止手続（Verbotsverfahren）　21 IV

　　– 国の助成（Staatliche Finanzierung）　21 III, IV

　　– 政治的意思形成への協力（Mitwirkung an der politischen Willenbildung）　21 I

　　– 租税優遇措置（Steuerliche Begünstigung）　21 III

　　– ～への寄付の優遇措置（Begünstigung von Zuwendungen）　21 III

西南ドイツ（Südwestdeutsche Länder）　138

　　– ～鉄道経営連合体（Betriebsvereinigung der südwestdeutschen Eisenbahnen）　130 I

政府（Regierung）　⇒連邦政府（Bundesregierung）を見よ

生命（Leben）/ 医学的に裏付けのある～の発生〔生殖補助医療〕（Medizinisch
　　unterstützte Erzeugung menschlichen Lebens）　74 I Nr. 26

　　– 生命への権利（Recht auf ~）　2 II, 102

成立（Zustandekommen）/ 法律の～（~ der Gesetze）　78, 81 II

　　– 基本法の～（~ des Grundgesetzes）　Prä., 145, 146

税率決定権（Hebesatzrecht）　28 II, 106 V, VI

世界観（Weltanschauung）　3 III, 7 V, 33 III, WRV 137 VII

世界観学校（Weltanschauungsschule）　7 V

責任（Haftung）/ 欧州連合に対する～（～ gegenüber der EU）　104a VI

　－国家責任（Staatshaftung）　34, 74 I Nr. 25, II

　－職務上の義務違反（Amtspflichtverletzung）　34

　－責任原因の原則（Verursacherprinzip）　104a VI, 109 V

　－代位責任（Haftungsübertrag auf den Dienstherrn）　34

　－秩序ある行政についての～（～ für eine ordnungsgemäße Verwaltung）　104a V

　－超国家的又は国際法上の義務の違反に対する～（～ für Verletzung supranationaler oder völkerrechtlicher Verpflichtungen）　104a VI

　－補償（Wiedergutmachung）　74 I Nr. 9

　－予算規律違反（Verletzung der Haushaltsdisziplin）　109 V

　－連帯責任（Solidarische ～）　104a VI, 109 II,V

　－連邦及びラントの負担の分担規準（Schlüssel für die Verteilung der Risiken auf Bund und Länder）　104a VI, 109 II, V

責任（Verantwortung）

　－神と人間に対する～（～ vor Gott und den Menschen）　Prä.

　－国家全体に対する連邦の責任（Gesamtstaatliche Verantwortung des Bundes）　23 VI

　－公務員の雇用当局の～（～ des Dienstherrn für Beamte）　143a I, 143b III

　－将来の世代のための～（～ für die künftigen Generationen）　20a

　－所轄事務への責任（Ressortverantwortung）　65

　－代位責任（Übergang der Haftung auf den Dienstherrn）　34

　－地域的事項の規律の自己責任（Regelung der örtlichen Angelegenheiten in eigener ～）　28 II

　－鉄道行政に関する連邦による保障（Gewährleistung durch den Bund）　87e IV

　－物価安定の確保（Sicherung der Preisstabilität）　88

　－郵便制度及び遠距離通信におけるサーヴィスの保障（Gewährleistung von Dienstleistungen in Postwesen und Telekommunikation）　87f I

　－連邦議会議員の不逮捕特権（Immunität der Abgeordneten）　46 II

　－連邦議会議員の免責特権（Indemnität der Abgeordneten）　46 I

　－連邦議会の会議における真実に即した報告の～（Wahrheitsgetreue Berichte über Sitzungen des Bundestages）　42 III

　－連邦首相の方針決定権限（Richtlinienkompetenz des Bundeskanzlers）　65

　－連邦大臣による所轄事務の指揮（Leitung der Geschäftsbereiche durch die Bundesminister）　65

選挙（Wahlen）/ 国家権力の行使（Ausübung von Staatsgewalt）　20 II
  － 裁判官選出委員会（Richterwahlausschuß）　95 II
  － 自由～（Freiheit）　28 I, 38 I
  － 選挙準備のための休暇（Urlaub zur Wahlvorbereitung）　48 I
  － 選挙審査（Wahlprüfung）　41, 137 III
  － 選挙法（Wahlgesetz）　137 II
  － 選挙法の諸原則（Wahlrechtsgrundsätze）　38 I
  － 地方選挙（Kommunalwahlen）　28 I
  － 直接～（Unmittelbarkeit）　28 I, 38 I
  － 被選期間（Wahlperiode）　39 I, 54 V, 115h I
  － 被選挙権（Wählbarkeit, Wahlberechtigung）　28 I, 38 II, 137 I
  － 秘密～（Geheimheit）　28 I, 38 I
  － 平等～（Gleichheit）　28 I, 38 I
  － 比例選挙（Verhältniswahl）　54 III
  － 連邦会議の構成員（Mitglieder der Bundesversammlung）　54 III
  － 連邦議会（Bundestag）　38, 39 I
  － 連邦議会議員（Abgeordnete）　38
  － 連邦議会議長（Bundestagspräsident）　40 I
  － 連邦憲法裁判所の裁判官（Richter des BVerfG）　94 I
  － 連邦最高機関の第一回の直接選挙（Erstmalige Direktwahl der obersten Bundesorgane）　137 II
  － 連邦首相（Bundeskanzler）　63, 67 I, 68
  － 連邦大統領（Bundespräsident）　54 I, 136 II, 137 II
選挙権（Wahlrecht）　28 I, 38 II
  － 欧州共同体市民の（Unionsbürger）　28 I
  － 消極的～（Passives ~）　28 I, 38 II, 137 I
  － 積極的～（Aktives ~）　28 I, 38 II
選挙準備のための休暇（Urlaub zur Wahlvorbereitung）　48 I
選挙法の諸原則（Wahlrechtsgrundsätze）　38 I
宣誓（Eid）　⇒職務就任の宣誓（Amtseid）
戦争（Krieg）　⇒防衛（Verteidigung），防衛緊急事態（Verteidigungsfall）も見よ
  － 軍国主義（Militarismus）　132 II, 139
  － 戦傷者（Kriegsbeschädigte）　73 I Nr. 13
  － 戦争遺族（Kriegshinterbliebene）　73 I Nr. 13
  － 戦争の結果の負担（Kriegsfolgelasten）　120

　－戦没者等の墓苑（Kriegsgräber und Gräber anderer Opfer des Kriegs usw.）　74 I
　　Nr. 10

　－～のための武器（Kriegswaffen）　26 II

　－兵役拒否（Kriegsdienstverweigerung）　4 III, 12a II

　－捕虜（Kriegsgefangene）　73 I Nr. 13

　－連邦領域への攻撃（Angriff auf das Bundesgebiet）　115a I, IV, V

戦争及び暴力的支配の犠牲者（Opfer von Krieg und Gewaltherrschaft）　74 I Nr. 10

　－～の墓苑（Gräber der Opfer von Krieg und Gewaltherrschaft）　74 I Nr. 10

専属的立法（Ausschließliche Gesetzgebung）　⇒連邦の専属的権限（Ausschließliche
Bundeskompetenzen）

前文（Präambel）　Prä.

占領（Besatzung）　79 I, 125, 130 I, 135a I Nr. 3

占領法秩序の除去（Abbau der besatzungsrechtlichen Ordnung）　79I

戦力（Streitkräfte）　⇒軍隊（Streitkräfte）を見よ

そ

騒音防止（Lärmbekämpfung）　74 I Nr. 24

臓器移植（Organtransplantation）　74 I Nr. 26

相互的集団安全保障体制（System gegenseitiger kollektiver Sicherheit）　24 II

捜索（Durchsuchungen）　13 II, 40 II

相続権（Erbrecht）　14 I

相続税（Erbschaftsteuer）　106 II Nr. 2

遡及処罰の禁止（Nulla poena sine lege, Rückwirkungsverbot bei Strafgesetzen）　103 II

租税（Steuern）/ **売上税**（Umsatzsteuer）　106 III, IV, Va, 107 I, 143d III

　－売上税収入に対するラントの取得分（Länderanteil am Aufkommen der Umsatz-
steuer）　107 I, II

　－売上税収入の配分に関する原則（Grundsätze zur Verteilung der Umsatzsteuer）
106 III, 107 I

　－売上税の補充取得分（Ergänzungsanteile an der Umsatzsteuer）　107 I

　－売上税の割増し分の供与と割引き分の徴収（Gewährung von Zuschläge und
Erhebung von Abschläge）　107 II

　－営業税（Gewerbesteuer）　106 VI

　－給与所得税（Lohnsteuer）　107 I

　－教会税（Kirchensteuer）　WRV 137 VI

　－共同租税（Gemeinschaftssteuern）　106 III, VI

－近距離旅客運輸に対するラントの取得分（Länderanteil für den Personennahverkehr） 106a
－経済力のある税財源（Wirtschaftskraftbezogene Steuerquelle） 28 II
－財産税（Vermögensteuer） 106 II Nr. 1
－財政高権（Ertragshoheit） 106, 107 I
－市町村税（Gemeindesteuern） 106 VI
－市町村の～財源（Steuerquelle der Gemeinden） 28 II
－自動車税（Kraftfahrzeugesteuer）106 I Nr. 3
－資本流通税（Kapitalverkehrsteuer） 106 I Nr. 4
－宗教団体の租税徴収権（Steuererhebungsrecht der Religionsgesellschaften）
　WRV 137 VI
－収入の変化に応じた取得分の再設定（Neufestsetzung der Anteile nach Entwicklung der Einnahmen） 106 IV
－消費税（Verbrauchsteuern） 106 I Nr. 2, 108 I
－所得税（Einkommensteuer） 106 I Nr. 6, III, V, 107 I
－所得税法における子どもの考慮（Berücksichtigung von Kindern im Einkommensteuerrecht） 106 III
－税財務行政（Verwaltung） 108 I-V, VII
－税収入に関する連邦の権限（Bundeskompetenz in Abhängigkeit von Aufkommen）
　105 II
－税収入の配分（Verteilung des Aufkommens） 106, 107 I
－税率（Hebesätze） 28 II, 106 V, VI
－相続税（Erbschaftsteuer） 106 II Nr. 2
－租税管理（Verwaltung von Steuern） 108 IV, IVa
－地域的収入（Örtliches Aufkommen） 107 I
－地域的消費税・奢侈税（Örtliche Verbrauch- und Aufwandsteuern） 105 IIa, 106 VI
－手形税（Wechselsteuer） 106 I Nr. 4
－道路貨物運運送税（Straßengüterverkehrsteuer） 106 I Nr. 3
－特別法に基づく収入（Einnahmen aus besonderen Gesetzen） 111 II
－土地税（Grundsteuer） 106 VI
－取引税（Verkehrsteuern） 106 II Nr. 3
－納税義務者の過重負担（Überbelastung der Steuerpflichtigen） 106 III Nr. 2
－ビール税（Biersteuer） 106 II Nr. 4
－不動産取得税（Grunderwerbsteuer） 107 I
－法人税（Körperschaftsteuer） 106 I Nr. 6, III, 107 I

－租税法律（Steuergesetze）　108 IV, IVa

－保険税（Versicherungsteuer）　106 I Nr. 4

－輸入売上税（Einfuhrumsatzsteuer）　108 I

－ラントの～（Landessteuern）　106 VII, 107 I

た

代役（Ersatzdienst）　12a II, 17a I

大学（Universität）　⇒研究（Forschung），大学（Hochschulen）を見よ

大学（Hochschulen）/ 学問，研究及び教授の助成（Förderung von Wissenschaft, Forschung und Lehre）　91b I

　－研究用建物及び大規模設備（Forschungsbauten und Großgeräte）　91b I

　－大学修了認定（Hochschulabschlüsse）　72 III Nr. 6, 74 I Nr. 33, 125b I

　－大学制度（Hochschulwesen）　72 III Nr. 6, 74 I Nr. 33, 91b I, 125b I

　－大学設置（Hochschulbau）　143c I

　－大学入学許可（Hochschulzulassung）　72 III Nr. 6, 74 I Nr. 33, 125b I

　－大学附属病院（Hochschulkliniken）　143c I

大気汚染防止（Luftreinhaltung）　74 I Nr. 24

大綱的立法（Rahmengesetzgebung）　75*, 125b I

大臣（Minister）　⇒連邦大臣（Bundesminister）

大統領（Präsident）　⇒連邦大統領（Bundespräsident）を見よ

大ベルリーン（Groß-Berlin）　127, 145 I

逮捕令状（Haftbefehl）　104 III　⇒自由剥奪（Freiheitsentziehung）も見よ

代理（Vertretung）/ 連邦憲法裁判所への大統領訴追の～（der Präsidentenklage vor dem BVerfG）　61 I

　－連邦首相の～（des Bundeskanzlers）　69 I

　－連邦大統領の～（des Bundespräsidenten）　57

大量殺戮（Völkermord）　96 V Nr. 1

抱合わせ禁止原則（Bepackungsverbot）　110 IV

多数決（Mehrheit）　29 III, VI, VII, 42 II, 54 VI, 63 II, IV, 67 I, 68 I, 77 IV, 80a III, 87 III, 115 II, 115a I, 121

　－委員会構成員の四分の一（Viertel der Ausschußmitglieder）　45a II

　－三分の二の多数（Zweidrittelmehrheit）　29 III, 42 I, 61 I, 77 IV, 79 II, 80a I, 98 II, 115a I, II, 115e I, 115h II, 144 I

　－投票の過半数（Mehrheit der abgegebenen Stimmen）　42 II

　－連邦会議の構成員の過半数（Mehrheit der Mitglieder der Bundesversammlung）

54 VI

- 連邦議会議員の過半数（Mehrheit der Mitglieder des Bundestages）　29 VII, 63 II, IV, 67 I, 68 I, 77 IV, 80a III, 87 III, 115 II, 115a I, 121
- 連邦議会議員の四分の一（Viertel der Mitglieder des Bundestages）　23 Ia, 44 I, 93 I Nr. 2
- 連邦参議会の票決の過半数（Mehrheit der Stimmen des Bundesrates）　52 III

魂の向上（Seelische Erhebung）　WRV 139

団体（Körperschaften）
- 公法上の〜（〜 des öffentlichen Rechts）　73 I Nr. 8, 74 I Nr. 27, II, 86, 87 II, III, 130, 135 II, V, VII, 135a I Nr. 1, 2, II, WRV 137 V, VI
- 公法上の〜としての宗教団体（Religionsgesellschaften als 〜 des öffentlichen Rechts）　WRV 137 V, VI
- 法人税（Körperschaftsteuer）　106 I Nr. 6, III, 107 I
- ラント直属の〜（Landesunmittelbare 〜）　87 II, 130 III
- 立法機関（Gesetzgebende 〜）　122 II

ち

地域開発計画及び国土計画の要請（Erfordernisse der Raumordnung und Landesplanung）　29 I

地域間格差のないサーヴィス（Flächendeckende Dienstleistungen）　87f I

地域的経済構造の改善（Verbesserung der regionalen Wirtschaftsstruktur）　91a I

地域的収入（Örtliches Aufkommen）　G107

地域的な消費税及び奢侈税（Örtliche Verbrauch- und Aufwandsteuern）　105 IIa, 106 VI

治水（Wasserwirtschaft）　89 III

地方自治（Kommunale Selbstverwaltung）　28 II

地方自治体（Kommune）　⇒市町村（Gemeinden），市町村連合（Gemeindeverbände），郡（Kreise）を見よ
- 〜の憲法訴願（Kommunalverfassungsbeschwerde）　93 I Nr. 4b

地方選挙権（Kommunalwahlrecht）　28 I

中央官庁（Zentralstellen）/ 警察情報・通報制度のための〜（für das polizeiliche Auskunfts- und Nachrichtenwesen）　87 I
- 刑事警察のための〜（für die Kriminalpolizei）　87 I
- 憲法擁護のための（für Zwecke des Verfassungsschutzes）　87 I

中級官庁（Mittelbehörde）　85 II, 108 I, II

仲裁裁判権（Schiedsgerichtsbarkeit）　24 III　⇒国際仲裁裁判所

抽象的規範統制（Abstrakte Normenkontrolle）　93 I Nr. 2, 2a, II

懲戒手続・苦情処理の連邦裁判所（Diszplinar- und Beschwerdegerichte）　96 IV

聴覚的監視（Akustische Überwachung）　13 III–V

調査委員会（Untersuchungsausschüsse）　44, 45a II　⇒連邦議会（Bundestag）も見よ
- 刑事訴訟法の類推適用（Entsprechende Anwendung der StPO）　44 II
- 決議を裁判で争う方途の排除（Ausschluß des Rechtswegs gegen Beschlüsse）　44 IV
- 公開の禁止（Ausschluß der Öffentlichkeit）　44 I
- 国防委員会の権利（Verteidigungsausschuß）　45a II, III
- 裁判による審査（Gerichtliche Kontrolle）　44 IV
- 司法〔法律〕共助・職務共助の請求（Anspruch auf Rechts- und Amtshilfe）　44 III
- 証拠調べ（Beweiserhebung）　44 I, II

諜報機関（Nachrichtendienste）　45d

直接選挙（Unmittelbarkeit der Wahlen）　28 I, 38 I

直接民主制（Direkte Demokratie）/ 市町村集会（Gemeindeversammlung）　28 I
- 住民請願（Volksbegehren）　29 IV, VI
- 住民投票（Volksbefragung）　29 IV–VI, 118
- 住民表決（Volksentscheid）　29 II, III, V, VI, VIII, 118, 118a
- 投票（Abstimmung）　20 II

著作権（Urheberrecht）　73 I Nr. 9

治療薬（Heilmittel）　74 I Nr. 19

陳情委員会（Petitionsausschuß）　45c

つ

通貨（Währung）　73 I Nr. 4, 88

通商区域（Handelsgebiet）　73

通商・航行条約（Handels- und Schiffahrtsverträge）　73 I Nr. 5

通常裁判権（Ordentliche Gerichtsbarkeit）　14 III, 34, 95

て

抵抗権（Widerstandsrecht）　20 IV

定足数（Quorum）/ 議員の十分の一（Zehntelquorum）　42 I
- 国防委員会構成員の四分の一（Viertel der Ausschußmitglieder）　45a II
- 連邦議会の構成員の三分の一（Drittel der Mitglieder des Bundestages）　39 III

－連邦議会の構成員の四分の一(Viertel der Mitglieder des Bundestages)　23 Ia, 44 I, 93 I Nr. 2

－連邦議会の有権者の四分の一(Viertel der zum Bundestag Wahlberechtigten)　29 VI, VIII

－連邦議会又は連邦参議会の構成員の四分の一(Viertel der Mitglieder von Bundestag oder Bundesrat)　61 I

手形税(Wechselsteuer)　106 I Nr. 4

鉄道(Eisenbahnen)　87e, 143a

－近距離鉄道旅客運輸(Schienenpersonennahverkehr)　87e IV, V, 143a III

－施設利用の対価に関する法規命令(Rechtsverordnungen über Benutzungsentgelte)　80 II

－私法的形態における経済的企業(Privatrechtliche Wirtschaftsunternehmen)　87e III, 143a I

－西南ドイツ鉄道の経営連合体(Betriebsvereinigung der südwestdeutschen ～)　130 I

－鉄道企業の解散，合併，分割(Auflösung, Verschmelzung und Aufspaltung von Unternehmen)　87e V

－鉄道交通行政(Eisenbahnverkehrsverwaltung)　87e

－鉄路(Schienenbahnen)　74 I Nr. 23

－二分の一を超える持分の連邦への留保(Mehrheitsvorbehalt zugunsten des Bundes)　87e III

－任務のラントへの委譲(Übertragung von Aufgaben auf die Länder)　87e I

－～の建設及び経営に関する法規命令(Rechtsverordnungen über Bau und Betrieb der ～)　80 II

－～の公務員(Beamte)　143a I

－民営化(Privatisierung)　87e V, 143a

－連邦固有行政(Bundeseigene Verwaltung)　87e I, 143a II

－連邦の～(～ des Bundes)　73 I Nr. 6a, 74 I Nr. 23, 87e I–III, 143a

－連邦の鉄道経営(Eisenbahnunternehmen des Bundes)　87e III, 143a I

－連邦の持ち分の譲渡(Veräußerung von Bundesanteilen)　87e III

－路線の建設，維持及び経営(Bau und Unterhaltung von Schienenwegen)　73 I Nr. 6a, 87e III

－路線の第三者への委譲(Übertragung von Schienenwegen an Dritte)　87e V

－路線網(Schienennetz)　87e IV

－路線利用の対価(Entgelt für die Benutzung von Schienenwegen)　73 I Nr. 6a

鉄路(Schienenbahnen)　74 I Nr. 23

テロリズム(Terrorismus)　73 I Nr. 9a, II

展示会(Ausstellung)　74 I Nr. 11

電信電話の秘密(Fernmeldegeheimnis)　10, 18, 44 II

伝染病の危険(Seuchengefahr)　11 II, 13 VII

天然資源(Naturschätze)　15, 74 I Nr.15

電離放射線(Ionisierende Strahlen)　73 I Nr. 14

と

ドイツ国民(Deutsches Volk)　Prä., 1 II, 56, 64 II, 139, 146
　－～たる地位(Statusdeutsche)　116 I

ドイツ商船隊(Deutsche Handelsflotte)　27

ドイツ人(Deutsche) / 移転の自由(Freizügigkeit)　11 I
　－外国への引渡しの禁止(Verbot der Auslieferung)　16 II
　－基本法の意味におけるドイツ人(~ im Sinne des Grundgesetzes)　116 I
　－結社の自由(Vereinigungsfreiheit)　9 I
　－公務就任の平等(Gleicher Zugang zu öffentlichen Ämtern)　33 II, III
　－国籍の回復(Wiedereinbürgerung)　116 II
　－国籍剥奪の禁止(Verbot der Ausbürgerung)　16 I
　－集会の自由(Versammlungsfreiheit)　8 I
　－職業の自由(Berufsfreiheit)　12 I, 12a
　－すべてのラントにおける平等な権利・義務(Gleiche Rechte und Pflichten in jedem Land)　33 I
　－選挙権(Wahlrecht)　38 II
　－抵抗権(Widerstandsrecht)　20 IV
　－ドイツ国民たる地位(Statusdeutsche)　116 I
　－内国法人(Inländische juristische Personen)　19 III
　－被選挙権(Wählbarkeit)　38 II

ドイツ鉄道会社(Deutsche Bahn AG)　87 e III, V, 143a

ドイツ統一(Einheit Deutschlands, Wiedervereinigung Deutschlands)　Prä, 143 I, 146

ドイツ民主共和国(DDR)　135a II

ドイツ連邦銀行(Deutsche Bundesbank)　109*

ドイツ連邦郵便(Deutsche Bundespost)　87f II, III, 143b

ドイツ連邦共和国(Bundesrepublik Deutschland)　20 I

ドイツ連邦共和国の対外的利益(Auswärtige Belange der BRD)　73 I Nr. 10, 87 I

統一条約（Einigungsvertrag）　143 I, III

同意法律（Zustimmungsgesetze）　16a II, III, 23 I, VII, 29 VII, 73 II, 74 II, 77 II, IIa, 80
　II, 81 I, 84 I, V, 85 I, 87b I, II, 87c,87d II, 87e V, 87f I, 90 IV, 91a II, 91c IV, 91e III,
　96 V, 104a IV-VI, 104b II, 105 III, 106 III-VI, 106a, 106b, 107 I, II, 108 II, IV, IVa, V,
　109 IV, V, 109a, 115c I, III, 115d II, 115k III, 120a I, 134 IV, 135 V, 143a III, 143b II,
　143c IV, 143d II-IV, 143e I

等価的生活関係（Gleichwertige Lebensverhältnisse）　72 II

討議によらない選挙（Wahl ohne Aussprache）　54 I, 63 I

同郷的結束（Landsmannschaftliche Verbundenheit）　29

統計（Statistik）　73 I Nr. 11, WRV 136 III

同権（Gleichberechtigung）　3 II, III, 117　⇒差別（Diskriminierung）も見よ

統合経済地区（Vereinigtes Wirtschaftsgebiet）　127, 133, 137 III
　－～のドイツ上級裁判所（Deutsches Obergericht für das Vereinigte Wirtschaftsge-
　　biet）　137 III

統合されたヨーロッパ（Vereinte Europa）　Prä., 23 I

等質性保障（Homogenitätsgebot）　28 I, III

盗聴（Lauschangriff）　13 III-V

道徳律（Sittengesetz）　2 I

投票（Abstimmung）　20 II
　－一括票決（Einheitliche Stimmabgabe）　51 III
　－市町村総会（Gemeindeversammlung）　28 I
　－住民投票（Volksbefragung）　29 IV-VI, 118
　－住民表決（Volksentscheide）　29 II, III, V, VI, VIII, 118, 118a

動物保護（Tierschutz）　20a, 74 I Nr. 19, 20

同盟条約（Bündnisverträge）　80a III

道路（Straßen）/ ラントの委任行政（Auftragsverwaltung der Länder）　90 III
　－連邦高速自動車道路（Bundesautobahnen）　90 I, II
　－連邦固有行政（Bundeseigene Verwaltung）　90 III
　－遠距離交通用連邦道路（Bundesstraßen des Fernverkehrs）　90 I, III, IV
　－旧来のドイツ国高速自動車道路（Reichsautobahnen）　90 I*
　－旧来のドイツ国道路（Reichsstraßen）　90 I*

道路貨物運送税（Straßengüterverkehrsteuer）　106 I Nr. 3

道路交通（Straßenverkehr）　74 I Nr. 22

特に重大な災厄事故（Besonders schwerer Unglücksfall）　35 II, III

特別財産（Sondervermögen）　87a Ia, 87f II, III, 110 I, 143b I, 143d I

　　−ドイツ連邦郵便（Deutsche Bundespost）　87f II, III, 143b I

毒薬（Gifte）　74 I Nr. 19

独立（Unabhängigkeit）

　　−欧州中央銀行（Europäische Zentralbank）　88

　　−裁判官（Richter）　97 I, II

　　−連邦及びラントの財政運営の独立性（Haushaltswirtschaft von Bund und Ländern）　109 I

　　−連邦会計検査院（Bundesrechnungshof）　114 II

　　−連邦議会議員（Abgeordnete）　38 I, 48 III

　　−連邦銀行（Bundesbank）　88

独立の連邦上級官庁（Selbständige Bundesoberbehörden）　87 III

都市計画上の土地取引（Städtebaulicher Grundstücksverkehr）　74 I Nr. 18

土地（Grund und Boden）　15, 74 I Nr. 15

土地改良（Landeskultur）　89 III

土地税（Grundsteuer）　72 III Nr. 7, 105 II, 106 VI, 125b III

土地取引（Grundstücksverkehr）　74 I Nr. 18

土地分配（Bodenverteilung）　72 III Nr. 3, 74 I Nr. 30

土地法（Bodenrecht）　74 I Nr. 18

土地利用（Bodennutzung）　15, 74 I Nr. 15

賭博場（Spielbanken）　106 II Nr. 5

取引税（Verkehrsteuern）　106 II Nr. 3

度量衡（Maße und Gewicht, Eichwesen）　73 I Nr. 4

な

内水航行（Binnenschiffahrt）　74 I Nr. 21, 89 II

内陸水路（Binnenwasserstraßen）　74 I Nr. 21

ナチズム（Nationalsozialismus）　132 II, 139

　　−〜による被迫害者（Verfolgte des Nationalsozialismus）　132 II

ナチズム及び軍国主義からの解放（Befreiung von Nationalsozialismus und Militarismus）　132 II, 139

ナトー〔北大西洋条約機構〕（NATO）　24 II, 80a III

難民（Vertriebene）　74 I Nr. 6, 116 I, 119, 131　⇒引揚者（Flüchtlinge）も見よ

に

二重処罰の禁止（Ne bis in dem, Doppelbestrafungsverbot, Verbot der Mehrfachbestra-

fung） 103 III

ニーダーザクセン（Niedersachsen） 125c II

入院に対する支給基準額（Krankenhauspflegesätze） 74 I Nr. 19a

入国（Einwanderung） 73 I Nr. 3

人間の尊厳（Würde des Menschen, Menschenwürde） 1 I

　－～の不可侵性（Unantastbarkeit der Menschenwürde） 1 I

認証（Ausfertigung）/ 基本法の～（～ des Grundgesetzes） 145 I

　－法律及び命令の～（～ der Gesetze und Verordnungen） 82 I

ね

年金（Versorgung）/ 公務員及び裁判官（Beamte und Richter） 74 I Nr. 27, II

　－戦傷者及び戦争遺族（Kriegsbeschädigte und -hinterbliebene） 73 I Nr. 13

　－年金受給権者（Versorgungsberechtigte） 131

　－連邦議会議員（Abgeordnete） 48 III

年齢制限（Altersgrenze） 54 I, 97 II, 38 II, 12a I

の

農業（Landwirtschaft） 74 I Nr. 17

農業構造（Agrarstruktur） 91a I Nr. 2

納税義務者の過重負担（Überbelastung der Steuerpflichtigen） 106 III Nr. 2

能力主義原則（Leistungsprinzip） 33 II

農林業生産物（Land- und forstwirtschaftlicher Erzeugnisse）/ ～輸出入（Ein- und Ausfuhr land- und forstwirtschaftlicher Erzeugnisse） 74 I Nr. 17

　－～の促進（Förderung der land- und forstwirtschaftlichen Erzeugung） 74 I Nr. 17

は

バイエルン（Bayern） 138

廃棄物（Abfall） 73 I Nr. 14, 74 I Nr. 24

配偶者（Ehegatte） 116 I

爆発物法（Sprengstoffrecht） 73　I Nr. 12

発効（Inkrafttreten）/ 基本法（Grundgesetz） 135 I, 145 II

　－憲法（Verfassung） 146

　－法律及び命令（Gesetze und Verordnungen） 72 III, 82 II, 84 I

発言権（Rederecht）/ 連邦参議院における（im Bundesrat） 53

　－連邦議会における（im Bundestag） 43 II

バーデン（Baden）　118, 127, 138

パリ条約（Pariser Verträge）　142a*

犯罪人引渡し（Auslieferung）　16 II, 73 I Nr. 3

ハンブルク（Hamburg）　125c II

ひ

比較指標調査（Vergleichsstudien）　⇒ベンチマーキング

引揚者（Flüchtlinge）　16a, 74 I Nr. 6, 116 I, 119, 131

被拘禁者の信頼する者（Vertrauensperson）/ ～への自由剥奪についての通知
　（Benachrichtigung nach Freiheitsentziehung）　104 IV

庇護権（Asylrecht）　16a I, 18

非常事態（Ausnahmezustand）　⇒緊急事態（Notstand）

被選挙権（Wählbarkeit）/ 欧州共同体市民としての～（Unionsbürger）　28 I
　－連邦議会の議員の～（Abgeordnete des Bundestags）　38 II

卑属（Abkömmlinge）　116 I, II

必要経費の補填（Deckungsbedürfnisse）　106 III

非ナチ化（Entnazifizierung）　131, 132, 139

誹謗中傷（Verleumderische Beleidigungen）　46 I

秘密（Geheimheit）/ 選挙（Wahl）　28 I, 38 I
　－秘密の事実（Anvertraute Tatsachen）　47

病院（Krankenhäuser）　74 I Nr. 19a, WRV 141
　～の経済的安定（Wirtschaftliche Sicherung der ～）　74 I Nr. 19a

票決（Stimmabgabe）　51 III　⇒投票（Abstimmung）も見よ

標準時（Zeitbestimmung）　73 I Nr. 4

平等（Gleichheit）　3
　－公民としての権利・義務（Staatsbürgerliche Rechte und Pflichten）　33 I, WRV
　　136 I
　－公務就任（Zugang zu öffentlichen Ämtern）　33 II, III
　－宗教（Religion）上の～　33 I, WRV 136 I
　－性別（Geschlechter）　3 II, III, 117 II
　－選挙（Wahlen）　28 I, 38 I
　－男女（Männer und Frauen）の～　3 II, III, 117 II
　－地域間格差のない適切かつ十分なサーヴィス（Fläckendeckend angemessene
　　und ausreichende Dienstleistungen）　87f I
　－特別の平等要求（Besondere Anforderungen）　3 II

　　　－非嫡出子の平等取扱い（Gleichstellung der unehelichen Kinder）　6 V
　　　－法律の前の～（～ vor dem Gesetz）　3 I
　　　－連邦領域における等価的な生活関係の創出（Herstellung gleichwertiger Lebens-
　　　　verhältnisse im Bundesgebiet）　72 II
開かれた国家性（Offene Staatlichkeit）　Prä., 23 ff.
ビール税（Biersteuer）　106 II Nr. 4
比例選挙（Verhältniswahl）　54 III

　　　　　　　　　　　　　　ふ

フィルムの自由（Filmfreiheit）　5 I
不可侵（Unverletzlichkeit）/ 遠距離通信の秘密（Fernmeldegeheimnis）　10, 18
　　　－住居（Wohnung）の～　13, 17a II
　　　－信書の秘密（Briefgeheimnis）　10, 18
　　　－人権（Menschenrechte）　1 I
　　　－人身の自由（Freiheit der Person）　2 II, 104 I, 115c II
　　　－郵便の秘密（Postgeheimnis）　10, 18
付加税（Ergänzungsabgabe）　106 I Nr.6
武器（Waffen）
　　　－女性の兵役義務（Keine Dienstpflicht für Frauen）　12a IV
　　　－戦争遂行の武器（Kriegswaffen）　26 II
　　　－武器法及び爆発物法（Waffen- und Sprengstoffrecht）　73 I Nr. 12
　　　－武力による攻撃（Angriff mit Waffengewalt）　115a I, IV, V
　　　－兵役拒否（Kriegsdienstverweigerung）　4 III, 12a II
　　　－～を携帯しない集会（Versammlung ohne ～）　8 I
福祉住宅建設（Sozialer Wohnungsbau）　104d
副首相（Vizekanzler）　69 I
副署（Gegenzeichnung, Kontrasignatur）　58, 82 I
　　　－～を要しない行為（Kontrasignaturfreie Akte）　58
複数年にわたる財政計画（Mehrjährige Finanzplanung）　106 III, 109 IV
不信任決議（Mißtrauensvotum）　67, 115h II　⇒建設的不信任（Konstruktives ～）も見
　　よ
武装した反乱者（Bewaffnete Aufständische）　87a IV
不逮捕特権（Immunität）/ 連邦議会委員（Abgeordnete）の～　46 II-VI
　　　－連邦大統領（Bundespräsident）の～　46, 60 IV
負担調整（Lastenausgleich）　106 I Nr. 5, 120a

普通選挙（Allgemeinheit der Wahlen）　28 I, 38 I

物価安定（Preisstabilität）　88

不動産（Grundvermögen）　135 III

不動産取得税（Grunderwerbsteuer）　107 I

フランス占領地域の郵便・遠距離通信制度のための管理委員会（Verwaltungsrat für das Post- und Fernmeldewesen für das französischen Besatzungsgebiet）　130 I

ブランデンブルク（Brandenburg）　118a

不利益取扱いの禁止（Benachteiligungsverbot）　3 III, 48 II　⇒差別禁止（Diskriminierungsverbot）も見よ

プレス（Presse）　5 I, 18

　－公開の会議に関する真実に即した報告（Wahrheitsgetreue Berichte über Sitzungen des Bundestages）　42 III

　－〜の自由（Pressefreiheit）　5 I, 18

ブレーメン（Bremen）　141, 125c II, 143d II, IV

ブレーメン条項（Bremer Klausel）　141

プロイセン（Preußen）　135 VI, 135a I Nr. 1

文化（Kultur）／ドイツの文化財の国外流出に対する保護（Schutz deutscher Kulturgutes gegen Abwanderung in das Ausland）　73 I Nr. 5a

分割（Auseinandersetzung）　135 V

文化的連関（Kulturelle Zusammenhänge）　29 I

へ

兵役義務（Wehrpflicht）　12a I, III, 17a I

兵役拒否（Kriegsdienstverweigerung）　⇒良心的兵役拒否（Wehrdienstverweigerung aus Gewissensfreiheit）を見よ

平穏な集会（Friedliche Versammlungen）　8 I

閉店時間法制（Ladenschlußrecht）　74 I Nr. 11

平和（Frieden）　Prä., 1 II, 24 II, 26 I, 96 V Nr. 4

　〜の維持（Wahrung des Friedens）　24 II

平和で永続的な秩序（Friedliche und dauerhafte Ordnung）　24 II

平和的目的のための核エネルギーの生産及び利用（Erzeugung und Nutzung der Kernenergie zu friedlichen Zwecken）　73 I Nr. 14

ベルリーン（Berlin）　22 I, 118a, 127, 141, 143d II, 145 I

弁護士制度（Rechtsanwaltschaft）　74 I Nr. 1

ベンチマーキング（Benchmarking）　91d

ほ

法（Recht）/ 一般的法原則（Allgemeine Rechtsgrundsätze）　123 II
- 経済法（～ der Wirtschaft）　74 I Nr. 11
- 占領地域内における統一的適用（Einheitliche Geltung innerhalb der Besatzungs-zonen）　125
- 連邦議会の最初の集会以前の時代の～（aus der Zeit vor dem Zusammentritt des Bundestages）　123 I

法案審議合同協議会（Vermittlungsausschuß）　77 II, IIa, III

防衛（Verteidigung）　73 I Nr. 1, 87b II　⇒連邦軍（Bundeswehr）, 軍隊（Streitkräfte）も見よ
- 国防委員会（Verteidigungsausschuß）　45a
- 防衛受託者（Wehrbeauftragter）　45b
- 防衛に関する連邦法律（Bundesgesetz über die ～）　80a I, 87b II
- 防衛のための軍隊（Streitkräfte zur Verteidigung）　87a I, II

防衛緊急事態（Verteidigungsfall）　12a III, VI, 53a II, 80a I, 87a III, 115a-115l
- 基本権の制限（Grundrechtseinschränkungen）　12a III-VI, 17a I, 115c II
- 刑事裁判の軍刑事裁判所への移行（Übergang der Strafgerichtsbarkeit auf Wehrstrafgerichte）　96 II
- 講和条約締結についての決定（Entscheidung über den Friedensschluß）　115l III
- ～における立法及び行政（Gesetzgebung und Verwaltung im ～）　115c, 115d
- ～に対する政府の計画（Planungen für den Verteidigungsfall）　53a II
- ～の確定（Feststellung des ～）　115a I, II
- ～の確定の公布（Verkündung der Feststellung des ～）　115a III, V
- ～の確定のみなし規定（Fiktion der Feststellung）　115a IV
- ～の終了の宣言（Erklärung der Beendigung des ～）　115l II
- 被選期間及び任期の延長（Verlängerung von Wahlperioden und Amtszeiten）　115h
- 法令の効力（Geltung von Gesetzen）　115k
- 命令・指揮権の移行（Übergang der Befehls- und Kommandogewalt）　115b
- ラント政府の権限（Kompetenz der Landesregierungen）　115i
- ラントと市町村の生存能力の維持（Wahrung der Lebensfähigkeit von Ländern und Gemeinden）　115c III
- 連邦憲法裁判所の地位と機能（Bestand und Funktion des BVerfG）　115g, 115h I
- 連邦国境警備隊の出動（Einsatz des Bundesgrenzschutzes）　115f I, 115i I

　　－連邦政府の権限（Kompetenzen der Bundesregierung）　115f
　　－連邦政府の指示権（Weisungsrechte der Bundesregierung）　115f I
法規定（Rechtsvorschriften）　80a I–III
法規命令（Rechtsverordnungen）　80
　　－公布（Verkündigung）　82 I
　　－効力発生時期（Inkrafttreten）　82 II
　　－法律としての効力を有する～（～ mit Gesetzeskraft）　119
　　－法律に代わる～（Gesetzesvertretende ～）　129 III
　　－法律の留保による～（Gesetzesvorbehalt）　80 I
　　－防衛緊急事態における～（～ im Verteidigungsfall）　115k I, II
　　－同意法律に基づく～（～ auf Grund von Zustimmungsgesetzen）　80 II
　　－非ナチ化の規律のための～（zur Regelung der Entnazifizierung）　132 IV
　　－法的効力の存続（Fortgeltende Ermächtigungen）　129 I, II
　　－法的根拠の明示（Angabe der Rechtsgrundlage）　80 I
俸給（Besoldung）/ 官吏及び裁判官（Beamte und Richter）の～　74 I Nr. 27, II
　　－連邦議会議員（Abgeordnete）の～　48 III
放射線物質（Radioaktive Stoffe）　73 I Nr. 14
法人の基本権享有主体性（Juristische Personen als Inhaber der Grundrechte）　19 III
放送の自由（Rundfunkfreiheit）　5 I
法治国家の諸原則（Grundsätze der Rechtsstaatlichkeit, Rechtsstaatsprinzip）　16 II, 20 III, 23 I, 28 I, 103 II
法的・経済的統一の維持（Wahrung der Rechts- und Wirtschaftseinheit）　72 II
法的聴聞の請求（Anspruch auf rechtliches Gehör）　103 I
法の定めの効力の存続（Fortgeltung von Rechtsvorschriften）　93 II, 123 ff.
法律（Gesetze）/ 異議法律（Einspruchsgesetze）　77 IIa–IV, 78
　　－一般的～（Allgemeine ～）　5 II
　　－受け入れられない法律案（Unannehmbare Fassung eines Gesetzesbeschlusses）　81 II
　　－企業に対する連邦の持ち分の譲渡（Veräußerung von Bundesanteilen an Unternehmen）　87e III
　　－規範統制（Normenkontrolle）　93 I Nr. 2, 2a, II, 100
　　－基本法制定以前の法（Vorkonstitutionelles Recht）　123
　　－権限（Kompetenzen）　⇒権限（Zuständigkeiten）を見よ
　　－憲法改正～（Verfassungsänderndes Gesetz）　⇒憲法改正（Verfassungsänderung）を見よ

- 高権的諸権利の委譲（Übertragung von Hoheitsrechten）　23 I, 115e II
- 国防法（Wehrgesetze）　36 II
- 財政調整のための規準（Maßstäbe für den Finanzausgleich）　107 II, 143f
- 財政調整法（Gesetz über den Finanzausgleich）　143f
- 裁判官法（Richtergesetze）　98 I, III
- 支出を増大させる〜（Ausgabenerhöhende 〜）　113 I
- 自治の範囲（Rahmen der Selbstverwaltung）　28 II
- 〜執行のための指示（Anweisungen zum Gesetzesvollzug）　84 V, 128
- 収入を減少させる〜（Einnahmemindernde 〜）　113 I
- すべてのものに適用される法律に関する制約（Schranken des für alle geltenden Gesetzes）　WRV 137 III
- 租税法律・関税法（Steuergesetz, Zollgesetzgebung）　⇒租税（Steuern），関税（Zoll）を見よ
- 大綱法（Rahmengesetze）　75*, 125b I
- 抽象的規範統制（Abstrakte Normenkontrolle）　93 I Nr. 2, 2a, II
- 同意法律（Zustimmungsgesetze）　⇒同意法律（Zustimmungsgesetze）を見よ
- 〜〜としての効力（Gesetzeskraft）　94 II
- 〜〜に代わる命令の消滅（Erlöschen gesetzesvertretender Verordnungen）　129 III
- 〜〜の一般性（Allgemeinheit der 〜）　19 I
- 〜〜の拘束性（Gesetzesbindung）　20 III
- 〜〜の公布（Verkündung）　72 III, 82 I, 84 I, 115d III, 145
- 〜〜の効力継続（Fortgelten）　123 ff.
- 〜〜の定める裁判官（Gesetzlicher Richter）　101 I
- 〜〜の成立（Zustandekommen）　78, 81 II
- 〜〜の認証（Ausfertigung）　82 I, 145
- 〜〜の前の平等（Gleichheit vor dem Gesetz）　3 I
- 〜〜の留保（Vorbehalt des Gesetzes, Gesetzesvorbehalt）　⇒法律の留保（Vorbehalt des Gesetzes, Gesetzesvorbehalt）を見よ
- 発効（Inkrafttreten）　72 III, 82 II, 84 I
- 副署（Gegenzeichnung）　82 I
- 防衛緊急事態における〜の効力と廃止（Geltung und Derogation im Verteidigungsfall）　115k I, III
- 法規命令発布権限（Ermächtigung zum Erlaß von Rechtsverordnungen）　80 I
- 法律案（Gesetzentwürfe）　76, 115d II
- 法律共助・職務共助（Rechtshilfe）　⇒司法〔法律〕共助及び職務共助（Rechts-

und Amtshilfe）を見よ

- 命令発布権限の委譲（Ermächtigung zur Subdelegation beim Verordnungserlaß）80 I
- もはや適用されない定めの指示（Verweisungen auf nicht mehr geltende Vor-schriften）129 IV
- 予算法律（Haushaltsgesetz）　110 II–IV
- 立法上の緊急状態（Gesetzgebungsnotstand）　81
- 立法手続（Gesetzgebungeverfahren）　76 ff., 115d
- 連邦議会の集会以前の時期の法（Recht aus der Zeit vor dem Zusammentritt des Bundestages）123 I
- 連邦法はラント法を破る（Bundesrecht bricht Landesrecht）　31, 142
- 連邦法律の執行（Ausführung der Bundesgesetze）　83 ff.

法律及び法（Gesetz und Recht）　20 III, 20a

法律執行の監督（Aufsicht bei Gesetzesvollzug）　84 III

法律相談（Rechtsberatung）　74 I Nr. 1

法律と法への拘束（Bindung an Gesetz und Recht）　20 III, 20a

法律なくして刑罰なし（Keine Strafe ohne Gesetz）　103 II

法律に代わる命令（Gesetzesvertretende Verordnungen）　129 I

法律の一般性（Allgemeinheit des Gesetzes）　19 I

法律の留保（Vorbehalt des Gesetzes, Gesetzesvorbehalt）/ 刑法（Strafgesetze）における〜　103 II

- 人身の自由の制限（Einschränkung der Freiheit der Person）　104 I
- 特別の専門分野についての裁判所の設置（Gerichte für besondere Sachgebiete）101 II

暴力的支配（Gewaltherrschaft）　74 I Nr. 10

補完性原則（Subsidiaritätsprinzip）　23 I, Ia

保険（Versicherungen）/ 失業保険（Arbeitslosenversicherung）　74 I Nr. 12, 120 I

- 私法上の保険制度（Privatrechtliches Versicherungswesen）　74 I Nr. 11
- 社会保険（Sozialversicherung）　74 I Nr. 12, 87 II, 120 I
- 保険税（Versicherungsteuer）　106 I Nr. 4

保護義務（Schutzpflichten）　1 I, 6 I, IV, 20a

保護（Schutz）　73 I Nr. 1, 74 I Nr. 20, 80a I, 87b II, WRV 139

- 外国への引渡しからの〜（vor Auslieferung）　16 II, 73 I Nr. 3
- 国家体制の保護（Staatsschutz）　96 V Nr. 5
- 日曜祭日の〜（Sonn- und Feiertage）　WRV 139

- 農林業の種苗取引の〜（beim Verkehr mit land- und fortwirtschaftlichem Saat- und Pflanzgut）　74 I Nr. 20
- 人の行動に起因する騒音からの〜（vor verhaltenbezogenem Lärm）　74 I Nr. 24
- 文化財の国外流出保護（Schutz deutschen Kulturgutes gegen Abwanderung ins Ausland）　G73 I Nr. 5a
- 母性の〜と配慮（~ und Fürsorge der Gemeinschaft）　6 IV
- 民間人の保護（der Zivilbevölkerung）　12a III, 17a II, 73 I Nr. 1, 80a I, 87b II

補充割当金（Ergänzungszuweisungen）　107 II
補助（Beihilfen）/ 職業教育補助（Ausbildungsbeihilfen）　74 I Nr. 13
- 強化支援金（Konsolidierungshilfen）　143d II, III
- 財政健全化支援金（Sanierungshilfen）　143d IV
- 住宅手当（Wohngeld）　74 I Nr. 18
- 農林業生産の促進（Förderung der land- und forstwirtschaftlichen Erzeugung）　74 I Nr. 17

補償（Entschädigung）　14 III, 15, 115c II, 120 I
補償（Wiedergutmachung）　74 I Nr. 9
母性保護（Mutterschutz）　6 IV
ボン条約（Bonner Verträge）　142a*

ま

麻酔薬（Betäubungsmittel）　74 I Nr. 19

み

未決拘禁の執行（Untersuchungshaftvollzug）　74 I Nr. 1
身分証明制度（Ausweiswesen）　73
見本市（Messen）　74 I Nr. 11
民営化（Privatisierung）　87e III, V, 87f II, 143b
- 遠距離通信（Telekommunikation）　87f II, 143b
- 鉄道（Eisenbahnen）　87e III, V, 143a
- 路線（Schienenwege）　87e V

民間人の保護（Zivilschutz）　12a I, 17a II, 73 I Nr. 1, 80a I, 87b II
民主制（Demokratie）　20 I, II, 23 I, 28 I　⇒自由で民主的な基本秩序（Freiheitliche demokratische Grundordnung）も見よ
- 直接民主制（Unmittelbare ~）　28 I, 29 II–VI VIII, 118, 118a
- 民主制の原則（Grundsatz der Demokratie）　20, 28

民法（Bürgerliches Recht）　74 I Nr. 1, WRV 137 IV

む

無国籍（Staatenlosigkeit）　16 I
無宗派学校（Bekenntnisfreie Schulen）　7 III

め

命令（Verordnungen）　⇒法規命令（Rechtsverordnungen）を見よ
命令委任の禁止（Kein imperatives Mandat）　⇒自由委任（Freies Mandat）
免責特権（Indemnität）　46 I
メークレンブルク=フォーアポメルン（Mecklenburg-Vorpommern）　125c II

も

文言の変更の要請（Textänderungsgebot）　79 I

や

薬剤（Arzneien）　74 I Nr. 19
薬局制度（Apothekenwesen）　74 I Nr. 19

ゆ

優位（Vorrang）/ 憲法の〜（〜 der Verfassung）　20 III
　－後法の〜（〜 des jeweils späteren Gesetzes）　72 III, 84 I
　－国際法の一般的ルール（Allgemeine Regeln des Völkerrechts）　25
　－防衛緊急事態における法律（Gesetze im Verteidigungsfall）の優先順位　115k I
　－連邦法の〜（〜 des Bundesrechts）　31, 100 I, 142
郵便制度（Postwesen）　73 I Nr. 7, 87f, 143b　⇒ドイツ連邦郵便（Deutsche Bundespost）も見よ
　－高権的任務（Hoheitsaufgaben）　87f II
　－私経済的活動（Privatwirtschaftliche Tätigkeiten）　87f II
　－二分の一を超える連邦の資本（Kapitalmehrheit des Bundes）　143b II
　－フランス占領地域の郵便・遠距離通信制度のための管理委員会（Verwaltungsrat für das Post- und Fernmeldewesen für das französischen Besatzungsgebiet）　130 I
　－民営化（Privatisierung）　87f II, 143b
　－命令発布（Verordnungserlaß）　80 II

－連邦直属の公法上の営造物（Bundesunmittelbare Anstalt des öffentlichen Rechts）
87f III

郵便の秘密（Postgeheimnis）　　10, 18, 44 II

輸入売上税（Einfuhrumsatzsteuer）　　108 I

よ

養成所（Ausbildungsstätte）　　12 I

予算（Haushalt）　⇒支出（Ausgaben），財政制度（Finanzwesen）も見よ
－赤字の上限（Defizitobergrenze）　　109 III, 115 II
－欧州〔共同体〕法上の財政規律に関する義務の遵守（Europarechtlicher
Verpflichtung zur Haushaltsdisziplin）　　109 II, V
－会計年度（Rechnungsjahre）　　114 I
－会計年度についての計上（Aufstellung für Rechnungsjahre）　　110 II
－会計報告（Rechnungslegung）　　114 I
－監視勘定（Kontrollkonto）　　115 II
－共同任務のための資金の準備（Bereitstellung der Mittel für Gemeinschaftsaufga-
ben）　91a III
－起債（Kreditaufnahme）　　109 III, 115, 143d
－起債に関する定め（Vorschriften über die Kreditaufnahme）　　109 III, 115 II, 143d I
－強化支援金（Konsolidierungshilfen）　　143d II
－共同任務の場合の負担分担（Lastenverteilung bei Gemeinschaftsaufgaben）　91a III
－緊急支出（Nothaushalt）　　111
－景気循環調整手続（Konjunkturbereinigungsverfahren）　　115 II
－景気に対応した財政運営（Konjunkturgerechte Haushaltswirtschaft）　　109 IV
－景気の推移の考慮（Berücksichtigung der konjunkturellen Entwicklung）　　109 III,
115 II
－経済運営の維持（Aufrechterhaltung der Wirtschaftsführung）　　111 II
－経済性及び合規性（Wirtschaftlichkeit und Ordnungsmäßigkeit）　　114 II
－研究助成に関する協定（Vereinbarungen zur Forschungsförderung）　91b III
－公布（Verkündung）　　110 IV
－財政安定化評議会による監督（Überwachung durch den Stalibitätsrat）　　109a
－財政運営（Haushaltswirtschaft）　　109 ,109a
－財政健全化の期限（Sanierungsfristen）　　143d I
－財政健全化評議会（Stabilitätsrat）　　109a
－財政法の諸原則（Grundsätze für das Haushaltsrecht）　　109 IV

- 債務ブレーキ（Schuldenbremse）　109 III, 115 II
- 事業経営資金準備金（Betriebsmittelrücklage）　111 II
- 支出を増加させる法律（Ausgabenerhöhende Gesetze）　23 V, 113 I
- 市町村の財政上の自己責任（Finanzielle Eigenverantwortung der Gemeinden）　28 II
- 収入と支出の調整（Ausgleichung von Einnahmen und Ausgaben）　110 I
- 収入の減少（Einnahmeminderungen）　23 V, 113 I
- 承認を受けた建築及び調達の継続（Fortsetzung von bewilligten Bauten und Beschaffungen）　111 I
- 人的保証（Bürgschaften）　115 I
- 抱合わせ禁止原則（Bepackungsverbot）　110 IV
- ～と関連しない事項の抱合わせ禁止（Verbot der Aufnahme haushaltsfremder Materien）　110 IV　⇒抱合わせ禁止原則（Bepackungsverbot）
- 特別財産たるドイツ連邦郵便（Sondervermögen Deutsche Bundespost）　87f II, III, 143b I
- 特例規定に対する弁済規定（Tilgungsregelung für Ausnahmeregelungen）　109 III
- ～に関わる非常事態（Haushaltsnotlage）　109a, 143d II
- 法的根拠をもつ連邦の義務の履行（Erfüllung rechtlich begründeter Verpflichtungen）　111 I
- 法律制定（Gesetzgebung）　110 II-IV
- 法律によって議決された措置の実施（Durchführung gesetzlich beschlossener Maßnahmen）　111 I
- 予見できない不可避の必要（Unvorhergesehene und unabweisbare Bedürfnisse）　112
- 予算計画（Haushaltsplan）　110 I
- 予算超過（Haushaltsüberschreitungen）　112
- 予算超過支出及び予算外支出（Überplanmäßige und außerplanmäßige Ausgaben）　112
- 予算法律の失効（Außerkrafttreten des Haushaltsgesetzes）　110 IV
- 予算法律案の提出（Haushaltsvorlage）　110 III
- 予算法律による確定（Feststellung durch das Haushaltsgesetz）　110 II
- 連邦会計検査院によるコントロール（Kontrolle durch den Bundesrechnungshof）　114 I
- 連邦企業体及び特別財産の繰入れ及び引出し（Zuführungen und Ablieferungen von Bundesbetrieben und Sondervermögen）　110 I

－連帯協定Ⅱ（Solidarpakt II）　143c Ⅲ

－連邦参議会の態度決定（Stellungnahme des Bundesrates）　110 Ⅲ

－連邦のすべての収入及び支出の計上（Einstellung aller Einnahmen und Ausgaben）　110 Ⅰ, Ⅳ

－連邦予算からの財政援助請求権（Anspruch der Länder auf Leistungen aus dem ~ des Bundes）　143c Ⅰ

－予算法（Budgetrecht）　109 ff.　⇒予算（Haushalt）

予算案の提出（Haushaltsvorlagen）　110 Ⅲ

予算計画（Haushaltsplan）　110 Ⅰ–Ⅲ

－軍隊の数値に即した勢力及び組織（Zahlenmäßige Stärke und Organisation der Streitkräfte）　87a Ⅰ

予備学校（Vorschulen）　7 Ⅵ

ヨーロッパ（Europa）　Prä., 23, 24 Ⅱ　⇒欧州（Europa）

ら

ラインラント＝プファルツ（Rheinland-Pfalz）　127

ラント（Länder）

－ある地域のラントへの所属の変更（Änderung der Landeszugehörigkeit eines Gebiets）　135 Ⅰ

－一の〜内の憲法紛争（Verfassungsstreitigkeiten innerhalb eines Landes）　99

－売上税の補充取得分（Ergänzungsanteile an der Umsatzsteuer）　107 Ⅰ

－営業税の収入への参与（Beteiligung am Aufkommen der Gewerbesteuer）　106 Ⅵ

－欧州連合の事務における協力（Mitwirkung in Angelegenheiten der EU）　23 Ⅱ, Ⅳ–Ⅶ

－〜が連邦法と異なる規律をする権限（Abweichungsbefugnis）　72 Ⅲ, 84 Ⅰ, 125b

－外国との条約の締結（Abschluß von Verträgen mit auswärtigen Staaten）　32 Ⅲ

－外国との条約締結に先立って意見を聴取される権利（Anhörungsrechte vor Abschluß von Verträgen mit auswärtigen Staaten）　32 Ⅱ

－官庁設置の規律（Regelung der Einrichtung der Behörden）　84 Ⅰ, 85 Ⅰ

－関連性はあるが境界の区切られた住宅・経済地域（Zusammenhängender, abgegrenzter Siedlungs- und Wirtschatsraum）　29 Ⅳ

－議会統制の保障（Gewährleistung parlamentarischer Kontrolle）　13 Ⅵ

－議会による協定への同意（Zustimmung der Volksvertretungen zu Vereinbarungen）　91c Ⅱ

－危険への対処措置不能（Unfähigkeit zur Bekämpfung einer Gefahr）　91 Ⅱ

- 起債の禁止（Verbot der Kreditaufnahme）　109 III, 143d I
- 基礎保障に際しての連邦との協働（Zusammenwirken mit dem Bund bei der Grundsicherung）　91e I
- 基本法の採択（Annahme des Grundgesetzes）　144 I
- 旧ドイツ国の財産の譲渡（Übertragung des Reichsvermögens）　134 II
- 行政手続の規律（Regelung des Verwaltungsverfahrens）　84 I, 125b II
- 共同任務についての支出の分担（Tragung der Ausgaben für Gemeinschaftsaufgaben）　91a III
- 共同任務の廃止に対する補償（Kompensation für den Wegfall der Gemeinschaftsaufgaben）　143c
- 近距離鉄道旅客運輸についての責任（Verantwortung für den Schienenpersonennahverkehr）　87e IV
- 近距離旅客運輸についての税収の取り分（Anteil am Steueraufkommen für den Personennahverkehr）　106a
- 警察力出動のための指示（Weisung zur Bereitstellung von Polizeikräften）　35 III
- 警察力の要請（Anforderung von Polizeikräften）　35 II, 91 I
- 研究助成のための協定に対する全ラントの同意（Einheitliche Zustimmung zu Vereinbarungen zur Forschungsförderung）　91b I
- 権限推定（Zuständigkeitsvermutung）　30
- 憲法適合的秩序（Verfassungsmäßige Ordnung）　28 I, III, 98 II
- 権利承継に関する合意（Vereinbarung über die Rechtsnachfolge）　135 V
- 高権的諸権利の委譲（Übertragung von Hoheitsrechten）　24 Ia
- 合同委員会の連邦参議会代表の選任（Bestellung der Bundesratsvertreter im Gemeinsamen Ausschuß）　53a I
- 公務員法（Beamtenrecht）　74 I Nr. 27, II
- 国家教会法の規律に関する権限（Kompetenz zur Regelung des Staatskirchenrechts）　WRV 137 VIII, WRV 138 I
- 固有行政（Eigenverwaltung）　83, 84 I
- 固有の任務及び官庁の経費負担（Ausgabentragung für eigene Aufgaben und Behörden）　104a I, V
- 財産の返還（Rückgabe von Vermögen）　134 III
- 財政交付金の配分（Verteilung von Finanzzuweisungen）　106 IV
- 財政調整における構成要求権と調整義務（Ausgleichsansprüche und -verbindlichkeiten im Finanzausgleich）　107 II
- 裁判官選出委員会の構成員としての所轄大臣（Zuständige Minister als Mitglie-

der des Richterwahlausschusses） 95 II

－裁判官選出委員会の設置（Einrichtung von Richterwahlausschüssen） 98 IV

－債務（Verbindlichkeiten） 135a I Nr. 3

－社会保険の保険者について監督を行うラントの決定（Bestimmung des aufsichtsführenden Landes für soziale Versicherungsträger） 87 II

－情報技術システムの共同運用（Gemeinschaftlicher Betrieb informationstechnischer Systeme） 91c III

－情報技術システムについての連邦との協働（Zusammenwirken mit dem Bund bei informationstechnischen Systemen） 91cI, II

－条約締結権限（Vertragsschlußkompetenz） 32 III

－新編成（Neugliederung） 29

－水路の拡幅及び新設についての協力（Einvernehmen zum Aus- und Neubau von Wasserstraßen） 89 III

－税収の市町村への再分配（Weiterleitung von Steueranteilen an die Gemeinden） 106 Va

－戦争の結果たる負担の分担（Verteilung der Kriegsfolgelasten） 120 I

－存立と安全（Bestand und Sicherheit） 73 I Nr. 10

－存立の危険（Gefahr für den Bestand） 87a IV

－鉄道交通行政の委譲（Übertragung von Aufgaben der Eisenbahnverkehrverwaltung） 87e I

－同郷的結束（Landsmannschaftliche Verbundenheit） 29 I

－特別負担についての連邦の調整（Ausgleich des Bundes für Sonderbelastungen） 106 VIII

－～の官庁（Behörden） 84 III, V, 85 III IV

－～の議会（Volksvertretungen） 28 I, 93 I Nr. 2a, II

－～の規模及び能力（Größe und Leistungsfähigkeit） 29 I

－～の首相（Ministerpräsidenten） 115i II

－～の法務大臣（Landesjustizminister） 98 IV

－～の利害に関わる条約（Verträge, die Interessen der ～ berühren） 32 II

－防衛緊急事態における生存能力の維持（Wahrung der Lebensfähigkeit im Verteidigungsfall） 115c III

－民主的秩序（Demokratische Ordnung der Länder） 28 I

－もはや存在していないラントの不動産（Vermögen nicht mehr bestehender Länder） 135 II, III

－ラント間の協約（Staatsverträge zwischen den ～） 130 I, III

－ラント間の紛争（Zwischenländerstreit）　93 I Nr. 4

－ラント再編成についてのラント間の協約（Staatsverträge zur Neugliederung）　29 VIII

－ラント直属の団体及び営造物（Landesunmittelbare Körperschaften und Anstalten）　87 II, 130 III

－ラント内部での紛争（Binnenländerstreit）　93 I Nr. 4

－ラントの基本権（Landesgrundrechte）　142

－ラントの裁判官（Landesrichter）　98 III, V

－ラントの収入・支出（Einnahmen und Ausgaben der Gemeinden als solche der 〜）　106 IX

－ラントの専属的権限（Ausschließliche Landeskompetenzen）　23 VI, 74 I Nr. 1, 7, 11, 17, 18, 24, WRV 137 VIII, WRV 138 I

－ラントの任務遂行の際の連邦の協働（Mitwirkung des Bundes bei der Erfüllung der Aufgaben der 〜）　91a

－ラント領域の再編成における意見聴取（Anhörungsrecht in der Neugliederung）　29 I

－ラント領域のその他の変更（Sonstige Änderung des Gebietsbestandes）　29VII

－立法権限（Gesetzgebungskompetenzen）　70 I, 71, 72, 105 IIa, 109 III, 123 II, WRV 137 VIII, WRV 138 I

－立法についての権限と義務（Befugnisse und Verpflichtungen zur Gesetzgebung）　125b I

－立法に際しての〜の原則的協力（Grundsätzliche Mitwirkung bei der Gesetzgebung）　79 III

－領域変更についてのラント間の協約（Staatsverträge zur Änderung des Gebietsbestandes）　29 VII

－連邦及び他のラントの官庁の相互の司法〔法律〕共助・職務共助（Rechts- und Amtshilfe für Behörden des Bundes und anderer Länder）　35 I

－連邦議会及び連邦参議会への代表者の派遣（Entsendung von Vertretern in Bundestag und Bundesrat）　144 II

－連邦国境警備隊の要請（Anforderung des Bundesgrenzschutzes）　35 II

－連邦参議会における票決権（Stimmberechtigung im Bundesrat）　51 II

－連邦参議会による協力（Mitwirkung durch den Bundesrat）　50

－連邦受託者の派遣についての同意（Zustimmung zur Entsendung von Bundesbeauftragten）　84 III

－連邦水路行政の委譲（Übertragung der Bundeswasserstraßenverwaltung）　89 II

－連邦政府による監督（Aufsicht der Bundesregierung）　84 III, 85 III, IV

－連邦政府の個別的指示（Einzelweisungen der Bundesregierung）　84 V

－連邦との又はラント間の紛争（Streitigkeiten mit dem Bund oder untereinander）　93 I Nr. 3, 4

－連邦の委任による遠距離交通行政（Verwaltung der Fernstraßen im Auftrag des Bundes）　90 III

－連邦の義務の不履行（Nichterfüllen der Bundespflichten）　37 I

－連邦の裁判権の行使（Ausübung der Gerichtsbarkeit des Bundes）　96 V

－連邦の消費税高権（Ertragshoheit）　106 I Nr. 2, II–IV, VI, 107 I

－連邦の税収の一定額の交付要求（Anspruch auf Betrag aus dem Steueraufkommen des Bundes）　106b

－連邦の補充交付金（Ergänzungszuweisungen des Bundes）　107 II, 143g

－連邦法に取って代わる権限（Befugnis zur Ersetzung von Bundesrecht）　125a I, II

－連邦法律による形成（Bildung durch Bundesgesetz）　29 II, IV, V, 118

－連邦法律による立法の授権（Ermächtigung zur Gesetzgebung durch Bundesgesetz）　71, 125a II

－連邦法律の執行（Ausführung der Bundesgesetze）　80 II, 83, 84 I, 85, 93 I Nr. 3

－連邦法律を執行する際の瑕疵（Mängel bei der Ausführung der Bundesgesetze）　84 IV

ラント官庁（Landesbehörden）/ 一部の自治体への基礎保障任務の委譲への同意（Zustimmung zur Aufgabenübertragung auf Optionskommunen）　91e II

－ラント税財務官庁（Landesfinanzbehörden）　108 II–V, VII

－ラント調整官庁（Landesausgleichsämter）　120 I

－連邦官庁との協働（Zusammenwirken mit Bundesbehörden）　108 IV

－連邦刑事警察による危険予防引受けの要請（Ersuchen um Übernahme durch das Bundeskriminalamt）　73 I Nr. 9a, II

ラント間紛争（Zwischenländerstreit, Binnenländerstreit）　93 I Nr. 4

ラント議会（Länderparlamente）　⇒ラントの議会（Volksvertretungen der Länder）を見よ

ラント憲法（Landesverfassungen）　28 I, 100 I, 142

ラント固有行政（Landeseigenverwaltung）　80 II, 104a IV

ラント税財務官庁（Landesfinanzbehörden）　108 III, IV

ラント政府（Landesregierungen）

－緊急事態における連邦政府の指示（Weisungen der Bundesregierung im Notstandsfall）　91 II

- 公証人制度の変更についての同意（Zustimmung zur Änderung des Notariats） 138
- 中級官庁の長の任命についての了解（Benehmen zur Ernennung der Leiter von Mittelbehörden） 108 I
- 抽象的な規範統制手続の提訴権（Antragsberechtigung in der abstrakten Normenkontrolle） 93 I Nr. 2, 2a, II
- 統合経済地区の法の発効についての同意（Zustimmung zur Inkrafttretung von Recht des Vereinigten Wirtschaftsgebietes） 127
- 防衛緊急事態における権限（Kompetenzen im Verteidigungsfall） 115i
- 法規命令発布権限（Ermächtigung zum Erlaß von Rechtsverordnungen） 80 I
- 連邦国境警備隊の出動（Einsatz des Bundesgrenzschutzes） 115i I
- 連邦参議会の構成員の任命（Bestellung der Mitglieder des Bundesrates） 51 I
- 連邦参議会の構成員（Mitglieder des Bundesrates） 51 I
- 連邦大統領の兼職禁止（Verbot der Mitgliedschaft des Bundespräsidenten） 55 I

ラント全体（Ländergesamtheit） 104a VI, 109 V
ラントの委任行政（Auftragsverwaltung der Länder） 85, 87b, 87c, 87d, 87e
ラントの議会（Volksvertretungen der Länder）／基本法の採択（Annehme des Grundgesetzes） 144 I
- 抽象的規範統制手続の提訴権（Antragsberechtigung in der abstrakten Normenkontrolle） 93 I Nr. 2a, II
- 防衛緊急事態における被選期間の延長（Verlängerung der Wahlperiode im Verteidigungsfall） 115h I
- 連邦会議の構成員の選挙（Wahl der Mitglieder der Bundesversammlung） 54 III
- 連邦大統領の兼職禁止（Verbot der Mitgliedschaft des Bundespräsidenten） 55 I
ラントの規模と任務遂行能力（Größe und Leistungsfähigkeit der Länder） 29 I
ラントの憲法裁判所（Landesverfassungsgerichte） 99, 100 I, III
- 具体的な規範統制（Konkrete Normenkontrolle） 100 I
- 市町村（市町村連合）の憲法訴願（Kommunalverfassungsbeschwerde） 93 I Nr. 4b
- ～としての連邦憲法裁判所（BVerfG als ～） 99
- 連邦憲法裁判所等と異なる裁判をする際の移送（Divergenzvorlage） 100 III
ラントの財政調整（Länderfinanzausgleich） 107 II, 143f
ラントの裁判官（Landesrichter） 98 III, V
ラントの首相（Ministerpräsidenten） 115i II
ラントの専属的権限（Ausschließliche Landeskompetenzen） 23 VI, 74 I（Nr. 1, 7, 11, 17, 18, 24）, 109 III, 137 VII

ラントの租税（Landessteuern）　106 VII

ラントへの所属（Landeszugehörigkeit）　135 I

ラント法（Landesrecht）/ 教会税についての諸規定（Bestimmungen zur Kirchensteuer）
WRV 137 VI

　− 具体的規範統制の移送対象としての〜（als Vorlagengegenstand der konkreten
　　Normenkontrolle）　100 I

　− 公法上の施設の経過についての原則（Grundlage von Einrichtungen）　130 I

　− 効力の継続（Fortgelten）　125a III, 129 II

　− 宗教の授業の特例（Religionsunterricht）　141　⇒ブレーメン条項（Bremer
　　Klausel）も見よ

　− 命令制定権（Verordnungsermächtigungen）　129 II

　− 連邦法に取って代わられる〜（Ersetzung durch Bundesrecht）　125a III

　− 連邦法に取って代わる〜（Ersetzung von Bundesrecht）　125a I, II

　− 連邦法の優位（Vorrang des Bundesrechts）　31, 142

ラント法上のものでない行政の最高の服務上の上官（Oberster Disziplinarvorgesetz-
ter nicht landesrechtlicher Verwaltungen）　130 II

ラント法の優位（Landesrecht bricht Bundesrecht）　72 III, 84 I

ラント法律（Landesgesetze）/ 市町村による税収の取り分についての規定（Bestim-
mung des Gemeindeanteils an den Steuern）　106 VII

　− 市町村連合による税収の取り分（Beteiligung der Gemeindeverbände am Steuer-
　　aufkommen）　106 VI

　− 宗教団体への国家給付の廃止（Ablösung der Staatsleistungen an die Religionsge-
　　sellschaften）　WRV 138 I

　− 連邦裁判所によるラントの憲法紛争の決定（Zuweisung von Verfassungsstreitig-
　　keiten an Bundesgerichte）　99

り

立法（Gesetzgebung）　20 II, III, 20a, 70 ff., 76 ff., 105

　− 基本権の〜拘束性（Grundrechtsbindung）　1 III

　− 基本法制定前の立法の引継ぎ（Ablösung der vorkonstitutionellen Gesetzgebung）
　　122 I

　− 急を要する法律案（Eilbedürftige Gesetzesvorlagen）　76 II, III, 115d II

　− 競合的立法（Konkurrierende Gesetzgebung）　70 II, 72, 74, 105 II, IIa, 115c I, 125,
　　125a I, II

　− 緊急の法律案（Dringliche Gesetzesvorlage）　81 I

－憲法改正（Verfassungsänderung）　79, 81 IV, 115e II

－憲法制定（Verfassunggebung）　146

－専属的立法（Ausschließliche Gesetzgebung）　⇒連邦の専属的権限

－大綱的立法（Gesetzgebung der Rahmenvorschriften）　75*

－法案審議合同協議会（Vermittlungsverfahren）　77 II–III

－防衛緊急事態における～手続（Verfahren im Verteidigungsfall）　115d

－予算立法（Haushaltsgesetzgebung）　110 II–IV

－ラントの～権（Gesetzgebungsbefugnis der Gliedstaaten）　23 VI, 70, 71, 72

－ラントの～への原則的協働（Grundsätzliche Mitwirkung der Länder）　79 III

－立法機関・立法助言機関の解散（Auflösung gesetzgebender und beratender Körperschaften）　122 II

－立法手続（Gesetzgebungsverfahren）　76 ff.

－連邦議会による連邦法律の議決（Beschluß der Bundesgesetze durch den Bundestag）　77 I

－連邦の～と異なるラントの規律（Abweichende Regelungen der Länder）　72 III, 84 I, 125b

－連邦の立法（Bundesgesetzgebung）～　32, 70 ff., 91a, 91b, 115c, 115d

－連邦を通してのラントの協働（Mitwirkung der Länder durch den Bundesrat）　50

立法期（Legislaturperiode）　39 I　⇒被選期間（Wahlperiode）も見よ

立法権限（Gesetzgebungskompetenzen）　⇒権限（Zuständigkeiten）も見よ

－大綱的～（Rahmengesetzgebung）　75*, 125b

－命令発布権限によるラントの～（～ kraft Verordnungsermächtigung）　80 IV

－連邦法律に代わるラントの～（Ersetzgungsbefugnis der Länder）　72 IV

立法上の緊急状態（Gesetzgebungsnotstand）　81

立法の方法（Modus der Gesetzgebung）　76 ff.

良心的兵役拒否（Wehrdienstverweigerung aus Gewissensfreiheit）　4 III

良心の自由（Gewissensfreiheit）　4 I, 12a II, 28 I

療養施設の法（Heimrecht）　74 I Nr. 7

旅券制度（Paßwesen）　73 I Nr. 3

林業（Forstwirtschaft）　74 I Nr.17

れ

例外裁判所（Ausnahmegerichte）　101 I　⇒裁判所

令状主義（Richtervorbehalt）　13 II–V, 104 II, III

礼拝（Kultus）　WRV 138 II

連帯協定Ⅱ（Solidarpakt II）　143c Ⅲ
連邦（Bund）
　－支出の負担（Ausgabentragung）　91a Ⅲ, 104a Ⅰ-Ⅴ
　－営業税の収入への参与（Beteiligung am Aufkommen der Gewerbesteuer）　106 Ⅵ
　－外交関係の処理（Pflege der auswärtigen Beziehungen）　32 Ⅰ
　－基礎保障に際しての連邦とラントの協働（Zusammenwirken mit Ländern und
　　Kommunen bei der Grundsicherung）　91e Ⅰ
　－義務的仲裁裁判協定への加入（Beitritt zu Vereinbarungen über obligatorische
　　Schiedsgerichtsbarkeit）　24 Ⅲ
　－旧ドイツ国の財産の～への移行（Übergang des Reichsvermögens）　134 Ⅰ
　－旧プロイセン・ラントの参与の～への移行（Übergang von Beteiligungen des
　　ehemaligen Landes Preußen）　135 Ⅵ
　－共同任務への財政負担分（Finanzierungsanteile für Gemeinschaftsaufgaben）
　　143c Ⅰ
　－軍隊の設置（Aufstellung von Streitkräften）　87a Ⅰ
　－結合ネットワークの構築（Errichtung eines Verbindungsnetzes）　91c Ⅳ
　－高権的権利の委譲（Übertragung von Hoheitsrechten）　23 Ⅰ, 24 Ⅰ, 115e Ⅱ
　－情報技術システムに際しての協働（Zusammenwirken bei informationstechni-
　　schen Systemen）　91c
　－条約締結権（Vertragsschlußkompetenz）　32
　－税収入の帰属主体（Ertragshoheit）　106 Ⅰ, Ⅱ Nr. 4, Ⅲ, Ⅳ, Ⅵ, 108 Ⅲ
　－戦争の結果の費用負担（Tragung der Kriegsfolgelasten）　120 Ⅰ
　－相互的集団的安全保障への加入（Einordnung in ein System gegenseitiger
　　kollektiver Sicherheit）　24 Ⅱ
　－存立に対する危険（Gefahr für den Bestand）　87a Ⅳ
　－ドイツ連邦郵便たる郵便事業を承継する企業の二分の一を超える資本
　　（Kapitalmehrheit am Nachfolgeunternehmen der Deutschen Bundespost POST-
　　DIENST）　143b Ⅱ
　－統合経済地区の行政の承継（Nachfolge in die Verwaltung der Vereinigten Wirt-
　　schaftsgebiet）　133
　－特別負担の場合の調整（Ausgleich für Sonderbelastungen）　106 Ⅷ
　－～の構造（Struktur）　20, 28, 70 ff., 79 Ⅲ, 91a, 91b, 91c, 91d, 91e, 98
　－～の最高裁判所（Oberste Gerichtshöfe des ～）　95, 99
　－～の重要な利益（Überwiegendes Interesse des ～）　135 Ⅳ
　－～の存立と安全（Bestand und Sicherheit）　73 Ⅰ Nr. 10

－郵便制度及び遠距離通信における～の高権的任務（Hoheitsaufgaben in Postwesen und Telekommunikation）　87f II

－郵便制度及び遠距離通信に対する～の保障責任（Gewährleistungsverantwortung für Postwesen und Telekommunikation）　87f I

－ラントとの紛争（Streitigkeiten mit den Ländern）　93 I Nr. 3, 4

－ラントにおける合憲的秩序の保障（Gewährleistung der verfassungsmäßigen Ordnung in den Ländern）　28 III

－ラントの任務遂行への協働（Mitwirkung bei der Erfüllung der Aufgaben der Länder）　91a

－ラントへの財政援助（Finanzhilfen für die Länder）　104b I, II, 143d II

－ラントへの補充交付金（Ergänzungszuweisungen an die Länder）　107 II, 143g

－立法権限（Gesetzgebungskompetenzen）　⇒権限（Zuständigkeiten）

－連邦参議会を通してのラントの協力（Mitwirkung der Länder durch den Bundesrat）　50

－連邦鉄道行政の任務の～への委譲（Übertragung von Aufgaben der Eisenbahnverkehrsverwaltung）　87e II

連邦委任行政（Bundesauftragsverwaltung）　80 II, 85 I, II, 87b II, 87d II, 89 II, 90 II, 104a II–IV, 108 III, 120a I, 143e I, II

連邦遠距離道路（Bundesfernstraßen）　90 II　⇒遠距離交通用連邦道路（Bundesstraßen des Fernverkehrs）も見よ

連邦及びラント（Bund und Länder）　20 ff.

連邦会議（Bundesversammlung）/ 構成（Zusammensetzung）　54 III

－構成員の多数の意味（Mehrheit der Mitglieder）　54 VI, 121

－集会（Zusammentritt）　54 IV

－招集（Einberufung）　54 IV

－第一回の～の選挙（Wahl der ersten ～）　137 II

－連邦大統領の選挙（Wahl der Bundespräsidenten）　54 I

連邦会計検査院（Bundesrechnungshof）　114 II

－会計報告（Rechnungsbericht）　114 II

－合規性の審査（Prüfung der Ordnungsmäßigkeit）　114 II

－構成員の裁判官的独立性（Richterliche Unabhängigkeit der Mitglieder）　114 II

－調査（Erhebungen）　114 II

連邦官庁（Bundesbehörden）/ 職務・司法〔法律〕共助（Amts- und Rechtshilfe）　35 I

－連邦税財務官庁（Bundesfinanzbehörden）　108 I, IV, V

－連邦調整官庁（Bundesausgleichsamt）　120a

－ラント官庁との協働(Zusammenwirken mit Landesbehörden)　108 IV

－ラントの(公法上の)社団及び営造物に対する監督(Aufsicht über Körperschaften und Anstalten der Länder)　130 III

連邦監督(Bundesaufsicht)　84 III, 85 III, IV, 93 I Nr. 3

連邦機関(Bundesorgane)

－防衛緊急事態の確定ができないとき(Unfähigkeit zur Feststellung des Verteidigungsfalls)　115a IV

－危険防止措置がとれないとき(Unfähigkeit zur Gefahrenabwehr)　115i I

－連邦最高機関の間の紛争(Streitigkeiten unter den obersten ~)　93 I Nr. 1

連邦議会(Bundestag)　23, 38 ff., 76-78, 115e, 115h　⇒議員(Abgeordnete)，ラントの議会(Volksvertretungen der Länder)，連邦参議会(Bundesrat)も見よ

－欧州連合委員会(Ausschuß für Angelegenheiten der EU)　45

－欧州連合委員会への授権(Ermächtigung des Europa-Ausschusses)　45

－欧州連合の事務における協働(Mitwirkung in Angelegenheiten der EU)　23 II, III, 45

－欧州連合の法制定行為に対する態度決定(Stellungnahme zu Rechtsetzungsakten der EU)　23 III, 45

－会議の終了及び再開(Schluß und Wiederbeginn der Sitzungen)　39 III

－外務委員会(Ausschuß für auswärtige Angelegenheiten)　45a I

－～が行うべき選挙(Wahlen durch den Bundestag)　42 II

－議員(Abgeordnete)　38 I, 46 ff.

－議員候補者(Wahlbewerber)　48 I

－議員資格の得喪(Erwerb und Verlust der Mitgliedschaft)　41

－議員に対する刑事手続の停止の要求(Verlangen nach Aussetzung eines Strafverfahrens)　46 IV, 60 IV

－議員の異議申立と資格喪失(Anfechtung und Verlust der Mitgliedschaft)　41

－議員の刑事免責(Indemnität der Abgeordneten)　46 I

－議員の不逮捕特権(Immunität der Abgeordneten)　46 II-IV

－議会統制(Parlamentarische Kontrolle)　13 VI, 45b, 45d

－議決定足数(Beschlußfähigkeit)　115a II, 115e I

－議決の過半数(Mehrheit der Beschlüsse)　42 II

－議決の中止を求める連邦政府の要求(Verlangen der Bundesregierung nach Aussetzung der Beschlußfassung)　113

－議決のルール(Abstimmungsregeln)　42 I, II

－議事規則(Geschäftsordnung)　40 I, 42 II

- 議事堂管理権（Hausrecht）　40 II
- 基本権喪失手続（第18条）の許諾（Genehmigung eines Grundrechtsverwirklichungsverfahrens）　46 III, 60 IV
- 基本権喪失（第18条）の手続の停止の要求（Verlangen nach Aussetzung eines Verwirkungsverfahrens）　46 IV, 60 IV
- 基本法第10条法律の審査（Nachprüfung von Maßnahmen nach dem G 10）　10 II, 19 IV
- 基本法の適用が制限されるラントの代表者（Vertreter der Länder mit eingeschränkter Geltung des Grundgesetzes）　144 II
- 緊急を要する法律案の否決（Ablehnung einer dringlichen Vorlage）　81 I
- 緊迫状態における措置の廃止の要求（Verlangen nach Aufhebung von Maßnahmen im Spannungsfall）　80a II, III
- 緊迫状態の発生の確定（Feststellung des Eintritts des Spannungsfalls）　80a I
- 軍隊の出動の要求（Verlangen nach der Einstellung des Einsatzes von Streitkräften）　87a IV
- 刑事訴追の許諾（Genehmigung der Strafverfolgung）　46 II, III, 60 IV
- 憲法改正（Verfassungsänderung）　76 II, III, 79 II
- 公開の会議に関する真実に即した報告（Wahrheitsgetreue Berichte über öffentliche Sitzungen）　42 III
- 公開の禁止（Ausschluß der Öffentlichkeit）　42 I
- 構成員の過半数（Mehrheit der Mitglieder）　121
- 合同委員会（Gemeinsamer Ausschuss）　53a, 115a II, 115e, 115f II, 115g, 115h II, 115k II, 115l I
- 合同委員会による～の権利の行使（Ersetzung durch den Gemeinsamen Ausschusses）　115e I
- 合同委員会の議事規則の議決（Beschluß der Geschäftsordnung des Gemeinsamen Ausschusses）　53a I
- 合同委員会の構成員の規定（Bestimmung der Mitglieder des Gemeinsamen Ausschusses）　53a I
- 合同委員会の法律の廃止（Aufhebung von Gesetzen des Gemeinsamen Ausschusses）　115l I
- 国際条約締結への協働（Mitwirkung am völkerrechtlichen Verträgen）　59 II
- 国防委員会（Verteidigungsausschuß）　45a
- 国防受託者（Wehrbeauftragter）　45b
- 再議決の要求（Nochmaliger Gesetzesbeschluß）　113 II

- 財政援助に関する情報(Unterrichtung über Finanzhilfen)　104b III
- 裁判官選出委員会の構成員の選出(Wahl der Mitglieder des Richterwahlaus-schusses)　95 II
- 裁判官訴追の申立て(Angrag auf Erhebung der Richteranklage)　98 II
- 資格審査(Mandatsprüfung)　41, 137 III
- 支出増額・収入減少をもたらす法律の議決の中止(Aussetzung des Beschlusses über haushaltsrelevante Gesetze)　113 I
- 出席・参加要求権(Zitierrecht)　43 I, 53a II
- 招集(Einberufung)　39 III
- 情報技術システムに関する協定に対する同意(Zustimmung zu Vereinbarungen über informationstechnische Systeme)　91c II
- 選挙審査(Wahlprüfung)　41, 137 III
- 選挙審査手続における決定(Entscheidungen im Wahlprüfungsverfahren)　41
- ～選挙(Wahl zum ~)　38, 39 I, 137 II
- 全国民の代表(Vertretung des ganzen Volkes)　38 I
- 相当な期間内での法律案の審議(Beratung über Gesetzesvorlagen in angemesse-ner Zeit)　76 III
- 第一回集会(Erster Zusammentritt)　122 I, 123 I, 132 I, 136 I
- 第72条に関わる連邦法律の必要性に関する議決(Scheitern einer Vorlage zur Freigabe von Bundesgesetzen)　93 II
- 抽象的規範統制の申立適格(Antragsberechtigung in der abstrakten Normenkont-rolle)　93 I Nr. 2
- 調査委員会(Untersuchungsausschüsse)　44, 45a II
- 調査委員会の設置(Einsetzung eines Untersuchungsausschusses)　44 I
- 諜報活動の統制(Kontrolle der Nachrichtendienste)　45d
- 陳情委員会(Petition)　45c
- 適時の集会に対する障害(Hindernisse für rechtzeitigen Zusammentritt)　115a II
- ～での議決(Beschlussfassung)　42II
- ～内における警察権(Polizeigewalt im ~)　40 II
- ～の委員会(Ausschüsse)　43-45, 45a, 45c, 45d, 77
- ～の会議の公開(Öffentlichkeit der Sitzungen)　42 I
- ～の会議の非公開(Ausschluss der Öffentlichkeit)　42 I, 44 I, 52 III
- ～の解散(Auflösung)　39 I, 58, 63 IV, 68 I, 81 I, 115h III, 136 II
- ～の議員団による提案(Vorlagen aus der Mitte des Bundestages)　76 I
- ～の議員団による法律案の提出(Einbringung von Gesetzesvorlagen aus der Mitte

　　des Bundestages）　76 I
－～の議長（Präsidium; Präsident）　⇒連邦議会議長（Bundestagspräsident）
－～の集会（Zusammentritt）　39 I, II, 69 II
－～の招集（Berufung）　39 III
－～の信任（Parlamentarische Verantwortlichkeit）　67, 68
－～の同意を要する条約（Zustimmungsbedürftige Verträge）　59 II
－被選期間（Wahlperiode）　39 I, 54 V
－不信任動議（Mißtrauensvotum）　67
－法案審議合同協議会（Vermittlungsausschuss）　77 II, IIa
－法案審議合同協議会の議事規則の議決（Beschluß der Geschäftsordnung des
　　Vermittlungsausschusses）　77 II
－法案審議合同協議会の招集の要求（Verlangen nach der Einberufung des Vermitt-
　　lungsausschusses）　77 II
－法案審議合同協議会の投票後の再度の議決（Erneute Beschlußfassung nach
　　Votum des Vermittlungsausschusses）　77 II, III
－防衛緊急事態が継続中における連邦議会の解散の排除（Ausschluß einer
　　Auflösung während des Verteidigungsfalls）　115h III
－防衛緊急事態でとった措置の廃止に関する議決（Beschluß über die Aufhebung
　　von Verteidigungsmaßnahmen）　115l I
－防衛緊急事態における措置に関する情報（Unterrichtung von Maßnahmen im
　　Verteidigungsfall）　115f II
－防衛緊急事態における被選期間の延長（Verlängerung der Wahlperiode im
　　Verteidigungsfall）　115h I
－防衛緊急事態における連邦参議会との合同審議（Gemeinsame Beratung mit
　　dem Bundesrat im Verteidigungsfall）　115d II
－防衛緊急事態についての国際法上の宣言に対する同意（Zustimmung zur
　　Abgabe völkerrechtlicher Erklärungen zum Verteidigungsfall）　115a V
－防衛緊急事態の終了に関する議決（Beschluß über die Beendigung des Verteidi-
　　gungsfalls）　115l II
－防衛緊急事態のための議事規則の議決（Beschluß der Geschäftsordnung für den
　　Verteidigungsfall）　115d II
－防衛緊急事態の発生の確定（Feststellung des Einritts des Verteidigungsfalls）
　　115a I
－補完性原理違反を理由とする提訴（Subsidiaritätsklage）　23 Ia
－予算案の提出（Einbringung der Haushaltsvorlage）　110 III

－予算計画による軍隊の統制（Kontrolle der Streitkräfte durch den Haushaltsplan）87a I

－立法上の緊急状態における法律案の否決（Ablehnung von Gesetzesvorlagen im Gesetzgebungsnotstand）81 II, III

－連邦会議の構成員（Mitglieder als Teil der Bundesversammlung）54 III

－連邦会計検査院の～への報告（Bericht des Bundesrechnungshofes）114 II

－連邦議会議長の選挙（Wahl des Bundestagspräsidenten）40 I

－連邦憲法裁判所の構成員の選出（Wahl der Mitglieder des BVerG）94 I

－連邦固有の中級・下級官庁の設置についての同意（Zustimmung zur Errichtung von bundeseigenen Mittel- und Unterbehörden）87 III

－連邦参議会及び連邦政府の構成員の出席権（Zutrittsrecht der Mitglieder von Bundesrat und Bundesregierung）43 II

－連邦参議会及び連邦政府の構成員の発言権（Rederecht der Mitglieder von Bundesrat und Bundesregierung）43 II

－連邦参議会の異議の却下（Zurückweisung des Einspruchs des Bundesrates）77 IV, 78

－連邦参議会の法律案の～への送付（Zuleitung von Gesetzesvorlagen des Bundesrates）76 III

－連邦首相の信任問題（Vertrauensfrage des Bundeskanzlers）68 I, 81 I

－連邦首相の選挙（Wahl des Bundeskanzlers）63 I

－連邦税財務大臣による会計報告（Rechnungslegung durch den Bundesfinanzminister）114 I

－連邦政府構成員の出席の要求（Verlangen nach Anwesenheit eines Mitgliedes der Bundesregierung）43 I, 53a II

－連邦政府構成員の～への出席・発言権（Anhörung und Anwesenheit von Regierungsmitgliedern）43

－連邦政府による監視措置に関する情報（Unterrichtung über Überwachungsmaßnahmen durch die Bundesregierung）13VI

－連邦政府による～の態度決定の尊重（Berücksichtigung seiner Stellungnahme durch die Bundesregierung）23 III

－連邦政府構成員の宣誓（Eidesleistung der Bundesregierung）64 II

－連邦大統領と～議員との兼職禁止（Verbot der Mitgliedschaft des Bundespräsidenten）55I

－連邦大統領の宣誓（Eidesleistung des Bundespräsidenten）56

－連邦大統領の訴追・弾劾（Anklage des Bundespräsidenten）61 I

－連邦大統領の不逮捕特権への準用（Immunität des Bundespräsidenten）　46 II-IV, 60 IV

－連邦法律の議決（Beschluß der Bundesgesetze）　77 I, 78, 113 II, III

連邦議会構成員の三分の一（Drittel der Mitglieder des Bundestages）　39 III

連邦議会議員の証言拒否権（Zeugnisverweigerungsrecht der Abgeordneten）　47

連邦議会議長（Bundestagspräsident）　40

－選挙（Wahl）　40 I

－捜索・押収の許諾（Genehmigung von Durchsuchung oder Beschlagnahme）　40 II

－法律案の連邦参議会への送付（Zuleitung der Bundesgesetzes an den Bundesrat）　77 I

－連邦議会内における議事堂管理権・警察権（Hausrecht und Polizeirecht im Bundestag）　40 II

連邦議会の会議の非公開（Ausschluss der Öffentlichkeit）　42 I, 44 I, 52 III

－連邦会議の招集（Einberufung der Bundesversammlung）　54 IV

－連邦議会の招集（Einberufung des Bundestages）　39 III

連邦議会構成員の十分の一（Zehntel der Mitglieder des Bundestages）　42 I

連邦議会構成員の四分の一（Viertel der Mitglieder des Bundestages）　23 Ia, 44 I, 93 I Nr. 2

連邦議会の国防受託者（Wehrbeauftragter des Bundestages）　45b

連邦議会の補助機関（Hilfsorgan des Bundestages）　45b

連邦議会への出席権（Zutrittsrecht zum Bundestag）　43 II

連邦強制（Bundeszwang, Bundesexekution）　37

連邦行政（Bundesverwaltung）　87d I, 90 II, IV, 115f I, 114 II, 115f I, 143e I, II

－道路行政への第三者の参加の禁止（Ausschluß der Beteiligung Dritter）　90 II

連邦行政裁判所（Bundesverwaltungsgericht）　95 I　⇒裁判所（Gerichte）も見よ

連邦共和国への加入（Beitritt）　旧23*（第23条の脚注25）参照）

連邦銀行（Bundesbank）　88

連邦軍（Bundeswehr）　87a, 87b　⇒軍隊（Streitkräfte）も見よ

－議会統制（Parlamentarische Kontrolle）　45b

－災厄時における出動（Einsatz im Katastrophenfall）　35 II, III

－兵役義務（Wehrpflicht）　12a I

－命令・指揮権（Befehls- und Kommandogewalt）　35 II, III

－連邦議会の国防受託者（Wehrbeauftragter des Bundestages）　45b

連邦警察（Bundespolizei）　⇒連邦国境警備隊（Bundesgrenzschutz）

連邦刑事警察庁（Bundeskriminalamt）　73 I Nr. 9a, Nr. 10, II

連邦憲法裁判所（Bundesverfassungsgericht）　18, 21 IV, 41 II, 61, 84 IV, 92 ff., 98 II, V, 99, 100, 115g, 115h, 126

　－一ラント内の憲法争訟（Verfassungsstreitigkeiten innerhalb eines Landes）　99

　－瑕疵確認手続における出訴（Anrufung im Mängelrügeverfahren）　84 IV

　－仮の命令（Einstweilige Anordnung）　61 II

　－管轄権（Zuständigkeit）　93

　－機構についての規律（Regelung der Verfassung）　94 II

　－基本権の喪失（Verwirkung von Grundrechten）　18

　－基本法の定める場合の裁判（Entscheidung in vom Grundgesetz vorgesehenen Fällen）　93 I Nr.5

　－具体的規範統制（Konkrete Normenkontrolle）　100 I

　－兼職禁止（Inkompatibilitäten）　94 I

　－憲法異議（Verfassungsbeschwerden）　⇒憲法訴願（Verfassungsbeschwerden）を見よ

　－憲法訴願（Verfassungsbeschwerden）　93 I Nr. 4a, 4b

　－憲法訴願の受理（Annahme einer Verfassungsbeschwerde）　94 II

　－構成（Zusammensetzung）　94 I

　－構成員の選出（Wahl der Mitglieder）　94 I

　－国際法上の原則の規範適合性手続（Normqualifikationsverfahren）　100 II

　－裁判官弾劾（Richteranklage）　98 II, V

　－市町村による憲法訴願（Kommunalverfassungsbeschwerden）　93 I Nr. 4b

　－政党としての適合性についての裁判（Entscheidung über die Parteieigenschaft）　93 I Nr. 4c

　－政党禁止（Parteiverbot）　21 II, IV

　－政党への国の助成の可否（Ausschluß von staatlicher Finanzierung）　21 IV

　－設置までの経過措置（Errichtung）　137 III

　－選挙審査（Wahlprüfung）　41, 137 III

　－選挙争訟及び議員資格争訟に対する異議申立（Beschwerde gegen Wahl- und Mandatsprüfungsbeschlüsse）　41 II, 137 III

　－その他の公法上の紛争（Andere öffentlich-rechtliche Streitigkeiten）　93 I Nr. 4

　－手続（Verfahren）　94 II

　－抽象的規範統制（Abstrakte Normenkontrolle）　93 I Nr. 2, 2a

　－必要性の不存在についての裁判（Entscheidung über den Wegfall der Erforderlichkeit）　93 II

　－防衛緊急事態における～の地位及び機能（Bestand und Funktion im Verteidi-

gungsfall）　115g, 115h I

　－防衛緊急事態における措置に関する決定（Beschluß über Maßnahmen im
　　Verteidigungsfall）　115g

　－ラント間の争訟（Zwischenländerstreit, Binnenländerstreit）　93 I Nr. 4

　－ラントの憲法裁判所と異なる裁判を求める場合の移送（Divergenzvorlage）
　　100 III

　－ラントの憲法裁判所としての～（～ als Landesverfassungsgericht）　99

　－ラントの憲法裁判所に代わる権限行使（Zuweisung von Landesverfassungsstrei-
　　tigkeiten）　99

　－連邦議会議員の資格審査（Mandatsprüfung）　41, 137 III

　－連邦大統領の訴追・弾劾（Präsidentenanklage）　61

　－連邦法の効力継続についての裁判（Entscheidung über das Fortgelten von
　　Bundesrecht）　93 II, 126

　－連邦法律による管轄の定め（Zuweisung von Fällen durch Bundesgesetz）　93 III

　－連邦法律に対する権限の独占（Verwerfungsmonopol für Bundesgesetze）　100 I

　－連邦・ラント間の争訟（Bund-Länder-Streit）　93 I Nr. 3

連邦憲法裁判所裁判官（Bundesverfassungsrichter）/ 兼職禁止（Inkompatibilität）　94 I

　－選出（Wahl）　94 I

　－防衛緊急事態における任期の延長（Verlängerung der Amtszeit im Verteidigungs-
　　fall）　115h I

　－連邦及びラントの機関との兼職禁止（Verbot der Mitgliedschaft in Bundes- und
　　Landesorganen）　94 I

連邦高速自動車道路（Bundesautobahnen）　90 I, II, 143e I

連邦高速自動車道路網（Bundesautobahnennetz）　90 II

連邦国防行政（Bundeswehrverwaltung）　87b

連邦国防大臣（Bundesverteidigungsminister）　65aI

　－～の命令・指揮権（Befehls- und Kommandogewalt des Bundesminister für
　　Verteidigung）　65a I, 115b

連邦国家（Bundesstaat）　20 I, 23 I, 28 I

　－改正禁止（Ewigkeitsgarantie）　79 III

　－基礎保障の際の協働（Zusammenwirken bei der Grundsicherung）　91e I

　－給付能力の弱いラント（Leistungsschwache Länder）　107 II

　－教育制度の能率の査定についての協定（Vereinbarungen zur Festlelung der
　　Leistungsfähigkeit des Bildungswesens）　91b II

　－共同租税（Gemeinschaftsteuern）　106 III, VI

－協働的連邦主義（Kooperativer Föderalismus）　91a, 91b

－共同任務（Gemeinschaftsaufgaben）　91a, 91b, 143c I

－共同任務に関する法的規律の効力（Fortgelten der Regeln über Gemeinschafts-aufgaben）　125c I

－経済力の相違の調整（Ausgleich unterschiedlicher Wirtschaftskraft）　104b I

－刑事警察における連邦とラントの協働（Zusammenarbeit des Bundes und der Länder in der Kriminalpolizei）　73 I Nr. 10

－研究助成に対する協定（Vereinbarungen zur Forschungförderung）　91b

－国防法における同郷的諸関係の配慮（Berücksichtigung landsmannschaftlicher Verhältnisse in den Wehrgesetzen）　36 II

－混成行政（Mischverwaltung）　91e I

－混成的財政援助（Mischfinanzierungen）　143c II

－財政援助（Finanzhilfen）　104b

－財政調整（Finanzausgleich）　107 II, 143f

－司法共助〔法律共助〕・職務共助（Rechts- und Amtshilfe）　35 I

－すべてのドイツ人のラントにおける諸権利の平等（Gleiche Rechte aller Deutschen in jedem Lande）　33 I

－税収入の分配（Verteilung des Steuereinnahmen）　106, 107 I

－戦争の結果たる負担の分担（Verteilung der Kriegsfolgelasten）　120 I

－租税の共同管理（Zusammenwirken in der Finanzverwaltung）　108 IV

－その他の公法上の紛争（Andere öffentlich-rechtliche Streitigkeiten）　93 I Nr. 4

－ドイツの超国家的・国際法的義務違反に対する責任分担規準（Haftungsschlüs-sel für die Verletzung von Pflichten Deutschlands）　104a VI, 109 II, V

－必要経費補塡の衡平な調整（Billiger Ausgleich zwischen den Deckungsbedürfnis-sen）　106 III

－防衛緊急事態におけるラント等の生存能力（Lebensfähigkeit der Länder im Verteidigungsfall）　115c III

－ラント間の異なる財政力の調整（Ausgleich der unterschiedlichen Finanzkraft der Länder）　107 II

－ラントの憲法秩序の等質性保障（Homogenitätsgebot）　28 I, III

－ラントの連邦への編成（Gliederung des Bundes in Länder）　29, 79 III

－連帯協定 II（Solidarpakt II）　143c III

－連邦強制（Bundeszwang）　37

－連邦最高官庁における諸ラントの職員配置の適切な割合（Länderproporz in den Obersten Bundesbehörden）　36 I

－連邦とラントの間の紛争（Bund-Länder-Streit）　93 I Nr. 3

－連邦とラントの権限分配（Kompetenzenverteilung zwischen Bund und Ländern）　30, 70 ff., 84 ff.

－連邦とラントの財政の独立性（Selbständige Haushaltswirtschaft von Bund und Ländern）　109 I

－連邦に統一的な規律をする特別の必要性（Besonderes Bedürfnis nach bundeseinheitlicher Regelung）　84 I

－連邦による援助（Bundeshilfe）　35 II, III

－連邦による補償の適切性・必要性審査（Überprüfung der Kompensationsleistungen）　143c III

－連邦法の優位（Vorrang des Bundesrechts）　31, 100 I, 142

－連邦領域における均質な生活関係の創出（Herstellung gleichwertiger Lebensverhältnisse im Bundesgebiet）　72 II

－連邦領域における生活関係の統一の保持（Wahrung der Einheitlichkeit der Lebensverhältnisse im Bundesgebiet）　106 III Nr. 2

－連邦領域の再編成（Neugliederung）　29, 118, 118a

連邦国境警備隊（Bundesgrenzschutz）　12a I, II, 87 I, 91 I, II

－～の力が十分でない場合（Nichtausreichen der Kräfte）　87a IV

－複数のラントでの災害の際の出動（Einsatz im länderübergreifenden Katastrophenfall）　35 III

－防衛緊急事態の際の出動（Einsatz im Verteidigungsfall）　115f I, 115i I

－ラントによる要請（Anforderung durch die Länder）　35 II

連邦固有行政（Bundeseigene Verwaltung）　86, 87, 87b, 87e I, 87f II, 88, 89 II, 90 III, 120a I, 143a II

連邦最高官庁（Oberste Bundesbehörden）／すべての職員の全ラントからの任用（Verwendung von Beamten aus allen Ländern）　36 I

連邦最高機関（Oberste Bundesorgane）　93 I Nr. 1

連邦最高裁判所（Oberste Gerichtshöfe des Bundes）　95

連邦裁判官（Bundesrichter）／裁判官の訴追・弾劾（Richteranklage）　98 II, V

－～の任命（Berufung）　95 II

－法的地位の規律（Regelung der Rechtsstellung）　98 I

－連邦大統領による～の任命（Ernennung durch den Bundespräsidenten）　60 I

連邦裁判所（Bundesgerichte）　⇒裁判所（Gerichte）を見よ

連邦財務大臣（Bundesfinanzminister）

－予算超過支出への同意（Zustimmung zu Halshaltsüberschreitungen）　112

－ラント財務官庁に対する監督（Aufsicht über die Landesfinanzbehörden） 108 III

－連邦議会及び連邦参議会に対する会計報告（Rechnungslegung vor Bundestag und Bundesrat） 114 I

連邦参議院（Bundesrat） ⇒連邦参議会（Bundesrat）を見よ

連邦参議会（Bundesrat） 16a, 23, 29, 35, 37, 43, 50–53, 53a, 56, 57, 61, 72, 73, 76–81, 84, 85, 87, 87a–f, 91, 91a, 91c, 91e, 93, 94, 104a, 104b, 105–109, 109a, 110, 114,115a, 115c–f, 115h, 115k, 115l, 119, 120a, 129, 130, 132, 134-136, 143a-e, 144

－一般的行政規則の発布への同意（Zustimmung zum Erlaß allgemeiner Verwaltungsvorschriften） 84 II, 85 II, 87b II, 108 VII

－欧州共同体にかかわる事項についての連邦の意思形成への協力（Beteiligung an der Willensbildung des Bundes in Angelegenheiten der EU） 23 IV

－欧州共同体へのラント代表の指定（Benennung eines Vertreters der Länder bei der EU） 23 VI

－欧州専門部会（Europakammer） 52 IIIa

－欧州連合の事務における協力（Mitwirkung in Angelegenheiten der EU） 23 II, IV–VII, 50, 52 IIIa

－議案提出権（Gesetzesinitiative） 76 I

－機関争訟における当事者能力（Parteifähigkeit im Organstreitverfahren） 93 I Nr. 1

－議決（Beschlüsse） 52 III

－議決（票決）（Beschlussfassung, Abstimmung） 51 II, 52 III

－議事の公開（Öffentlichkeit der Sitzungen） 52 III

－議事の公開の禁止（Ausschluß der Öffentlichkeit） 52 III

－議事規則（Geschäftsordnung） 52 III

－議長（Vorsitz） 52 I, II

－議長の選出（Wahl der Präsidenten） 52 I

－基本法の適用が制限されるラントの代表者（Vertreter der Länder mit eingeschränkter Geltung des Grundgesetzes） 144 II

－求職者の基礎保障に関する法律への同意（Zustimmung zu Gesetzen zur Grundsicherung） 91e III

－緊急事態命令の廃止の要求（Verlangen nach Aufhebung von Notstandsanordnungen） 91 II

－軍隊の出動の中止の要求（Verlangen nach der Einstellung des Einsatzes von Streitkräften） 87a IV

－憲法改正（Verfassungsänderung） 76 II

‒ 構成員（Mitglieder）　51

‒ 構成員の出席・発言権（Anhörung und Anwesenheit von Mitgliedern）　43

‒ 構成員の任命（Bestellung der Mitglieder）　51

‒ 高権的諸権利の委譲への同意（Zustimmung zur Übertragung von Hoheitsrechten）　23 I, 115e II

‒ 合同委員会における～の代表（Vertretung im Gemeinsamen Ausschuß）　53a I

‒ 合同委員会による～の地位の行使（Ersetzung durch den Gemeinsamen Aus-schuß）　115e I

‒ 合同委員会の議事規則への同意（Zustimmung zur Geschäftsordnung des Gemein-samen Ausschusses）　53a I

‒ 合同委員会の法律の廃止の要求（Verlangen nach Aufhebung von Gesetzen des Gemeinsamen Ausschusses）　115l I

‒ 合同委員会の構成員の指図からの自由（Weisungsfreiheit der Mitglieder im Gemeinsamen Ausschuß）　53a I

‒ 合同委員会の法律の廃止への同意（Zustimmung zur Aufhebung von Gesetzen des Gemeisamen Ausschusses）　115l I

‒〔国際〕条約への協力（Mitwirkung an [völkerrechtlichen] Verträgen）　59 II

‒ 異なる規律をする可能性のない法律への同意（Zustimmung zu Gesetzen ohne Abweichungsbefugnis）　84 I

‒ 災害に対する措置の廃止の要求（Verlangen nach Aufhebung von Katastrophen-maßnahmen）　35 III

‒ 財政援助に関する情報を受けること（Unterrichtung über Finanzhilfen）　104b III

‒ 施設の委譲，解散又は清算への同意（Zustimmung zur Überführung, Auflösung oder Abwicklung von Einrichtungen）　130 I

‒ 招集（Einberufung）　52 II

‒ 第1回集会（Erstmaliges Zusammentreten）　136 I

‒ 態度決定に関する期限延長の要求（Verlangen nach Fristverlängerung für Stellungnahmen）　76 II

‒ 第72条に関わる連邦法律の必要性に関する議決（Scheitern einer Vorlage zur Freigabe von Bundesgesetzen）　93 II

‒ 抽象的規範統制における～の提案権（Antragsberechtigung in der abstrakten Normenkontrolle）　93 I Nr. 2a, II

‒ 同意法律に関する適当な期間での議決（Beschlußfassung über die Zustimmung in angemessener Frist）　77 IIa

‒ とくに急を要する法律案であることの表示（Bezeichnung einer Gesetzesvorlage

als eilbedürftig）　76 III, 115d II

− 〜による態度表明に対する連邦政府の尊重（Berücksichtigung der Stellung-
nahme durch die Bundesregierung）　23 V

− 〜の委員会（Ausschüsse）　52 IV, 53

− 〜の構成（Zusammensetzung）　51

− 〜の構成員の連邦議会への参加権（Zutrittsrecht der Mitglieder im Bundestag）
43 II

− 票決数（Abstimmung im 〜）　51III

− 二つのラントからの招集の要求（Verlangen zweier Länder nach Einberufung）
52 II

− 負担調整の規律への同意（Zustimmung zur Regelung des Lastenausgleichs）
120a I

− 補完性原理違反についての欧州連合司法裁判所への提訴（Erhebung einer
Subsidiaritätsklage zum Gerichtshof der EU）　23 Ia

− 法案審議合同協議会の議事規則への同意（Zustimmung zur Geschäftsordnung
des Vermittlungsausschusses）　77 II

− 法案審議合同協議会の構成員の指図からの自由（Weisungsfreiheit der Mitglie-
der des Vermittlungsausschusses）　77 II

− 法案審議合同協議会の招集の要求（Verlangen nach Einberufung des Vermitt-
lungsausschusses）　77 II, 78

− 防衛緊急事態に関する議事規則への同意（Zustimmung zur Geschäftsordnung
für den Verteidigungsfall）　115d II

− 防衛緊急事態の確定への同意（Zustimmung zur Feststellung des Verteidigungs-
falls）　115a I

− 防衛緊急事態の終了への同意（Zustimmung zur Beendigung des Verteidigungs-
falls）　115l II

− 防衛緊急事態のための措置の廃止に関する議決（Beschluß über Aufhebung von
Verteidigungsmaßnahmen）　115l I

− 法規命令の発布を求める提案の送付（Zuleitung von Vorlagen für Rechtsverord-
nungen）　80 III

− 法規命令への同意（Zustimmung zu Rechtsverordnungen）　80 II, III, 119, 132 IV

− 法律案に対する態度決定（Stellungnahme zu Gesetzesvorlagen）　76 II

− 法律案の提出（Einbringung von Gesetzesvorlagen）　76 I

− 法律案の〜への送付（Zuleitung von Gesetzesvorlagen）　76 II, 115d II

− 防衛緊急事態における措置に関する報告を受けること（Unterrichtung von

Maßnahmen im Verteidigungsfall）　115f II

－命令発布権限の所轄機関への移行についての了解（Einvernehmen zum Übergang von Verordnungsermächtigungen）　129 I

－予算案に対する態度決定（Stellungnahme zu Haushaltsvorlagen）　110 III

－予算案の〜への送付（Zuleitung der Haushaltsvorlage）　110 III

－ラント代表による一括投票（Einheitliche Stimmabgabe der Ländervertreter）　51 III, 52 IIIa

－ラントによる法違反についての決定（Beschluß über eine Rechtsverletzung durch ein Land）　84 IV

－ラントの新編成に関する協約への同意（Zustimmung zum Staatsvertrag über eine Neugliederung）　29 VIII

－立法上の緊急状態における法律案への同意（Zustimmung zu Gesetzesvorlagen im Gesetzgebungsnotstand）　81 II

－立法上の緊急状態の宣言への同意（Zustimmung zur Erklärung des Gesetzgebungsnotstandes）　81 I

－連邦議会が議決した法案の〜への送付（Zuleitung der vom Bundestag beschlossenen Gesetze）　77 I

－連邦議会における構成員の発言権（Rederecht der Mitglieder im Bundestag）　43 II

－連邦及びラントの行政に関する異なる規律への同意（Zustimmung zur abweichenden Regelung der Verwaltung）　115c III

－連邦強制の措置への同意（Zustimmung zu Maßnahmen des Bundeszwangs）　37 I

－連邦憲法裁判所の構成員の選挙（Wahl der Mitglieder des BVerfG）　94 I

－連邦固有の中級官庁・下級官庁の設置への同意（Zustimmung zur Errichtung von bundeseigenen Mittel- und Unterbehörden）　87 III

－連邦受託者の派遣への同意（Zustimmung zur Entsendung von Bundesbeauftragten）　84 III

－連邦政府から常に報告を受けること（Laufende Information durch die Bundesregierung）　53

－連邦政府構成員の出席の要求（Verlangen nach Anwesenheit eines Mitgliedes der Bundesregierung）　53

－連邦政府構成員の発言権（Rederecht der Mitglieder der Bundesregierung）　53

－連邦政府構成員の〜への参加権（Zutrittsrecht der Mitglieder der Bundesregierung）　53

－連邦財務大臣による会計報告（Rechnungslegung durch den Bundesfinanzminis-

ter） 114 I
- 連邦大統領の宣誓（Eidesleistung des Bundespräsidenten） 56
- 連邦法律に対する異議（Einspruch gegen Bundesgesetze） 77 III, IV, 78
- 連邦法律の早期発効への同意（Zustimmung zum vorzeitigen Inkrafttreten eines Bundesgesetzes） 72 III, 84 I
- 連邦法律への同意権（Zustimmung zu Bundesgesetzen） 16a II, III, 23 VII, 29 VII, 73 II, 74 II, 77 II, IIa, 78, 80 II, 81 II, 84 I, V, 85 I, 87b I, II, 87c, 87d II, 87e V, 87f I, 91a II, 91c IV, 91d IV, 91e III, 96 V, 104a IV–VI, 104b II, 105 III, 106 III–VI, 106a, 106b II, 107 I, II, 108 II, IV, V, 109 IV, V, 109a, 115c I, III, 115d II, 115k III, 120a I, 134 IV, 135 V, 143a III, 143b II, 143c IV, 143d II, III ⇒同意法律（Zustimmungsgesetze）も見よ

連邦参議会議長（Bundesratspräsident） / 選出（Wahl） 52 I
- 防衛緊急事態における在任期間の延長（Verlängerung der Amtszeit im Verteidigungsfall） 115h I
- 連邦議会の解散（Auflösung des Bundestages） 136 II
- 連邦参議会の招集（Einberufung des Bundesrates） 52 II
- 連邦大統領の職務代行（Vertretung des Bundespräsidenten） 57, 136 II

連邦参議会の票決数配分（Stimmenverteilung im Bundesrat） 51 II

連邦参議会への出席権（Zutrittsrecht zum Bundesrat） 53

連邦社会裁判所（Bundessozialgericht） 95 I

連邦首相（Bundeskanzler） 39 III, 58, 62 ff., 81, 115b, 115h II
- 新たな連邦議会の集会で終了する職務（Ende des Amtes mit Zusammentritt des neuen Bundestages） 69 II
- 過半数の得票の必要性（Erforderliche Mehrheit zur Wahl） 63 II–IV, 67 I, 68 I
- 基本方針権限（Richtlinienkompetenz） 65
- 合同委員会による～の新たな選出（Neuwahl durch den Gemeinsamen Ausschuß） 115h II
- 職務執行者としての～（Geschäftsführender ～） 69 III
- 信任問題（Vertrauensfrage） 68 I, 81 I
- 選挙（Wahl） 63, 67, 68, 115h II
- 宣誓（Amtseid） 64 II, 81 III
- 組閣権（Kabinettsbildungsrecht） 64 I
- 代理人の任命（Ernennnung eines Stellvertreters） 69 I
- 第1回投票（Erster Wahlgang） 63 I, II
- 第2回投票（Zweiter Wahlgang） 63 III

- 第3回投票（Dritter Wahlgang） 63 IV
- ～の代理（Vizekanzler） 69 I
- ～の罷免（Entlassung） 58, 67 I
- ～の任命（Ernennung） 58, 63 II, 67 I
- 不信任決議案（Mißtrauensvotum） 67, 115h II
- 命令・指揮権（Befehls- und Kommandogewalt） 115b
- 連邦議会の招集の要求（Verlangen nach Einberufung des Bundestages） 39 III
- 連邦政府の事務の指揮（Leitung der Geschäfte der Bundesregierung） 65
- 連邦大臣による事務の続行の要請（Ersuchen eines Bundesministers um Fortführung der Geschäfte） 69 III
- 連邦大臣の提案（Vorschlagsrecht für die Bundesminister） 64 I
- 連邦大統領の命令及び処分への副署（Gegenzeichnung von Anordnungen und Verfügen des Bundespräsidenten） 58
- 連邦大統領の要請に基づく事務の続行（Weiterführung der Geschäfte auf Ersuchen des Bundespräsidenten） 69 III

連邦水路（Bundeswasserstraßen） 87 I, 89

連邦税財務官庁（Bundesfinanzbehörden） 108 I, IV, V

連邦政府（Bundesregierung） 24 Ia, 45, 53, 62 ff. ⇒連邦首相（Bundeskanzler）, 連邦大臣（Bundesminister）も見よ
- 一般的行政規則の発布（Erlaß allgemeiner Verwaltungsvorschriften） 84 II, 85II, 86, 87b II, 108VII
- 欧州共同体に関わる事務についての連邦議会及び連邦参議会への情報提供（Unterrichtung von Bundestag und Bundesrat in Angelegenheiten der EU） 23 II
- 欧州連合におけるラント代表との調整（Abstimmung mit Ländervertretern bei der EU） 23 VI
- 欧州連合の法制定行為への協力（Mitwirkung an Rechtsetzungsakten der EU） 23 III
- 瑕疵確認手続の枠内における連邦参議会への申立て（Antrag an den Bundesrat im Rahmen des Mängelrügeverfahrens） 84 IV
- 監視措置に関する連邦議会への報告（Unterrichtung des Bundestages über Überwachungsmaßnahmen） 13VI
- 官吏の統一的養成の規律（Regelung der einheitlichen Ausbildung der Beamten） 85 II
- 起債による財政運営資金の調達権限（Ermächtigung zur Kreditaufnahme zur Wirtschaftsführung） 111 II

- 旧統合経済地区の法の施行(Inkraftsetzung von Recht des Vereinigten Wirtschaftsgebietes)　127
- 緊急支出権限(Ermächtigung zu nötigen Ausgaben)　111 I
- 緊急時における警察力の出動(Einsatz von Polizeikräften im Notstandsfall)　91 II
- 緊迫事態に関する国際機関の決定に対する同意(Zustimmung zum Beschluß eines internationalen Organs zum Spannungsfall)　80a III
- 決算書提出による責任解除(Entlassung durch Rechnungslegung)　114 I
- 兼職禁止(Inkompatibilitäten, Berufs- und Gewerbeverbot)　66
- 構成員の連邦議会への参加権(Zutrittsrecht der Mitglieder im Bundestag)　43 II
- 構成員の連邦議会への出席要求(Herbeirufung eines Mitgliedes der Bundesregierung)　43 I
- 構成員の連邦参議会への参加権(Zutrittsrecht der Mitglieder im Bundesrat)　53
- 合同委員会議員の～への所属の禁止(Verbot der Mitgliedschaft im Gemeinsamen Ausschuß)　53a I
- 合同委員会への報告(Unterrichtung des Gemeinsamen Ausschusses)　53a I
- 災害等の非常事態におけるラント政府への指図(Weisungen an die Landesregierungen im Notstandsfall)　35 III, 37 II, 91 II, 115f I
- 財政援助に関する報告(Unterrichtung über Finanzhilfen)　104b III
- 指示の緊急性指示(Erachten einer Weisung für dringlich)　84 V, 85 III
- 支出増加に対するの同意(Zustimmung zu Ausgabenerhöhungen)　23 V
- 支出増加・収入減少をもたらす法律に対する同意(Zustimmung zu hauhaltsrelevanten Gesetzen)　113 I, III
- 支出増加・収入減少をもたらす法律の再議決の要求(Verlangen nach nochmaligen Beschluß eines haushaltsrelevanten Gesetzes)　113 II
- 支出増加・収入減少をもたらす法律への態度決定(Stellungnahme zu haushaltsrelevanten Gesetzen)　113 I
- 施設の移譲・解散又は清算(Überführung, Auflösung oder Abwicklung von Einrichtungen)　130 I
- 執務規程(Geschäftsordnung)　65
- 事務続行の要請(Ersuchen um Weiterführung der Geschäfte)　69 III
- 事務の指揮(Leitung der Geschäfte)　65
- 職務執行～(Geschäftsführende ~)　69 III
- 戦争のための武器の運搬等の許可(Genehmigung des Umgangs mit Kriegswaffen)　26 II
- 態度決定の期限の延期の要求(Verlangen nach Fristverlängerung für Stellungnah-

men）　76 III

－中級官庁の長の任命への了解（Einvernehmen zur Bestellung der Leiter der Mittel-behörden）　85 II, 108 II

－抽象的規範統制の申立適格（Antragsberechtigung in der abstrakten Normenkont-rolle）　93 I Nr. 2

－連邦大統領の〜への所属の禁止（Verbot der Mitgliedschaft des Bundespräsiden-ten）　55 I

－〜の構成（Zusammensetzung）　62

－〜の受託者（Beauftragte der ~）　37 II, 43, 84 III, 85 IV

－法案審議合同協議会の招集の要求（Verlangen nach der Einberufung des Ermitt-lungsausschusses）　77 II

－法律案の送付（Zuleitung von Gesetzesvorlagen）　76 II, III

－防衛緊急事態における権限（Kompetenz im Verteidigungsfall）　115f

－防衛緊急事態の確定の申立て（Antrag auf Feststellung des Verteidigungsfalls）　115a

－法規命令発布権限（Ermächtigung zum Erlaß von Rechtsverordnungen）　80 I, 119, 132 IV

－報告及び文書の提出の請求（Anforderung von Berichten und Aktenvorlage）　85 IV

－法律案（Gesetzentwürfe）　76 I

－法律案が特に急を要する旨の表示（Bezeichnung einer Gesetzesvorlage als eil-bedürftig）　76 II, 115d II

－法律案についての見解の提示（Darlegung der Auffassung zu Gesetzesvorlagen）　76 III

－法律案の提出（Einbringung von Gesetzesvorlagen）　76 I, 115d II

－法律案を受け入れられない旨の表示（Bezeichnung einer Gesetzesfassung als unannehmbar）　81 II

－命令発布権限の移行に関する決定（Entscheidung über den Übergang von Verordnungsermächtigungen）　129 I

－郵便又は遠距離通信に関する法規命令（Rechtsverordnungen zu Postwesen oder Telekommunikation）　80 II

－ラント政府の行った防衛緊急事態措置の廃止（Aufhebung von Verteidigungs-maßnahmen der Landesregierungen）　115i II

－ラント政府への権限委譲（Übertragung von Befugnissen auf Landesregierungen）　115f I

－ラントと外国との条約に対する同意（Zustimmung zu Länderverträgen mit

　　　auswärtigen Staaten）　32 III
－ラントによる高権的諸権利の委譲に対する同意（Zustimmung zur Übertragung
　　　von Hoheitsrechten durch die Länder）　24 Ia
－ラントの法に基づかないすべての施設の所管（Unterstellung aller nicht-landes-
　　　rechtlichen Einrichtungen）　130 I
－ラントへの個別的指示（Erlaß von Einzelweisungen an die Länder）　84 V, 119
－立法上の緊急状態の宣言の申立て（Antrag auf Erklärung des Gesetzgebungsnot-
　　　standes）　81
－連邦会計検査院の報告（Berichte des Bundesrechnungshofes）　114 II
－連邦官庁の設置（Einrichtung der Bundesbehörde）　86
－連邦議会による議決の中止の要求（Verlangen nach Aussetzung der Beschlußfas-
　　　sung）　113 I
－連邦議会による～構成員の出席要求（Herbeirufung eines Mitgliedes durch den
　　　Bundestag）　43 I
－連邦議会における～構成員の発言権（Rederecht der Mitglieder im Bundestag）
　　　43 II
－連邦議会の態度決定の尊重（Berücksichtigung der Stellungnahme des Bundes-
　　　tages）　23 III, V
－連邦議会の非公開の申立て（Antrag auf Ausschluß der Öffentlichkeit im Bundes-
　　　tag）　42
－連邦議会への出席義務（Pflicht zur Anwesenheit im Bundestag）　43 I, 53a II
－連邦強制の措置（Maßnahmen des Bundeszwangs）　37 I
－連邦軍及び連邦国境警備隊の出動（Einsatz von Bundeswehr und Bundesgrenz-
　　　schutz）　35 III, 87a IV, 115f I
－連邦参議会が～から常に報告を受けること（Laufende Information des Bundes-
　　　rates）　53
－連邦参議会における～構成員の発言権（Rederecht der Mitglieder im Bundesrat）　53
－連邦参議会の招集の要求（Verlangen nach Einberufung des Bundesrates）　52 II
－連邦参議会の態度決定の（連邦議会への）追加提案（Nachreichung der Stellung-
　　　nahme des Bundesrates）　76 II
－連邦参議会への出席義務（Pflicht zur Anwesenheit im Bundesrat）　53
－連邦大臣間の意見の相違（Meinungsverschiedenheiten zwischen Bundesminis-
　　　tern）　65
－連邦法律の執行に関する監督（Aufsicht über die Ausführung der Bundesgesetze）
　　　84 III, 85 III, IV

連邦政府構成員（Mitglieder der Bundesregierung）　⇒連邦首相（Bundeskanzler）, 連邦大臣（Bundesminister）, 連邦政府（Bundesregierung）を見よ

連邦税財務裁判所（Bundesfinanzhof）　95 I

連邦政府の受託者（Beauftragter der Bundesregierung）37 II

連邦大臣（Bundesminister）　62

　－〜間の意見の相違（Meinungsveschiedenheiten）　65

　－所轄事務（Geschäftsbereich）　65

　－所轄事務に対する責任（Ressortverantwortung）　65

　－所轄事務の指揮の自己責任（Leitung der Geschäftsbereiche in eigener Verantwortung）　65

　－所管の〜（Zuständiger ~）　95II, 130 II

　－職務関係の終了（Beendigung des Amtsverhältnisses）　69 II

　－職務執行大臣（Geschäftsführender ~）　69 III

　－宣誓（Amtseid）　64 II

　－任命（Ernennung）　64 I

　－罷免（Entlassung）　64 I

　－法規命令発布権限（Ermächtigung zum Erlaß von Rechtsverordnungen）　80 I

　－郵便制度又は遠距離通信に関する法規命令（Rechtverordnungen zu Postwesen oder Telekommunikation）　80 II

　－連邦議会への参加・発言権（Zutritts- und Rederecht im Bundestag）　43 II

　－連邦議会への出席義務（Pflicht zur Anwesenheit im Bundestag）　43 I, 53a II

　－連邦最高裁判所の裁判官の任用（Berufung der Richter der obersten Bundesgerichte）　95 II

　－連邦参議会への参加・発言権（Zutritts- und Rederecht im Bundesrat）　53

　－連邦参議会への出席義務（Pflicht zur Anwesenheit im Bundesrat）　53

　－連邦首相の職務の終了（Abhängigkeit des Amtes vom Amt des Bundeskanzlers）　69 II

　－連邦首相の代理人（Stellvertreter des Bundeskanzlers）　69 I

　－連邦首相の要請による事務の続行（Weiterführung der Geschäfte auf Ersuchen des Bundeskanzlers）　69 III

　－連邦大統領の命令及び処分への副署（Gegenzeichnung von Anordnungen und Verfügen des Bundespräsidenten）　58

連邦大統領（Bundespräsident）　54–61, 64 I, 68 I, 82 I, 115a III–V, 115h II, 143f

連邦大統領の命令・処分（Verfügungen des Bundespräsidenten）　58

　－一回のみ再選可能（Einmalige Wiederwahl）　54 II

- 恩赦権（Begnadigungsrecht）　60 II
- 外国の使節の信認（Beglaubigung der Gesandten）　59 I
- 外国の使節の接受（Empfang der Gesandten）　59 I
- 官庁への権能の委譲（Übertragung von Befugnissen auf Behörden）　60 III
- 官吏・兵士及び裁判官の任免（Ernennung und Enlassung von Beamten, Soldaten und Richtern）　60 I
- 拒否権（Prüfungs- und Verwerfungsrecht）　82 I
- 形式的拒否権（Formelles Prüfungs- und Verwerfungsrecht）　82 I
- 兼職禁止（Berufs- und Gewerbeverbot）　55II
- 国際法上の条約の締結（Abschluß völkerrechtlicher Verträge）　59 I
- 国際法上の代表（Völkerrechtliche Vertretung des Bundes）　59 I
- 資格（Qualifikation）　54 I
- 職務遂行の停止（Verhinderung in der Ausübung seines Amtes）　61 II
- 職務の喪失（Verlust des Amtes）　61 II
- 選挙（Wahl）　54 I, II, IV–VII, 136 II, 137 II
- 宣誓（Amtseid）　56
- 討議によらない選挙（Wahl ohne Aussprache）　54 I, 63 I
- 年齢制限（Mindestalter）　54 I
- ～の任期（Amtsdauer）　54 II
- 不逮捕特権（Immunität）　46, 60 IV
- 防衛緊急事態における在任期間の延期（Verlängerung der Amtszeit im Verteidigungsfall）　115h I
- 防衛緊急事態の確定の宣告（Verkündung der Feststellung des Verteidigungsfalls）　115a III
- 防衛緊急事態の存在についての国際法上の宣言（Abgabe völkerrechtlicher Erklärungen zum Verteidigungsfall）　115a V
- 法律の公布（Verkündung der Gesetze）　82 I
- 法律の認証（Anfertigung der Gesetze）　82 I
- 命令及び措置（Anordnungen und Verfügen）　58
- 命令及び措置への副署（Gegenzeichnung von Anordnungen und Verfügungen）　58
- 立法機関への所属禁止（Verbot der Mitgliedschaft in gesetzgebenden Körperschaften）　55 I
- 立法上の緊急事態の宣言（Erklärung des Gesetzgebungsnotstandes）　81 I
- 連邦議会の解散（Auflösung des Bundestages）　58, 63 IV, 68 I, 81 I
- 連邦議会の招集の要求（Verlangen nach Einberufung des Bundestages）　39 III

－連邦憲法裁判所への訴追（Anklage vor dem BVerfG）　61

－連邦参議会議長による代理（Vertretung durch den Bundesratspräsidenten）　57,
　136 II

－連邦政府の執務規程の認可（Genehmigung der Geschäftsordnung der Bundes-
　regierung）　65

－連邦首相の選挙の提案（Vorschlag zur Wahl des Bundeskanzlers）　63 I, 115h II

－連邦首相の任命（Ernennung des Bundeskanzlers）　58, 63 II, IV, 67 I

－連邦首相の罷免（Entlassung des Bundeskanzlers）　58, 67 I, 68 I

－連邦首相への職務続行の要請（Ersuchen an den Bundeskanzler um Fortführung
　der Geschäfte）　69 III

－連邦大臣の任免（Erkennung und Entlassung der Bundesminister）　64 I

－連邦政府又はラント政府の機関への所属禁止（Verbot der Mitgliedschaft in
　Bundes- oder Landesregierung）　55 I

－連邦領域への攻撃の時期の告知（Bekanntgabe des Zeitpunkts des Angriffs auf
　das Bundesgebiet）　115a IV

連邦調整官庁（Bundesausgleichsamt）　120a I

連邦鉄道の経済的企業への変更（Umwandlung von Bundeseisenbahnen in Wirtschafts-
unternehmen）　143a I

連邦鉄道の路線廃止（Stillegung von Schienenwegen）　87e V

連邦鉄道（Bundesbahn）　87e I, III, V, 143a

連邦と地方の協力（Zusammenwirken von Bund und Kommunen）　91e I

連邦とラントの間の意見の相違（Bund-Länder-Streit）　93 I Nr. 3

連邦とラントの間の公法上の紛争（Öffentlich-rechtliche Streitigkeiten zwischen Bund
und Länder）　93 I Nr. 4

連邦とラントの行政協定（Verwaltungsvereinbarungen）　104b II

連邦とラントの協働（Zusammenarbeit des Bundes und der Länder）　73 I Nr. 10, 91c,
91d, 91e I, 108 IV

連邦におけるラントの編成（Gliederung des Bundes in Länder）　79 III

連邦に勤務する者の法関係（Rechtsverhältnisse der Bundesbediensteten）　73 I Nr. 8

連邦に統一的な規律をする特別な必要性（Besondere Bedürfnis nach bundeseinheitli-
cher Regelung）　84 I

連邦による支援（Bundeshilfe）　35 II, III

連邦によるラントの憲法的秩序の保障（Gewährleistung durch den Bund）　28 III

連邦の色（Bundesfarben）　⇒連邦の国旗（Bundesflagge）

連邦の国旗（Bundesflagge）　22 II

連邦の首都（Bundeshauptstadt）　22 I

連邦の専属的権限（Ausschließliche Bundeskompetenzen）　12a II, 16a II, III, 21 III, 22
　I, 23 V, VII, 26 II, 29 II, IV–VIII, 38 III, 41 III, 45b, 45c II, 45d II, 48 III, 54 VII, 70 II,
　71, 72IV, 73, 80 II, 84 V, 87 I, III, 87b I, II, 87d I, II, 87e I–IV, 87f I, III, 89 I, 91a II,
　91d IV, 91e III, 93 III, 94 II, 95 III, 96 II, V, 98 I, 104a V, VI, 104b II, 105 I, 106 III
　–VI, 106a, 107 I, 108 I, II, IV–VI,109 IV, V, 109a, 112, 114 II, 115 I, II, 115c II, III,
　115k III, 118, 120, 124, 125a II, III, 131, 134 IV, 135 IV–VI, 135a I, 143a I, III, 143b I
　–III, 143c IV,143d I–III

連邦の立法（Gesetzgebung des Bundes）　70 ff.

連邦の領域（Bundesgebiet）　11 I, 23*, 29, 115a, I, IV, V, 115f I

連邦法（Bundesrecht）　124 ff.
　－具体的規範統制の移送対象としての～（～ als Vorlagegegenstand der konkreten
　　Normenkontrolle）　100 I
　－国際法の一般的諸原則（Allgemeine Regeln des Völkerrechts）　25, 100 II
　－～に代わるラント法（Ersetzungsbefugnis der Länder）　125a I, II
　－～によって代えられるラント法（Ersetzung von Landesrecht）　125a III
　－～の構成部分としての国際法（Völkerrecht als Bestandteil des ～）　25, 100 II
　－～の効力（Fortgelten）　125a I, II, 125b I
　－連邦法はラント法を破る（Vorrang vor dem Landesrecht）　31, 100 I, 142
　－ラントによる～の執行についての争訟（Streitigkeiten über Ausführung durch die
　　Länder）　93 I Nr. 3

連邦法の効力の継続（Fortgeltung des Bundesrechts）　125a, 125b
　－～に関する紛争（Streit über das Fortgelten von Bundesrecht）　126

連邦法務大臣（Bundesjustizminister）　96 II

連邦法律（Bundesgesetze）　83 ff.　⇒法律（Gesetze）も見よ
　－売上税からのラントの補充取得分の規定（Bestimmung von Ergänzungsanteilen
　　an der Umsatzsteuer）　107 I
　－売上税の配分（Verteilung der Umsatzsteuer）　106 III
　－欧州共同体に対する責任（Haftung gegenüber der EU）　104a VI, 109 II, V
　－連邦会計検査院の権限（Befugnisse des Bundesrechnungshofes）　114 II
　－官庁及び行政手続の規律（Regelungen der Behörden und des Verwaltungsverfah-
　　rens）　84 I, 85 I, 126b II
　－官庁の設置（Einrichtung der Behörden）　84 I, 85 I
　－基本法第131条法（G 131）　131
　－求職者のための基礎保障（Grundsicherung für Arbeitsuchende）　91e III

- 共同任務の協調（Koordination der Gemeinschaftsaufgaben）　91a II
- 強化支援金（Konsolidierungshilfen）　143d I–III
- 金銭給付法（Geldleistungsgesetze）　104a III, IV
- 結合ネットワーク（Verbindungsnetz）　91c IV
- 個別的指示を与える権限（Ermächtigung zu Einzelweisungen）　84 V
- 航空の安全（Flugsicherung）　87d I, II
- 講和条約に関する決定（Entscheidung über den Friedensschluß）　115l III
- 財政安定化協議会（Stabilitätsrat）　109a
- 執行の適法性及び合目的性（Gesetzmäßigkeit und Zweckmäßigkeit der Ausführ-
  rung）　85 IV
- 住民投票（Volksbefragung）　29 IV, VI, 118
- 住民表決（Volksentscheide）　29 VI
- 純借入（Nettokreditaufnahme）　115 II
- 水路行政の任務の（ラントへの）委譲（Übertragung von Aufgaben der Wasserstra-
  ßenverwaltung）　89 II
- 税財務官庁の構成（Aufbau der Finanzbehörden）　108 II
- 地域的租税収入の規定（Bestimmung des örtlichen Aufkommens von Steuern）
  107 I
- 諜報機関の議会統制（Parlamentarische Kontrolle der Nachrichtendienste）　45d II
- 鉄道交通行政（Eisenbahnverkehrsverwaltung）　87 e I–IV, 143a III
- ～と異なる可能性のない（行政手続の）規律（Regelung ohne Abweichungs-
  befugnis）　84 I
- ～に関わる条約（Verträge mit Bezug zu ～）　59 II
- ～による連邦憲法裁判所への管轄指定（Zuweisung von Fällen an das BVerfG）
  93 III
- 任務の市町村への委譲の禁止（Keine Übertragung von Aufgaben auf Gemeinden）
  84 I, 85 I
- ～の執行及び連邦行政（Ausführung der Bundesgesetze und die Bundesverwal-
  tung）　83 ff.
- ～の成立（Zustandekommen）　78, 81 II, 113 III
- ～の必要性（Erforderlichkeit）　72 II, IV, 93 I Nr. 2a, II, 105b II, 125a II
- ～の（ラントによる）執行の瑕疵（Mängel bei der Ausführung der ～）　84 IV
- 発効期限の例外（Verzögertes Inkrafttreten）　72 III
- 防衛に関する～（～ über die Verteidigung）　80a I, 87b II
- 法的・経済的統一の維持（Wahrung der Rechts- und Wirtschaftseinheit）　72 II

－予算法の諸原則（Grundsätze für Haushaltsrecht）　109 IV
－ラントによる異なる規律（Abweichende Regelungen der Länder）　72 III, 84 I, 125b
－ラントの代替法権限（Ersetzungsbefugnis der Länder）　72 IV
－ラントの立法の権限（Ermächtigung der Länder zur Gesetzgebung）　71
－連邦議会による議決（Beschluß durch den Bundestag）　77 I, 78, 113 II, III
－連邦憲法裁判所の機構及び手続（Verfassung und Verfahren des BVerfG）　94 II
－連邦上級官庁及び社団の設置（Einrichtung von Bundesoberbehörden und Körperschaften）　87 III
－連邦税財務官庁によって適用されるべき手続（von den Bundesfinanzbehörden anzuwendende Verfahren）　108 V
－連邦の委任による執行（Ausführung im Auftrage des Bundes）　85　⇒連邦委任行政（Bundesauftragsverwaltung）
－連邦領域の再編成（Neugliederung des Bundesgebiets）　29 II, IV, V, 118
連邦法律公報（Bundesgesetzblatt）　82 I, II, 143f
－基本法の公布（Veröffentlichung des Grundgesetzes）　145 III
－防衛緊急事態の確定の公布（Verkündung der Feststellung des Verteidigungsfalls）　115a III
連邦又はラントの存立（Bestand des Bundes oder eines Landes）　10 II, 11 II, 21 II, III, 73 I Nr. 10
連邦予算（Bundeshaushalt）　⇒予算（Haushalt）
連邦領域の再編成（Neugliederung des Bundesgebietes）　29, 118, 118a
－バーデン＝ヴュルテンベルク（Baden-Württemberg）　118
－ベルリーン＝ブランデンブルク（Berlin-Brandenburg）　118a
－有権者の参加（Beteiligung der Wahlberechtigten）　118a
連邦立法（Bundesgesetzgebung）　⇒立法（Gesetzgebung）
連邦労働裁判所（Bundesarbeitsgericht）　95 I

ろ

労働強制（Arbeitszwang）　12 II, 12a
労働組合（Gewerkschaften）　9 III
労働裁判権（Arbeitsgerichtsbarkeit）　95
労働条件（Arbeitsbedingungen）　9 III
労働争議（Arbeitskämpfe）　9 III
労働の安息日（Arbeitsruhe）　WRV 139

労働法（Arbeitsrecht）　12 I, 74 I Nr. 12

労働保護（Arbeitsschutz）　74 I Nr. 12

路線（Schienenwege）　73 I Nr. 6a, 87e III, V

路線網（Schienennetz）　87e IV

〈訳者紹介〉

初 宿 正 典（しやけ・まさのり）

京都大学名誉教授

主な著書など
『憲法2 基本権〔第3版〕』(成文堂，2010年)
『日独比較憲法学研究の論点』(成文堂，2015年)
『カール・シュミットと五人のユダヤ人法学者』(成文堂，2016年)
『目で見る憲法〔第6版〕』(〔共編著〕有斐閣，2024年)
『ドイツ語圏人名地名カタカナ表記辞典』(信山社，2021年)
『ドイツ憲法集〔第8版〕』(〔共編著〕信山社，2020年)
『ことばの違和感——ドイツ語と日本語と私』(窓蛍舎，2023年)

ドイツ連邦共和国基本法〔第2版〕
——全訳と直近改正までの全経過

2018年（平成30年）3月20日	第1版第1刷発行
2024年（令和6年）4月12日	第2版第1刷発行

訳　者	初　宿　正　典
発行者	今　井　　　貴
	今　井　　　守

発行所 信山社出版株式会社
〒113-0033 東京都文京区本郷6−2−9−102
電　話　03（3818）1019
FAX　03（3818）0344

Printed in Japan.

Ⓒ初宿正典 2024.　　　　印刷・製本／亜細亜印刷

ISBN978-4-7972-2876-2　C3332

高田敏・初宿正典 編著
ドイツ憲法集〔第8版〕   4,950円

初宿正典 編著
ドイツ語圏人名地名カタカナ表記辞典   11,000円

鈴木秀美・三宅雄彦 編
〈ガイドブック〉ドイツの憲法判例   3,850円

クリストフ・メラース 著（井上典之 訳）
ドイツ基本法   2,420円

（税込定価）
────── 信 山 社 ──────